CHINA AUF DEM WEG ZUR DIGITALEN SUPERMACHT

Matthias Sander | geboren 1986 in Mainz, hat in Bordeaux und Stuttgart Politik und Soziologie studiert. Er ist seit 2014 Journalist der „Neuen Zürcher Zeitung" (NZZ) aus der Schweiz. Von 2020 bis Ende 2023 war er China-Korrespondent der NZZ für Technologie. Wegen der Pandemie berichtete er zunächst aus Taiwan; ab 2021 dann aus der südchinesischen Metropole Shenzhen, der Heimatstadt von Huawei und weiteren Technologie-Konzernen von Weltrang.

Matthias Sander

CHINA AUF DEM WEG ZUR DIGITALEN SUPERMACHT

Überwachung und Innovation

Mit Fotografien von Billy H. C. Kwok

mitteldeutscher verlag

Umschlagfoto: Billy H. C. Kwok

Bibliografische Information der Deutschen Nationalbibliothek
Die Deutsche Nationalbibliothek verzeichnet diese Publikation in der Deutschen Nationalbibliografie; detaillierte bibliografische Daten sind im Internet über http://dnb.dnb.de abrufbar.

1. Auflage

www.mitteldeutscherverlag.de

Gesamtherstellung: Mitteldeutscher Verlag, Halle (Saale)

ISBN 978-3-96311-885-2

Printed in the EU

VORWORT

Wer aus Europa nach China kommt, dem fällt sofort auf, wie verbreitet Technologie hier ist. Zutrittsschranken an Flughäfen und Wohnanlagen öffnen sich per Gesichtserkennung. Auf den Bürgersteigen filmen Überwachungskameras alle paar Meter die Fußgänger. Taxifahrer halten ihren Fahrgästen am Zielort kommentarlos einen ausgedruckten QR-Code hin, damit sie per Handy bezahlen. In neueren Restaurants klebt auf jedem Tisch ein QR-Code, über den man die Speisekarte aufruft, bestellt und bezahlt, alles innerhalb der App WeChat.

Der Alltag in chinesischen Metropolen ist so digitalisiert wie wohl nirgendwo sonst. Und das Land prescht weiter nach vorn. Der Partei- und Staatschef Xi Jinping will mit neuen Technologien die Wirtschaft und das Militär modernisieren. So soll China Schritt für Schritt zur Supermacht werden. Bis 2030 soll das Land bei künstlicher Intelligenz (KI) weltweit die Nummer eins sein. Bis 2035 soll es weltweit Standards für zentrale Technologien wie Computerchips gesetzt haben. Bis 2049, zum 100. Geburtstag der Volksrepublik, soll China in Sachen Innovation Weltmeister sein.

Doch es läuft nicht alles nach Plan. Die umfassenden Exportkontrollen der USA gegen Chinas Chip-Industrie lähmen die technologische Weiterentwicklung des Landes. Die Milliarden-Subventionen der chinesischen Regierung haben es bisher kaum vermocht, Chinas Abhängigkeit von ausländischer Chip-Technologie zu verringern. Xi Jinping fordert von den Chinesen unbedingte Loyalität zur Kommunistischen Partei – und bedroht damit das freie Unternehmertum und die Kreativität, die es für bahnbrechende Innovationen wohl braucht.

Das vorliegende Buch beleuchtet Chinas technologische Errungenschaften, seine Ambitionen und die Hürden auf dem Weg dorthin. Es erzählt in Reportagen, wie die Digitalisierung ganz konkret den Alltag prägt. Es erklärt, warum die „Super-App" WeChat viel mehr ist als nur Chinas WhatsApp oder warum das Sozialkreditsystem weniger furchteinflößend ist, als im Ausland angenommen – bis jetzt zumindest. In hintergründigen Analysen ordnet das Buch Xi Jinpings Technologie-Politik ein und geht der Frage nach, warum die bahnbrechende KI-Software Chat-GPT aus den USA kommt – und nicht aus China. Weiter stellt das Buch chinesische Macher und Konzerne vor, etwa den wohl umstrittensten Forscher der Welt, He Jiankui, der als Erster die Geburt von Babys mit genetisch modifiziertem Erbgut herbeiführte, oder den E-Autobauer BYD, der Ende 2023 erstmals mehr batteriebetriebene Autos verkaufte als der amerikanische Pionier Tesla. Dabei wird immer wieder aufgezeigt, welche Konsequenzen Chinas Umgang mit Technologie für andere Länder hat.

Die Beiträge in diesem Buch sind eine Auswahl der besten Artikel, die ich als China-Korrespondent für die „Neue Zürcher Zeitung" geschrieben habe; für diese Buchausgabe wurden sie nochmals durchgesehen, sprachlich angepasst und wo sinnvoll aktualisiert. Ich habe von Anfang 2020 bis Ende 2023 über Technologie in China berichtet, pandemiebedingt zunächst aus Taiwan, ab 2021 aus der südchinesischen Metropole Shenzhen, der Heimat von Tech-Konzernen wie Huawei und BYD. Alle Beiträge betrachten Technologie stets im größeren Kontext von Politik, Gesellschaft und Wirtschaft.

Sie richten sich somit nicht speziell an technologieinteressierte Leser, sondern an alle, die das gegenwärtige China besser kennen und verstehen möchten.

Matthias Sander

Shenzhen, im Januar 2024

INHALT

1 ANKUNFT

Drei Wochen Quarantäne, 17 Covid-Tests und unzählige QR-Codes | September 2021

„Die haben natürlich Riesenangst vor unserem Flugzeug", sagte mein Reisebekannter, als unsere Lufthansa-Maschine aus Frankfurt in Qingdao gelandet war und draußen Gepäckentlader in Ganzkörperschutzanzügen auftauchten. Sie sahen aus wie Michelin-Männchen und trugen Kapuzen, Masken und Gesichtsschutzschilder, obwohl sie nicht mit uns in Berührung kommen würden.

„Kein Wunder", ergänzte der Bekannte, „wenn es hier nur einen einzigen Fall von Covid-19 gibt, dann rollen die Köpfe." Tatsächlich mussten immer wieder chinesische Lokalpolitiker wegen vermeintlicher Fahrlässigkeit gehen, seitdem Mitte Juli die Delta-Variante in der ehemaligen Hauptstadt Nanjing ausgebrochen war und sich in viele Landesteile verbreitet hatte. Zwar meldeten selbst Millionenstädte nur einzelne Fälle, doch im ganzen Land galten wegen Chinas Null-Covid-Strategie strikte Reisebeschränkungen.

Das spürten wir schon im Flugzeug. Ein Steward erklärte per Lautsprecher, gegen Maskenverweigerer „behalten wir uns Konsequenzen bei den zuständigen Behörden in China vor". Die Effektivität einer solchen Durchsage sollte man einmal in Europa testen. Später kündigte der Steward an, das Aussteigen werde „in enger Absprache mit den chinesischen Behörden" erfolgen.

Zwei Stunden nach der Landung saßen viele Passagiere immer noch im Flugzeug. Die ersten Passagiere waren namentlich aufgerufen worden, dann ging es in Zweierreihen weiter. Der Steward sagte, ohne einen QR-Code zur Einreise dürften wir nicht aussteigen. Doch ich konnte das nötige Online-Formular des chinesischen Zolls wegen technischer Probleme nicht ausfüllen.

Schon beim Boarding am Frankfurter Flughafen waren auch andere Passagiere daran gescheitert: Egal, ob per Handy oder Laptop, im Firefox-Browser oder in Chrome – die Bilddatei mit dem Verifizierungscode öffnete sich nicht. Ohne Verifizierung kein QR-Code. Und ohne QR-Code kein Boarding. Der eigens zur Kontrolle abgestellte Sicherheitsmann am Gate ließ uns schließlich trotzdem durch.

Nun, im Flugzeug, ging das hektische Tippen von vorn los. Bei mir klappte es letztlich auf dem chinesischen Handy eines Sitznachbarn. Nach drei Stunden durfte meine Reihe 36 hinaus.

In der Gangway stand eine weitere Gestalt im hermetisch geschlossenen Ganzkörperanzug, vermutlich eine Frau. Der Flughafen Qingdao Jiaodong International war funkelnagelneu, er war erst zwei Tage vorher eröffnet worden. Der blitzblanke Steinboden spiegelte sich, weit und breit war kein Mensch zu sehen. Doch da lag etwas mitten im Gang. Das war doch nicht … Doch, ich schwöre es: eine Fledermaus. Eine kleine, tote Fledermaus.

Will man in Pandemiezeiten nach China reisen, fühlt man sich zuweilen wie auf einer Mondmission. Visa werden, wenn überhaupt, sehr restriktiv vergeben. (Immerhin gibt es welche; Australien zum Beispiel lässt nicht einmal alle seine eigenen Bürger herein.) Ergattert man eines, muss man aus jenem Land nach China fliegen, in dem man es bekommen hat. Als ich im Juni 2021 mein Visum in Bern bekam, gab es aus der Schweiz keine Flüge nach China. Alle eingestellt.

Ich wollte also ab Frankfurt am Main fliegen, wusste aber nicht, ob

die chinesischen Behörden das zulassen würden. „Ich glaube, dass es klappt“, meinte ein Mitarbeiter im Visazentrum Bern. Zuständig für mich war aber nun das Generalkonsulat Frankfurt, das mir partout nicht antwortete. Erst am Vorabend meines Fluges hatte ich Gewissheit, als das Generalkonsulat tatsächlich die negativen Ergebnisse der verlangten drei Corona-Tests quittierte – zwei PCR-Tests an verschiedenen Tagen, dazu einen Antikörper-Bluttest am Flughafen Frankfurt, einen Tag vor Abflug – und ich einen ersten QR-Code bekam.
Andere Mitreisende hatten noch in der Schlange am Check-in-Schalter in Frankfurt ihren QR-Code nicht. Auf ihren Handys aktualisierten sie ständig die chinesische Website: War der Code noch im gelben Bearbeitungsstatus oder bereits grün (gut) oder rot (schlecht)? „Ja!“, jubelte ein Vater. Wir applaudierten.
Am Gate sagte ein anderer Vater am Telefon, der Stress der zurückliegenden Woche habe ihn zwei Jahre seines Lebens gekostet. Dabei waren wir noch nicht einmal in China.
Im Flugzeug schwärmten die Stewards mit Thermometern aus. Zwei junge Deutsche notierten auf einer ellenlangen Passagierliste hinter jedem Namen die Temperatur. Einer der beiden sagte gequält, sie wüssten auch nicht, was die Chinesen damit machten. Was ist los, wenn Chinesen gründlicher sind als Deutsche?
Mein Reisebekannter lebte in Peking und kannte Leute, die die Hotelquarantäne in China bereits hinter sich hatten. Einer habe seine Zimmertür nicht richtig schließen können. Bei einem anderen sei das Wasser vom Duschen immer ins Zimmer gelaufen, und ein anderes habe er nicht bekommen. Ein Dritter wollte nach China ziehen – wie ich –, aber die Quarantäne habe ihn so fertiggemacht, dass er danach umgehend zurück nach Europa geflogen sei.
Internationale Medien verbreiteten ähnliche Horrorgeschichten.

Anfang 2021 hatten manche chinesischen Städte, inklusive meines Etappenziels Qingdao, für Reisende aus dem Ausland anale Corona-Tests eingeführt. Dazu wurde ein Wattestäbchen drei bis fünf Zentimeter in den Anus geschoben und dann sanft herausgedreht. So schilderte die Nachrichtenagentur Reuters die Anweisungen des chinesischen Center for Disease Control. Nach Protesten der USA und Japans stellte China diese Praxis offenbar wieder ein.
Im Mai hatte laut einem Bericht der „New York Times" ein Deutscher drei Tage in einem Isolierzimmer eines Spitals in Schanghai verbringen müssen, ohne Handtücher und Klopapier, weil er Covid-19-Antikörper hatte – die der Betroffene sich mit seiner Impfung erklärte.
Um all diesen Unwägbarkeiten zu entgehen, organisierte die deutsche Außenhandelskammer in China im Sommer einen wöchentlichen Charterflug mit der Lufthansa von Frankfurt nach Qingdao, samt Quarantäne in zwei ordentlichen Hotels. Die Kammer hatte dazu das Plazet von ganz oben, von den deutsch-chinesischen Regierungskonsultationen, und so schätzte ich mich glücklich, einen Platz zwischen Expats der deutschen Automobilindustrie ergattert zu haben.
Die tote Fledermaus also. Da lag sie auf dem Boden des Flughafens Qingdao, die Flügel eng am Körper, die Äuglein geschlossen. Eigentlich ganz süß. Wie war sie hierhergeraten? War sie gerade erst von der Decke gefallen? Oder warum hatte offenbar keine der Ganzkörperanzugsgestalten, die uns so sehr im Blick hatten, sie gesehen? Verdutzt lief ich weiter zur Wärmebildkamera, die im Vorbeigehen unsere Temperatur maß. Nun ging alles zack, zack. Ganzkörperanzugsgestalten hinter Plastikscheiben kontrollierten unsere Unterlagen und den QR-Code des Zolls. Ganzkörperanzugsgestalten steckten uns Stäbchen in Rachen und Nase. Ganzkörperanzugsgestalten

winkten uns zur Passkontrolle, reihten uns in die Warteschlange zum Shuttlebus ein, desinfizierten unser Gepäck und fuhren uns zum Hotel.

Am Flughafen hatten wir aus der Ferne ein paar Taxifahrer gesehen, aber es war dann schon fast ein visueller Schock, als wir nach gut einer Stunde Fahrt in der Stadt ankamen und die ersten Chinesen in Alltagskleidung sahen. Ein Arbeiter mit Wasserschlauch bespritzte austrocknende Nadelbäume. Ein rundlicher Alter saß vor einer Schule und lachte herzhaft, als ein Junge im Basketballtrikot versehentlich durch frisch gegossenen Zement tapste. Eine Frau in einem Auto sah unseren Bus und haute aufgeregt ihren Mitfahrer an. Was genau hatte sie wahrgenommen – einen Bus voller Westler, die Sitze mit Plastikhüllen überzogen, vom Flughafen kommend?

Der Bus parkte vor dem Hotel, ein Chinese im Ganzkörperanzug stieg zu und begrüßte uns auf Englisch mit breitem amerikanischem Akzent. Ob wir alle WeChat hätten, fragte er. WeChat ist vereinfacht gesagt Chinas WhatsApp, aber mit unzähligen weiteren Funktionen. Der Chinese erklärte, die deutsche Handelskammer habe eine Chat-Gruppe für alle Gäste eingerichtet. „Wir wissen, es gibt ein paar Regulierungen zur Privatsphäre in Deutschland“, fuhr er fort. Deshalb habe das Hotel für jeden Gast einen individuellen Kanal zur Rezeption eingerichtet.

Eine Armada von Ganzkörperanzugsgestalten desinfizierte wieder unser Gepäck, eine Frau mit „Police“-Schild über der Brust schaute zu. Wir mussten eine frische Maske, Einweghandschuhe und Schuhüberzüge anziehen. „It's hot in here“, sagte mein Gepäckhelfer im Ganzkörperanzug keuchend, als er den Gepäckwagen umständlich in den Aufzug gehievt hatte.

Das Zimmer war großzügig und hell und die Aussicht vom 29. Stock auf eine Bucht toll. Vorne eine Mole für Freizeitboote, in der Mitte ein Fischereihafen, hinten militärische Katamarane in Tarnfarben. Dazwischen unzählige Hochhäuser. Doch was bringt die schönste Aussicht, wenn man zwei Wochen eingesperrt ist und im Flur rund um die Uhr ein Aufpasser sitzt?

Oder würde ich sogar drei Wochen bleiben müssen? Das war und blieb unklar. Die Quarantäneregeln variierten von Provinz zu Provinz, von Stadt zu Stadt, von Nachbarschaftskomitee zu Nachbarschaftskomitee – und sie konnten sich täglich ändern. Ich wollte weiter nach Shenzhen, in die Technologie-Metropole direkt neben Hongkong. Die Peking-Reisenden unter uns hatten schon Gewissheit: Sie mussten drei Wochen bleiben und sich dann in der Hauptstadt eine vierte Woche isolieren, also möglichst wenig hinausgehen und Kontakt mit anderen Menschen vermeiden.

Die Tage vergingen rasch. Morgens joggte ich ums Sofa, durchs Bad und zurück. Dann arbeiten, Chinesisch lernen, lesen, telefonieren, Gitarre spielen. Das Essen stellten Ganzkörperanzugsgestalten immer um halb acht, halb zwölf und halb sechs auf einen Tisch vor meiner Tür. Nach einer Woche hatte ich so viele Würste gegessen wie in meinem ganzen Leben nicht. So nett ich die Berücksichtigung der vermuteten Essgewohnheiten unserer deutschen Reisegruppe fand, ich bat fortan um chinesisches Mittag- und Abendessen.

Wenn ich etwas brauchte, rief ich die Rezeption an. WeChat hatte ich noch nicht und vermisste es auch nicht, zumal die App überwacht und zensiert wird. Doch dann überwog die journalistische Neugier, und später würde ich die in China omnipräsente App sowieso installieren müssen.

WeChat verlangt bei der Installation, dass ein bestehender Nutzer einen QR-Code zur Verifizierung scannt. Ich fragte den Aufpasser vor meiner Tür. Er lehnte entschieden ab, fast entrüstet. Okay, ich soll keinen Kontakt mit niemandem haben, schon klar. Ich schilderte der Rezeption das Problem. Eine Mitarbeiterin kam, bat den Aufpasser, mich zu verifizieren, und er scannte meinen Code. Na also. Schnell zeigte sich, dass ich bisher dank meiner Ignoranz der Chatgruppe für die Quarantänegäste ruhigere Tage verbracht hatte. Eine Reisende schrieb, sie habe von der Rezeption gehört, es könne einen weiteren Bluttest auf Antikörper geben. Andere Gäste, insbesondere solche mit Kindern, beunruhigte das. Schließlich dementierte eine Mitarbeiterin der Handelskammer: Sie hätten mit den Behörden vereinbart, dass bei uns kein Bluttest nötig sei; weil das als Privileg gelte, dürfe die Rezeption das nicht so klar sagen. Behördenkulanz auf Chinesisch. „Jetzt fühle ich mich viel besser", schrieb eine Nutzerin.

In der Chat-Gruppe für die Peking-Reisenden gab es einen größeren Zwischenfall, wie mir Bekannte am Telefon erzählten. Dort forderte die Rezeption plötzlich die Gäste auf, all ihre Test- und Impfnachweise, die ja bereits das Generalkonsulat Frankfurt genehmigt hatte, an eine E-Mail-Adresse zu schicken: an 123456789@123.com. „Wieso eigentlich?", fragte jemand. Die Rezeption schien in ihrer Antwort erst zu suggerieren, dass ein Gast Covid-19 habe, dann zog sie das zurück. „Natürlich Paranoia auf beiden Seiten", sagte mir ein Bekannter am Telefon.

Mitte der zweiten Quarantänewoche war von Behörden und Hotels in Shenzhen und der Provinz Guangdong weiter keine klare Antwort zu erhalten, ob ich nun einreisen dürfe. Das Problem war, dass ich als Zuzügler noch keine Wohnung hatte und somit die neuerdings verlangte dritte Woche Isolation daheim nicht machen konnte. Zugleich durfte ich weder in ein normales Hotel noch in ein Quarantänehotel, weil man dort nur die volle Quarantäne absolvieren durfte. „That's a special situation", sagte eine Frau von einer Hotline für Ausländer.

Letztlich musste ich eine dritte Woche in Qingdao bleiben. Nach 15 Tagen gelte Isolationshaft als Folter, hatte ein Kollege am Telefon gesagt, und tatsächlich sieht das die UNO so. Ich wollte nicht in Selbstmitleid verfallen, aber Inhaftierte dürfen immerhin auf eine Stunde Freigang pro Tag hoffen, dachte ich. Wir in unserem Hotelhochhaus konnten nur ein Fenster einen Spaltbreit kippen.

Bei aller Langmut schüttelte ich zunehmend öfter den Kopf. Zum Beispiel, als die zierliche Frau im Ganzkörperschutzanzug am vorletzten Quarantänetag zum sechsten Mal ungeduldig vor dem Zimmer stand: wieder doppelter PCR-Test, Rachen und Nase. Es waren der 16. und 17. Test der Reise.

Als am letzten Tag die Rezeption anrief und sagte, ich dürfe nun auschecken, fühlte ich mich fast aus meiner kleinen Hotelzimmerwelt gerissen, so sehr hatten mich diese drei Wochen in völliger Abhängigkeit offenbar konditioniert. Hinausgehen, wie ging das noch einmal? Ach ja, Schuhe anziehen. Ich konnte mich nicht erinnern, einmal drei Wochen lang keine Schuhe getragen zu haben.

Vor dem Hotel wartete ein Kleinbus, der uns zum Flughafen bringen würde, denn wir durften uns weiter nicht frei bewegen und auf keinen Fall etwa noch kurz Qingdao besichtigen. Ich vertrat mir die Füße bis zur Abfahrt, genoss die frische Luft. Eine Frau im Ganzkörperanzug kam auf mich zu. „Health-Code?“, fragte sie. O nein, nicht schon wieder.

Mit diesem QR-„Gesundheitscode“ hatte mich das Hotel drei Tage vorher fast in den Wahnsinn getrieben. Die Reiseorganisatoren der Handelskammer sagten, der Code sei nicht nötig, aber das Hotel behauptete, ich würde ihn zum Auschecken und am Flughafen brauchen. So oder so konnte ich die nötige App nicht installieren, wohl weil ich keine chinesische Telefonnummer hatte. Das sagte ich nun der Mitarbeiterin draußen. Sie zog schulterzuckend von dannen.

Später fragte niemand mehr danach. Das Quarantänezertifikat des Hotels reichte als Passierschein.

Ab da war plötzlich alles herzallerliebst. Ein Flughafenmitarbeiter zahlte wie selbstverständlich für mich 15 Yuan, gut 2 Euro, als ich meinen Gitarrenkoffer zum Schutz in Plastikfolie hatte einwickeln lassen und sich herausstellte, dass man nicht mit Kreditkarte zahlen konnte und es nirgendwo einen Geldautomaten gab. „Welcome to China", sagte er lächelnd. Dann brachte der junge Mann mich zu einem anderen Schalter, wo ich für Übergepäck per Kreditkarte rund 150 Euro zahlte. „You're a rich man", sagte er. Ich fragte vorsichtig nach seinem Monatsgehalt. 1.500 Yuan, erklärte er, gut 200 Euro, er sei Auszubildender. O Mann, er hatte also ein Prozent seines Gehalts für mich gezahlt! Es tue mir so leid, sagte ich: „Zhen de dui bu qi!" Er winkte gutmütig ab.

Als mein Flugzeug nach Shenzhen schließlich in die Startposition gefahren war, standen auf dem Rollfeld zwei Fluglotsen Spalier und winkten. Sie salutierten nicht etwa auf eine steif-professionelle Art, sondern winkten wie Kinder in Europa, die Hand eng vor dem Oberkörper. Ich war gerührt. Sie winkten natürlich dem Piloten, aber ich winkte zurück. Vielleicht würde ich doch mal nach Qingdao zurückkehren, um mir die Stadt anzuschauen.

Mein neues digitales Leben in China | Oktober 2021

„So, dann gehen wir jetzt dein Gesicht registrieren", sagte die Maklerin zum Ende der Wohnungsübergabe. Schlüsselübergabe konnte man das Prozedere nicht nennen, denn ich erhielt keine Schlüssel. Weder für die Wohnungstür noch für den Haupteingang. Alle Wohnungen in meinem Hochhaus in der südchinesischen Tech-Metropole Shenzhen, erbaut 2018, haben elektronische Schlösser, wie man sie im Westen vor allem aus Hotels kennt. Und am Haupteingang stehen drei Schleusen mit Gesichtserkennung.

Mein neuer Wohnungsschlüssel ist ein Zahlencode. Das klingt harmlos, und natürlich durfte ich ihn mir selbst ausdenken und erstmals eingeben, während der Mitarbeiter der Gebäudeverwaltung sich wegdrehte. Doch wer weiß schon, wo der Code gespeichert ist, wer Zugriff auf ihn hat und ob er vor Hackerangriffen einigermaßen geschützt ist?

Als ich den Code mit der Rautetaste bestätigt hatte, schob die Maklerin das Touch-Display nach oben. Darunter war eine briefmarkengroße Platine: ein Lesegerät für Fingerabdrücke. „Und nun der Finger“, sagte die Maklerin. Krass, dachte ich, auch so lassen sich die Wohnungstüren also öffnen. Ich lehnte dankend ab.

Aber um die Gesichtserkennung kam man offenbar nicht herum. Ob das wirklich sein müsse, fragte ich die Maklerin, als wir im Aufzug hinunterfuhren, schließlich waren wir zur Wohnungsübergabe ohne Gesichtsscan hereingelassen worden. Ja, für Bewohner müsse das sein, sagte die Maklerin. Anders komme man nicht herein.

„Na gut“, dachte ich, „when in Shenzhen, do as the Shenzheners do.“ Am Empfang zog ich meine Corona-Maske herunter und ließ mich fotografieren. Eine Mitarbeiterin machte ein paar Klicks am Computer, dann sollte ich testen, ob die Schleusen mich erkannten.

Ich stellte mich vor die erste. Keine Reaktion. Lag es an der Maske? Diese Schleuse sei nicht so zuverlässig, sagte der Sicherheitsmann.

Ich machte ein paar Schritte zur nächsten Schleuse. Auf dem Bildschirm unter der Kamera, so groß wie ein Tablet, sah ich mich wie im Spiegel. Alles ging ganz schnell: Ein weißes Rechteck legte sich um mein Gesicht, das gespeicherte Foto erschien, die Maschine zirpte elektronisch wie ein Kassenscanner, die Schleuse öffnete sich. Obwohl ich nun Maske trug.

Wer aus Europa – und wahrscheinlich von so ziemlich jedem anderen Ort der Welt – nach China kommt, dem fällt sofort auf, wie verbreitet Technologie hier ist. Taxifahrer schauen einen entgeistert an, wenn man nicht per Handy zahlen will, sondern bar, schließlich hat kaum jemand Wechselgeld. In vielen Restaurants soll man die Speisekarte als „Mini-App" innerhalb der Multifunktions-App WeChat aufrufen und so auch bestellen und bezahlen. Überwachungskameras sind überall, wirklich überall; in Shenzhen sind einige sogar fast senkrecht nach oben gerichtet, auf die Balkone von Wohnhochhäusern.

Das alles sei praktisch und sorge für mehr Sicherheit, sagen viele Chinesen. Bevor die Videoüberwachung flächendeckend eingeführt worden sei, habe es mehr Kriminalität gegeben, sagte mir einer. Manchen Leuten sei auf offener Straße das Portemonnaie gestohlen worden. „Heute klaut in Shenzhen keiner mehr ein Auto, weil er genau weiß, dass er erwischt wird."

Auch westliche Expats sagen solche Sätze. Einer erzählte, er fühle sich mit seiner Familie hier sehr sicher, schließlich täten sie nichts Verbotenes oder Regierungskritisches. Ein Zweiter lobte, dass in China sich die Leute wenigstens an die Regeln hielten, im Gegensatz zu seiner Heimat England, wo es etwa Graffiti gebe. Ein Dritter kritisierte das chinesische Regime zwar grundsätzlich – erzählte dann aber tief beeindruckt, wie die Polizei dank der lückenlosen Überwachung einen Mann aufzuspüren vermochte, der ihm eine Tasche geklaut hatte.

Kritischere Zeitgenossen – und die gibt es durchaus auch unter den Chinesen – lehnen die allgegenwärtige Überwachung und Zensur genauso ab wie wohl viele im Westen. Denn sie wissen: Letztlich sind selbst völlig apolitische Menschen der Willkür der Machthaber ausgesetzt. Und das ist kein schönes Gefühl.

Ein Beispiel: Ein Bekannter erzählte mir von einer chinesischen Freundin, die sich vor zwei Jahren über die Proteste in Hongkong informierte, um zu klären, ob sie problemlos zum dortigen Flughafen kommen würde. Daraufhin wurde ihr WeChat-Konto vorübergehend gesperrt – und damit so wichtige Funktionen wie das Bezahlsystem.

Ein anderes Beispiel: Ein Nachbar von mir musste in seiner Wohnung in Quarantäne. Diese wäre eigentlich nach 14 Tagen zu Ende gewesen. Doch sein „QR-Gesundheitscode", der jedem Handybesitzer in der Pandemie einen Status in den Ampelfarben zuweist, wollte einfach nicht auf Grün wechseln.

Der Nachbar musste drei weitere Tage in seiner Wohnung bleiben, bis das Problem gelöst war. Seine Wohnung einfach zu verlassen, hätte ihn kaum weit gebracht: Vor seiner Tür war eigens für die Dauer der Quarantäne eine Kamera montiert worden; das Bohrloch in der Decke ist noch sichtbar. Selbst wenn er die Wohnung verlassen hätte, hätten ihn spätestens bei der Rückkehr die Sicherheitsleute am Haupteingang gestoppt.

An solch einem Ort wohne ich nun also. Natürlich bin ich angewidert von der Überwachung und finde etwa die datenhungrigen Handy-Speisekarten unverschämt.

Zugleich finde ich all das durchaus faszinierend. Schließlich habe ich ein Privileg: Ich muss das alles nicht nur als Privatmensch irgendwie erdulden, sondern ich darf als Journalist versuchen, es zu ergründen, zu verstehen und zu erklären. Zumindest mit dem Ergründen bin ich nach gut einem Monat in Shenzhen vorangekommen. Eine erste Erkenntnis: Nichts ist alternativlos. Na ja, fast nichts.

Als die Maklerin mit mir mein Gesicht registriert hatte, sah ich, wie der Sicherheitsmann eine Schleuse mit einer Karte öffnete. Aha, es gab also doch eine Alternative. So eine Schlüsselkarte wolle ich auch, sagte ich der Maklerin. Sie schaute mich skeptisch an, dann fragte sie am Empfang, ob es die Karten auch für Mieter gebe.

Ja, antwortete die Empfangsmitarbeiterin, dazu brauche man jedoch das Einverständnis des Vermieters. Die Maklerin war überrascht. Sie zeigte Kunden regelmäßig Wohnungen in dem riesigen Komplex mit seinen fünf Hochhäusern, doch einen Bewohner mit Schlüsselkarte hatte sie noch nie gesehen.

Die Kartensache stand nun auf meiner To-do-Liste, aber erst einmal sollte ich meinen neuen Wohnsitz anmelden. Auch das ging, wie so vieles in China, per QR-Code. Den Code der Shenzhener Polizei hatte mir die Maklerin über WeChat geschickt, das im Kern ein Messenger wie WhatsApp ist. Scannt man den Code, öffnet sich ein Anmeldeformular. Man füllt es aus, fotografiert sich selbst und scannt einen weiteren, individuellen QR-Code, der in meinem Hochhaus neben jeder Haustür klebt. Schon ist man angemeldet.

So weit die Theorie. In der Praxis scheiterte ich, offenbar weil ich keine chinesische E-Mail-Adresse hatte. Also ging ich aufs Amt beziehungsweise in ein „Expat Service Center" der Bezirksregierung, wo eine englischsprachige Mitarbeiterin mich rasch registrierte.

Ziemlich beeindruckend war, wie das Internet in meine Wohnung kam. Die Maklerin schickte einem Mitarbeiter von China Telecom per WeChat meine neue Adresse, ein Foto meines Passes und umgerechnet gut 50 Euro als erste Monatsgebühr. Am nächsten Tag kam der Installateur.

Als er fertig war, öffnete er auf meinem Telefon zwei Mini-Apps in WeChat: erstens den Kundendienst, zweitens offenbar ein Bewertungsprogramm, in dem ich zwischen den chinesischen Schriftzeichen nur eine Zeile à la „1 bis 10 Sterne" erkannte. Ging es um die

Arbeit des Installateurs? Der Mann drückte kommentarlos auf die 10 und gab mir mein Handy zurück.

Wenig geschmeidig lief es bei mir auch mit den „QR-Gesundheitscodes". Man braucht einen grünen Code, um Orte wie Metrostationen, Behörden und Messezentren betreten zu dürfen. Dazu öffnet man eine Mini-App, die man vorher mit allen möglichen persönlichen Daten gefüttert hat, drückt auf „Aktualisieren", dann belegt Programm anhand der Handy-Standortdaten, dass man sich jüngst nicht in Risikogebieten aufgehalten hat.

In Shenzhen werden mindestens drei Mini-Apps für diese QR-Codes genutzt: eine von der Stadt, eine von der Provinz Guangdong und eine von der Zentralregierung. Meist reicht einer der Codes als Zugangsberechtigung. Aber manchmal werden zwei verlangt, und im Bahnhof der Nachbarstadt Huizhou waren es sogar drei.

Doch in Shenzhen konnte ich zunächst keinen der Codes bekommen. Nur eine der Mini-Apps nannte den Grund: Meine Telefonnummer sei zu neu, weil noch nicht älter als 14 Tage. Ich zeigte also stets die Papierbescheinigung vor, die ich nach der dreiwöchigen Quarantäne bei der Einreise nach China bekommen hatte. Und das war wie russisches Roulette: Meist ging es gut, ab und an nicht.

An einem Strand in Yantian, ganz im Osten von Shenzhen, wollte mich der junge Sicherheitsmann in Uniform partout nicht durchlassen. Egal, dass ich mit meiner Quarantäne-Bescheinigung gerade U-Bahn gefahren war, egal, dass ich ein paar Tage vorher damit einen Zug und ein Flugzeug genommen hatte: Heute. Kein. Strand. Für. Mich.

Ich verlangte nach seinem Chef. Auch der bestand darauf: Ohne Code kein Durchlass.

Ich verlangte nach dem Chef des Chefs. Er kam aus dem Kontrollraum mit den Video-Bildschirmen heraus, schaute mich neugierig

an und sagte dann den Lieblingssatz chinesischer Regelfetischisten, die mit einer unvorhergesehenen Ausnahme konfrontiert werden: „Bu xing", übersetzbar mit: „Geht nicht", oder einfach: „Nein."
Wenn es hier schon so landestypisch zuging, dachte ich, dann würde ich mich ebenso landestypisch verhalten: laut werden und ein bisschen Theater machen. Es dauerte einen Moment, dann entschied sich der Chefchef um. Ich wollte glauben, dass ihn die Beharrlichkeit der radebrechenden Langnase beeindruckt hatte, aber wahrscheinlich hatte er einfach Mitleid. Egal, Hauptsache Strand.
Drei Wochen später war definitiv „game over". Zugegeben, ich hatte mich nicht erneut darum bemüht, die QR-Codes zu bekommen, schließlich hatte es meistens ja auch ohne geklappt, und ich wollte mich nicht freiwillig überwachen lassen. Doch ein Sicherheitsmann an einer Metrostation ließ überhaupt nicht mit sich reden – und wollte den Code gleich für mich erstellen.
Er bat um mein Handy, öffnete eine der Mini-Apps und gab meinen Namen, meine Passangaben, meine Wohnadresse und einiges mehr ein. Wo ich hinfahren wolle, fragte er. „Nanshan", sagte ich nur, das ist ein Stadtbezirk, der ungefähr so viele Einwohner zählt wie alle Schweizer Großstädte zusammen. Welche Station? Das ging mir zu weit, ich nannte eine andere Station als mein Ziel.
So oder so – das Formular ließ sich auch nach mehreren Versuchen nicht abschließen, ohne klare Begründung. Vielleicht lag es daran, dass ich noch keine fixe Aufenthaltsgenehmigung hatte, wer weiß. Als der Sicherheitsmann nach 20 Minuten einfach nicht aufgeben wollte, verließ ich kopfschüttelnd die Station und nahm stattdessen ein Taxi – für das ich das Zwanzigfache des Metrotickets zahlen musste.
Am nächsten Tag fand ich heraus, dass eines der QR-Programme in einem Feld das Format „Nachname, Vorname" verlangte und nicht umgekehrt. Endlich hatte ich meinen Code.

Der eigentliche Messenger von WeChat füllte sich derweil in unglaublicher Geschwindigkeit mit Kontakten und Chats. Nicht dass ich darauf erpicht gewesen wäre, es passierte einfach. Sobald ich in einem Laden Möbel kaufte oder Zimmerpflanzen, sobald ich einen Café- oder Barbetreiber anquatschte, sobald mir Chinesen den Weg erklärten und dann vorschlugen, sich ein Taxi zu teilen, folgte eine Variation des Satzes: „Ich füg mal deinen WeChat-Kontakt hinzu, ja?"

Die meisten WeChat-„Freunde", die ich so gewann, waren wohl einfach nur nett, neugierig und am (englischsprachigen) Austausch mit einem Ausländer interessiert. Ich gehöre hier ja einer sehr seltenen Spezies an. Nur 1,4 Millionen Einwohner sind keine Festlandchinesen, also 0,1 Prozent der Gesamtbevölkerung von 1,4 Milliarden. Und selbst von diesen 1,4 Millionen sind fast die Hälfte Hongkonger, Macauer oder Taiwaner.

Aber was genau will etwa jene ältere Dame von mir, der ich am Nationalfeiertag auf der Straße zu ihrem knallroten Kleid gratulierte? Sie lud mich daraufhin gutgelaunt zum Tee in ihr Büro gegenüber ein, wir tauschten mangels vertiefter Sprachkenntnisse ein paar Banalitäten aus, dann fügte sie mich auf WeChat hinzu. Nun schickt sie mir seit drei Wochen Memes mit jungen Frauen im Bikini. Eine Bekannte meint, sie wolle mich vielleicht verkuppeln.

Die Schlüsselkarte also. Die Vermieterin war damit einverstanden, dass ich eine beantragen wollte, ich solle sie halt selbst bezahlen. Am Empfang meines Wohnkomplexes wollte die Mitarbeiterin die Erlaubnis meiner Vermieterin sehen. Ich zeigte ihr die Nachricht auf WeChat und machte mich auf ein landestypisch bürokratisches Prozedere gefasst.

Aber plötzlich ging alles ganz einfach: Die Frau öffnete eine Schublade, darin lag eine ganze Stange mintgrüner Karten. „Wie viele wollen Sie?", fragte sie. Ich war baff. „Jetzt nicht übertreiben", dachte ich, und bat um zwei. Die Mitarbeiterin schaltete die Karten frei, ich testete sie an der Schleuse, und fortan konnte ich auf die Gesichtserkennung verzichten.

Doch ich muss gestehen: Ich habe die Karten bisher kaum genutzt. Die Gesichtserkennung ist, ehrlich gesagt, ganz schön praktisch. Wenn ich mit Einkaufstaschen in beiden Händen nach Hause komme oder mit dem Fahrrad, kann ich einfach durch die Schleuse laufen. Und wenn meine Jogginghose keine Tasche mit Reißverschluss hat, muss ich nicht befürchten, dass die Karte beim Laufen rausfällt. Vor allem denke ich, dass die Hausverwaltung mein Porträtfoto sowieso schon hat und dass ich nicht wissen kann, ob sie es wirklich komplett löscht, wenn ich das eines Tages verlange. Ganz abgesehen davon, dass der chinesische Überwachungsapparat mein Foto längst in mehreren Ausführungen hat. Vielleicht wird es sogar regelmäßig aktualisiert, wenn mich die Videokameras auf der Straße, an Bahnhöfen und überall sonst erfassen.

Oh Gott, ist das einfach Assimilation, schon Unterwerfung – oder beides?

2 ALLTAG

Warum WeChat in China überall ist | Juli 2023

Als Elon Musk 2022 Twitter übernahm, schwärmte er von der chinesischen „Super-App“ WeChat. „In China lebt man grundsätzlich auf WeChat, weil es so hilfreich und nützlich für das tägliche Leben ist“, erklärte Musk den Twitter-Mitarbeitern. „Ich denke, wenn wir das erreichen oder mit Twitter auch nur annähernd daran herankommen, wäre das ein Erfolg.“

Lange geschah nichts, doch jetzt macht Musk offenbar Ernst. Anfang der Woche begann der Kurznachrichtendienst seine Umbenennung in „X“ und will nun wie WeChat eine umfassende „Alles-App“ werden.

Was genau also kann Musks großes Vorbild WeChat, und warum ist die App in China so erfolgreich?

„Ich scan dich“ ist in China ein ganz alltäglicher Satz. Er steht für die sagenhafte Verbreitung von Weixin, wie die chinesische Version von WeChat genau genommen heißt, die von rund einer Milliarde Chinesen im Monat genutzt wird. Egal, ob man in der App einen neuen „Freund“ hinzufügen, eine Zahlung tätigen oder ein Anmeldeformular aufrufen will: Man scannt dazu einen QR-Code. Das geht viel schneller, als etwa, wie bei WhatsApp lange üblich, die Telefonnummer eines neuen Kontakts im Telefonbuch speichern zu müssen.

Weixin wurde 2011 zunächst wie WhatsApp als reiner Nachrichtendienst für Texte und Fotos lanciert. Entwickler ist der Shenzhener Technologie-Konzern Tencent, der nach dem Erfolg seines Desktop-Chatdienstes QQ ein Nachfolgeangebot für das Smartphone-Zeitalter suchte. Die Funktionen von WeChat waren anfangs so rudimentär, dass manche Nutzer der ersten Stunde sich in Online-Kommentaren darüber beschwerten.

Doch das sollte sich ändern: Ein erster Wendepunkt war, dass Weixin ein paar Monate nach dem Start eine neue Funktion für Sprachnachrichten bekam. Das habe leitende Geschäftsleute, die das Tippen in Smartphones nicht gewohnt gewesen seien, zu Weixin-Nutzern gemacht, sagte der Tencent-Gründer Pony Ma einmal.

Weitere Funktionen folgten alle paar Monate: Dank „Shake" können sich zwei Nutzer miteinander verbinden, die ihr Handy zufällig gleichzeitig schütteln. Mit einer „Flaschenpost" kann man unbekannte Nutzer erreichen, genauso wie mit der Funktion „Leute in der Nähe".

Heute kann man auf WeChat auch Nutzer „kitzeln", also anstupsen, um zum Beispiel zu sehen, ob sie online sind. Sehr praktisch ist die integrierte Übersetzungsfunktion, dank der insbesondere Ausländer einfach mit Chinesen chatten können. Und während man in WeChat bereits seit 2014 mit anderen Nutzern seinen genauen Standort live teilen kann, ist das auf WhatsApp erst seit 2017 möglich.

WeChat ist praktisch mehrere soziale Netzwerke in einem. Denn man kann auf WeChat nicht nur chatten, sondern ähnlich wie auf Instagram „Momente" posten, also kurze Texte, Fotos und Videos. Zudem funktioniert WeChat wie eine Plattform für Blogs. Zum Beispiel veröffentlichen Intellektuelle auf WeChat Essays, die teilweise hunderttausendfach geteilt werden.

Das absolute Massenphänomen wurde WeChat dank weiterer Funktionen. Das digitale Bezahlen per WeChat Pay ist heute in China omnipräsent, doch bei der Einführung 2013 schlug es zunächst gar nicht so sehr ein, auch weil es mit Alipay bereits einen etablierten Konkurrenten gab. Erneut brachte ein ebenso praktisches wie verspieltes Feature den Durchbruch: WeChat ermöglichte es 2014 seinen Nutzern, die traditionell zum chinesischen Neujahrsfest verschenkten roten Geldcouverts digital zu verschicken.

Heute kommt es in China durchaus vor, dass Freunde aus einer Spendierlaune heraus in einer Chat-Gruppe sozusagen einen kleinen digitalen Geldtopf posten und jeder Teilnehmer sich umgerechnet ein paar Euro herausnehmen kann. Umgekehrt gibt es auch eine Funktion zum Aufteilen etwa von Restaurant-Rechnungen. Üblicherweise zahlt in chinesischen Lokalen stets eine Person für die gesamte Gruppe. Per WeChat kann sie sich das Geld einfach zurückholen.

Immens wichtig für den Erfolg von WeChat sind auch die 2017 lancierten sogenannten Miniprogramme. Das sind gewissermaßen Apps in der App. Zu den bekanntesten gehören der Taxidienst Didi und der Essenskurier Meituan, deren Miniprogramme mittlerweile fest in WeChat integriert sind.

Der Vorteil von Miniprogrammen für Nutzer ist, dass die Dateien sehr klein sind und nicht erst heruntergeladen und installiert werden müssen. Es genügt, sie durch das Scannen eines QR-Codes zu öffnen. Für Entwickler sind Miniprogramme viel einfacher zu schreiben als eine alleinstehende App. WeChat funktioniert also praktisch auch wie ein App-Store und ähnelt einem Betriebssystem.

Immer wichtiger werden zudem die „offiziellen Konten“ auf der Wecom-Plattform innerhalb von WeChat, die etwa von Unternehmen und Behörden genutzt werden. Diese Konten kann man sich wie offizielle Websites vorstellen. Zum Beispiel kann man auf dem Wecom-Konto einer Uhrenmarke durch den Katalog scrollen, eine Uhr bestellen, mit WeChat Pay zahlen – und bei Problemen mit dem Kundendienst chatten.

Solche Transaktionen sind eine wichtige Einnahmequelle für WeChat. 2022 hat Tencent nach eigenen Angaben dank Mini-Programmen Transaktionen im Wert von mehreren Billionen Renminbi abgewickelt; konkretere Zahlen für WeChat nennt der Geschäftsbericht nicht. Tencent verdient dabei doppelt mit, nämlich als Online-Handelsplattform und als Zahlungsdienstleister.

Eine weitere Einnahmequelle ist Werbung, insbesondere zwischen den persönlichen „Momenten" der WeChat-Nutzer. Weil die App so viele Funktionen hat, wird die gezielte Werbung für bestimmte Produkte, die man durch ein paar Mal Antippen kaufen kann, wichtiger. Außerdem verdient Tencent auch Geld mit dem Verkauf von digitalen Stickern und Avataren innerhalb von WeChat-Games.

Weixin hat dank all seiner Funktionen für viele Chinesen praktisch das Internet ersetzt: Um online zu kommunizieren, zu bezahlen, sich zu informieren, zu unterhalten und Behördliches zu erledigen, müssen sie WeChat gar nicht mehr verlassen.

Genau aus dieser immensen Zentralisierung von WeChat entstehen auch die größten Risiken.

Am greifbarsten werden diese für Nutzer, wenn ihr WeChat-Konto von Tencent teilweise oder ganz gesperrt wird, meist erst einmal temporär und infolge von Zensur. Denn selbst private Chat-Nachrichten werden von Tencent zensiert, insbesondere wenn es um die Kommunistische Partei oder sonstige politische Themen geht. Konten und Chat-Gruppen von Feministinnen und anderen zivilgesellschaftlich engagierten Chinesen werden regelmäßig dauerhaft geschlossen.

Das kann für die Betroffenen ein ernsthaftes Problem werden, nämlich soziale Ausgrenzung bedeuten. Viele Chinesen kommunizieren nur über WeChat miteinander und besitzen nicht die Telefonnummer ihrer Bekannten, viele Geschäfte akzeptieren mittlerweile nur digitale Zahlungen, und chinesische Behörden bieten viele Dienstleistungen praktisch nur noch auf WeChat an oder machen einzelne Miniprogramme gleich zur Pflicht – etwa während der Pandemie zum Contact-Tracing und Corona-Testen.

Längst ist WeChat für den chinesischen Parteistaat zu einem gigantischen, äußerst praktischen Instrument der politischen und sozialen Kontrolle geworden. Die Plattform lässt sich viel einfacher zensieren als das allgemeine Internet mit all seinen Verästelungen. Und in der Pandemie schränkten die Behörden die Bewegungsfreiheit zum Beispiel von Demonstranten ein, indem sie deren Covid-Zertifikate, die selbst am Eingang von Wohnanlagen verlangt wurden, willkürlich von Grün auf Rot stellten.

Maßgeblich wegen WeChat sind Hunderte von Millionen Chinesen längst zu gläsernen Untertanen geworden. Tencent hortet zu praktisch jedem Stadtbewohner Unmengen an Chat-Verläufen, Standort-, Finanz- und Einkaufsdaten. All diese Daten kann die Polizei laut Berichten von Betroffenen mit einer einfachen Suche für jede beliebige Person aufrufen. Zu den vielen persönlichen Informationen, die man gleich bei der Anmeldung auf WeChat preisgeben muss, gehört nämlich die Nummer des Personalausweises.

Das Sozialkredit-System nimmt Form an – zumindest im Gesetz | November 2022

Wer in China einen Hochgeschwindigkeitszug betritt, der wird mit einer langen Durchsage begrüßt, die erklärt, welche Verhaltensweisen verboten sind: Rauchen, lautes Sprechen, mit dem Handy Lärm machen, seinen Kopf zum Schlafen auf den Ausklapptisch legen.

Solch „nicht vertrauenswürdiges Verhalten", so endet die Durchsage zuweilen, werde in den „Kreditinformationen" der Zugpassagiere vermerkt.

Diese Datenbank der Chinesischen Staatsbahnen ist Teil des landesweiten Sozialkreditsystems (SKS). Das System wird seit 2014 sukzessive eingeführt. Es fokussierte ursprünglich vor allem auf Kreditwürdigkeit im finanziellen Sinne für „die gesamte Gesellschaft" und sollte in einer ersten Phase bis 2020 grundlegend aufgebaut sein.

Doch erst jetzt schafft Peking eine umfassende Rechtsgrundlage. Mitte November 2022 veröffentlichte die Nationale Kommission für Reform und Entwicklung den Entwurf für ein „Gesetz der Volksrepublik China zur Einführung eines Sozialkreditsystems". Erklärtes Ziel ist es, „den Geist der wichtigen Anweisungen von Generalsekretär Xi Jinping" umzusetzen, um den „Mechanismus der sozialen Steuerung zu erneuern", die „Regierung, den Markt und alle Bereiche der Gesellschaft zu mobilisieren und zu leiten" und letztlich überall Integrität und eine „Kultur der Ehrlichkeit" zu schaffen.

Das bisherige System ist also noch lange nicht so einheitlich und integriert, wie es fälschlicherweise im Ausland oft wahrgenommen wird. Vielmehr bildet das SKS bis jetzt den politischen Rahmen für einen Flickenteppich an Systemen von Regierungen verschiedener Ebenen, von Behörden und privaten Unternehmen – und so wird es wohl auch noch länger bleiben.

Bis dato haben 43 Städte lokale Pilotsysteme eingeführt, wie die Berliner China-Denkfabrik Merics in einer Studie aufführt. Schanghai fokussierte sich auf die Bereiche Energie, Industrie und Bauwesen sowie Sicherheit von Lebensmitteln und Medikamenten. Die Provinz Jiangsu betreibt ein Punktesystem zum Umweltschutz, der Tech-Konzern Alibaba sein Bonitätssystem „Sesamkredit". Wer bei

Letzterem als vorbildhaft gilt, muss zum Beispiel keine Kaution hinterlegen, wenn er Alibaba-Fahrräder per Handy-App ausleiht.
Hauptbetroffene der Sozialkreditsysteme sind laut Merics bisher Unternehmen. Diese werden in Regulierungen zu 73 Prozent genannt. Es folgen Regierungseinheiten (13 Prozent), Individuen (10) und soziale Organisationen (3). Die Kommunistische Partei und ihre Organe sind von den Systemen ausgenommen.
Künftig soll es laut dem Gesetzentwurf flächendeckend unzählige Sozialkreditsysteme geben. Die Zentralregierung „koordiniert und fördert die Einrichtung eines nationalen Sozialkreditsystems“, lokale Regierungen tun das für eigene Systeme auf Kreisebene oder darüber. In so unterschiedlichen Wirtschaftssektoren wie Bergbau, Tourismus und Versicherungen sollen die zuständigen Behörden eigene SKS aufbauen.
Wo der Entwurf besonders konkret wird, liest er sich wie eine Liste offenbar verbreiteter Missstände. Die Systeme sollen Fälschungen und Betrug bekämpfen im Zusammenhang mit Steuergutschriften, Statistiken, Forschungsdaten, geistigem Eigentum oder mit Lohnzahlungen für Wanderarbeiter.
Dem Internet und der Telekommunikation sind im Kapitel zum Aufbau „sozialer Integrität“ zwei Paragrafen gewidmet. Dort heißt es vage, der Staat baue eine Infrastruktur zur Identitätsüberprüfung in Netzwerken auf. Illegalen Anbietern von Telekomdiensten – damit dürfte zum Beispiel VPN-Software zum Umgehen von Zensur gemeint sein – könnten Nutzerkonten und Dienstleistungen verweigert werden. Offenbar will der Staat noch präziser verfolgen, wer im chinesischen Internet was macht.
Die Chinesen sollen in den Sozialkreditsystemen mit der Nummer ihres Personalausweises erfasst werden. Diese wird bereits im Alltag in vielen Situation verlangt, etwa beim Fahrscheinkauf in der Pekin-

ger Metro, für Züge oder am Eingang von Touristenattraktionen. Für Unternehmen und Organisationen gibt es den sogenannten Einheitlichen Sozialkredit-Code. Die Informationen verschiedener öffentlicher Systeme sollen auf einer staatlichen Plattform ausgetauscht werden, heißt es in dem Entwurf, der auch Ende 2023 noch nicht formell beschlossen ist.

Je nach Verhalten können Individuen und Organisationen belohnt oder bestraft werden. „Ehrliche" können einfacheren Zugang zu öffentlichen Dienstleistungen, Finanzierungen oder Projektförderungen bekommen. Unehrlichen droht ein Platz auf der „Liste der nicht vertrauenswürdigen Unternehmen" oder gleich ein Branchenverbot.

Auch weitergehende Konsequenzen scheinen denkbar. In der Vergangenheit wurde bereits das von der Regierung geforderte Prinzip praktiziert, wonach für einmal als nicht vertrauenswürdig eingestufte Personen umfassende Restriktionen gelten sollen. Millionen Chinesen dürfen wegen Schulden keine Züge oder Flugzeuge benutzen; manche Schulen nehmen die Kinder von insolventen Eltern nicht auf.

In der Summe ist der Gesetzentwurf so umfassend und zugleich vage wie das Sozialkreditsystem selbst, wie der Jurist Jeremy Daum von der Yale-Universität auf Twitter kommentierte. Das fängt schon an beim Wort „Sozialkredit": Es wird weiter nicht klar definiert und meint sowohl Kreditwürdigkeit im finanziellen Sinne als auch grundsätzlich die Befolgung von Regeln und Regulierungen (Compliance). Nicht erfasst durch das SKS wird übrigens politisches Verhalten – dafür hat der Parteistaat andere, meist nicht öffentliche Überwachungssysteme.

Die grundsätzliche Ambition des Systems bleibt unverändert: Es ist Teil von Xi Jinpings Vision des datengetriebenen Regierens, wie die Denkfabrik Merics schreibt. Wenn der Parteistaat nur genügend Daten habe, könne er rasch und effizient Wirtschaft und Gesellschaft steuern – so lautet ungefähr die Grundidee. Diese digitale Governance wird von Staatsmedien gern als Beleg für die vermeintliche Überlegenheit der chinesischen Diktatur gegenüber westlichen Demokratien dargestellt.

Chinas Regierung erlässt ein teilweises Bitcoin-Verbot – Kryptofans machen trotzdem weiter | November 2021

Die Frau muss anonym bleiben, wie alle Interviewten, schließlich wird es in China nicht immer gern gesehen, wenn jemand mit ausländischen Medien spricht, zumal über ein heikles Thema. Die Frau also ist Anwältin in der südchinesischen Metropole Shenzhen, sie ist spezialisiert auf Finanztechnologie und grenzüberschreitende Geldanlage. In jüngster Zeit bekommt sie nach eigenen Angaben jede Woche knapp ein Dutzend Anrufe von Klienten, die wegen Kryptowährungen Probleme mit der Polizei bekommen. Sie sagt: „Besonders in kleineren Städten denken Polizisten: ‚Die Regierung hat Bitcoin verboten, also habe ich das Recht, jede Person im Zusammenhang mit Bitcoin zu verhaften.'"

Und das täten die Polizisten dann auch, erzählt die Anwältin. In mehreren Fällen seien Klienten wegen des Handels auf Plattformen wie Huobi oder Binance verhaftet worden oder auch nur wegen des Besitzes von Bitcoin. Bankkonten mit Kryptogewinnen würden eingefroren, manche Leute hätten ihre Guthaben wohl für immer verloren, behauptet die Frau.

Dabei sind Kryptowährungen in China gar nicht komplett verboten. Stattdessen haben im September 2021 neun Institutionen des Zentralstaats, vom Ministerium für öffentliche Sicherheit bis zur Zentralbank, alle kommerziellen Tätigkeiten im Zusammenhang mit Kryptowährungen für illegal erklärt. Auch ausländische Kryptobörsen dürfen den Einwohnern Chinas keine Dienstleistungen mehr anbieten. In einer weiteren solchen „Bekanntmachung", die zudem vom Zentralen Propaganda-Departement der Kommunistischen Partei unterzeichnet wurde, wird generell das Schürfen und Emittieren von virtuellen Währungen verboten. Vom Besitz ist keine Rede.

Begründet wurden die Maßnahmen damit, dass jüngst der Hype um den Handel mit Kryptowährungen zugenommen habe. Dies störe die wirtschaftliche und finanzielle Ordnung und führe zu illegalen Aktivitäten wie Glücksspiel, Betrug und Geldwäsche. Wie so oft, wenn in China neue Regeln verkündet werden, schreiben sich die Behörden zudem den Schutz der nationalen Sicherheit und der sozialen Stabilität auf die Fahne.

Aber sind das wirklich alle Gründe für das weitgehende Verbot, und vor allem: Sind es die wichtigsten? Die Zentralbank will nach eigenen Angaben ihre digitale Währung E-Yuan auch deshalb einführen, um ihre geldpolitische Souveränität in Zeiten von Bitcoin und Co. zu wahren. Für 2022 war der flächendeckende Start angekündigt, doch bisher bleibt es bei lokalen Experimenten.

Mehrere Befragte, meist Zufallsbekannte von Kryptotreffen, denken zudem, dass das Teilverbot auch verhindern soll, dass Chinesen ihr Geld außer Landes schaffen. China hat sehr strenge Kapitalkontrollen in beide Richtungen. Grenzüberschreitende Banküberweisungen sind nur schwer möglich.

Manche Befragte sehen auch eine grundsätzliche Motivation hinter dem Verbot. Sie sagen: „Die Kommunistische Partei will einfach alles kontrollieren." Dieser Eindruck ist kaum von der Hand zu weisen.

Der Parteistaat geht insbesondere seit Ende 2020 mit brachialem Tempo gegen alles vor, das ihm nicht passt, seien es Internetplattformen, Nachhilfeschulen, feminin aussehende Popsänger, Homosexuelle oder auch nur organisierte Bierfreunde. Dezentrale, weltweite Netzwerke, wie sie Kryptowährungen zugrunde liegen, sind schwer zu kontrollieren. Damit dürften sie per Definition nicht zu den Lieblingen einer Diktatur gehören.

Was genau nun im Zusammenhang mit virtuellen Währungen in China verboten ist, ist jedoch nicht so klar, wie es zunächst scheinen mag. Denn China ist eben kein Rechtsstaat. Wie die beiden „Bekanntmachungen" aus Peking umgesetzt werden, müssen ganz konkret weitgehend die Provinzen und Städte entscheiden.

Das läuft laut einer Quelle bei einer chinesischen Krypto-Handelsplattform typischerweise so ab: Der Partei- und Staatschef Xi Jinping sage, er wolle Faktor fünf erreichen. Die unteren Ebenen zielten dann auf Faktor sechs, sieben oder acht. „Und die lokale Polizei macht einfach mal Faktor zehn oder zwölf." Denn kein Beamter wolle wegen vermeintlicher Nachlässigkeit im Gefängnis landen.

So kam es offenbar auch zu den von der Anwältin geschilderten Festnahmen von Bitcoin-Besitzern. Der Frau ist in ihrer Heimatstadt Shenzhen kein entsprechender Fall bekannt; in den hochentwickelten Küstenmetropolen geht es üblicherweise geregelter zu als in ärmeren Regionen, vor allem im Landesinneren. In der Provinz Guizhou und anderen westchinesischen Städten hingegen verhafteten sogar Hilfspolizisten in Zivil Kryptoanleger, obwohl sie das generell nicht dürften, sagt die Anwältin. Dagegen könnten die Opfer nicht viel tun. Sie rate ihnen, sich immer die Dienstmarke zeigen zu lassen und sich einen lokalen Anwalt zu nehmen.

Trotz diesen Risiken machen einige unerschrockene Kryptofans einfach weiter. Zwar lösten sich vereinzelte Szenetreffs in China vorsorglich auf, und an einem Treffen im Oktober 2021 in Shenzhen nahmen laut dem Organisator nicht mehr wie zuvor 120 Gäste teil, aber eben immer noch 80. Eine Besucherin erzählte, dass sie gerade bei einer Handelsplattform zu arbeiten angefangen habe. Sie machten halt keine Werbung mehr in China, sondern nur noch im Ausland, das sei weiter legal.

Eine andere Person erzählte, dass sie weiterhin zu Hause Kryptowährungen schürfe; sie hoffe einfach, nicht entdeckt zu werden. Dazu nutze sie eine Internet-Tunnelverbindung per VPN, um die IP-Adressen ihrer Computer zu verstecken. Konkret verwende sie einen sogenannten voreingestellten VPN-Router, der mehr Zuverlässigkeit verspricht als übliche VPN-Software.

Eine weitere Person sagte, sie verwalte ihr persönliches Portfolio über eine Firma, die auf den Britischen Jungferninseln registriert sei. „Ich investiere nur in Blockchain-Projekte und Kryptowährungen. Diese Branche wird mir weiterhin große Gewinne bringen."

Selbst als Chinas Regierung im Mai 2021 bereits mit neuen Regulierungen den Bitcoin-Kurs auf Talfahrt gen 30.000 US-Dollar schickte, verdoppelte sich der Kurs innerhalb weniger Monate auf gut 60.000 US-Dollar.

Unklar ist, ob der direkte Handel zwischen zwei Privatpersonen weiterhin erlaubt ist. „Anfangs hat die Regierung dagegen nichts getan", sagt die erwähnte Anwältin. Ein Online-Rechtsdienst der Zentralregierung teilte einem Nutzer auf eine entsprechende Frage auf Englisch nur ausweichend mit, derzeit gebe es dazu weder Gesetz noch Regulierung. In der chinesischen Version des Dienstes jedoch klingt es eindeutig: „Es ist illegal, digitale Währungen in China zu kaufen und zu verkaufen."

So oder so, der Handel abseits von Kryptobörsen dürfte in China mangels legaler Alternativen florieren. Ein Nutzer erzählt, dass er dazu die Social-Media-App Secret Messenger nutze. In jüngster Zeit habe die App viele chinesische Nutzer hinzugewonnen. Mittlerweile stellten diese geschätzt mindestens 70 Prozent aller Nutzer, und im Gegenteil zu Nichtchinesen nutzten sie die App zum Direkthandel mit Kryptowährungen.

Als letzte Option bleibt chinesischen Kryptofans noch, ihr Geld irgendwie aus Festlandchina abzuziehen – oder gleich selbst wegzuziehen. Die erwähnte Anwältin hilft ihren Klienten, ihr Geschäft über Hongkong, Singapur oder die USA weiterzuführen, wo man unter anderem mit einer entsprechenden Lizenz eigene Kryptomünzen herausgeben darf, sogenannte Security-Tokens. Börsenlizenzen seien in Neuseeland und den Niederlanden zu erhalten; ein Kunde habe sich auch in der Schweiz darum beworben.

Doch für solche Lizenzen braucht man meist mindestens einen Wohnsitz in einem anderen Territorium. Hongkong und Macau sind für solche Zwecke generell bei festlandchinesischen Geschäftsleuten beliebt; viele Chinesen leben bekanntermaßen auch in Nordamerika. Eine Quelle bei einer Investmentfirma berichtet von einer Kryptoanlegerin, die gerade ein Visum für Malta erhalten habe. Und die Anwältin sagt ganz allgemein: „Reiche Leute in China fühlen sich nicht sicher. Sie versuchen einfach, eine Chance zur Auswanderung zu bekommen."

Einen Exodus hat es bereits unter den Kryptoerzeugern gegeben, den sogenannten Miners (Schürfern). China war einst das wichtigste Land für die weltweite Erzeugung von Coins, unter anderem wegen sehr günstiger Energie aus Kohlekraftwerken im Landesinneren. Viele dieser Server-Farmen wurden in andere Länder ausgelagert, allen voran nach Kasachstan und in die USA.

Ausgerechnet der große Rivale im Rennen um die Vormacht im Bereich der Technologie ist nun der weltweit größte Produzent von Kryptowährungen. Mehrere Befragte finden deshalb das Teilverbot der chinesischen Regierung ein dummes Eigentor. So glauben mehrere Gesprächspartner, dass das weitgehende Kryptoverbot nicht für immer gilt. Kryptowährungen und besonders die zugrunde liegende Blockchain ließen sich als technologische Trends nicht aufhalten, sagen sie. Und überhaupt wäre ein Zurückrudern für die chinesische Regierung nicht untypisch, denken sie. „Ich habe so etwas schon zwanzig Mal durchgemacht", sagt ein erfahrener Geschäftsmann. Eine junge Kryptoenthusiastin bemüht einen Vergleich mit der Ein-Kind-Politik, die jahrzehntelang offiziell galt. Seit 2016 sind zwei Kinder pro Familie erlaubt, seit 2021 drei Kinder ausdrücklich erwünscht.

3 POLITIK

Xi Jinping hat das Potenzial von Technologie wie kein anderer Staatenlenker verstanden |

Oktober 2022

Wer auf den Straßen der südchinesischen Technologie-Metropole Shenzhen unterwegs ist, der kommt zuweilen ins Staunen. Da fahren dicht gedrängt chinesische Elektrofahrzeuge, von deren Herstellern man in Europa oft noch nichts gehört hat. Die Taxis und Stadtbusse etwa stammen alle vom Shenzhener Konzern BYD, das steht für „Build Your Dreams“: Verwirkliche deine Träume.

Schnittige Limousinen mit E-Antrieb flitzen leise durch die Hochhausschluchten, sie heißen Xpeng P7 oder Nio ET7. Das futuristische Modell Hiphi X hat Flügeltüren und projiziert die Geschwindigkeitsanzeige im Sichtfeld des Fahrers in die Windschutzscheibe. Manchmal tauchen Autos mit merkwürdigen Sensoren auf dem Dach auf: selbst fahrende Robotaxis – noch mit Sicherheitsfahrer, künftig, so der Plan, zunehmend ohne.

Der Erfolg der E-Autos illustriert Chinas weitsichtige Technologiepolitik. Seit dem Jahr 2009 fördert die Regierung mit Kaufprämien batteriebetriebene Autos. Sie verpflichtete traditionelle Autobauer, ihren Anteil an E-Autos stetig zu erhöhen, auf 40 Prozent im Jahr 2030. Zugleich fördert die Regierung verwandte Technologien.

Als Resultat ist China heute weltweit im Bereich der E-Mobilität führend: Es stellt zwei Drittel der Exporte von E-Autos, zwei der

drei größten Batterie-Hersteller und zwei Drittel der Förderungs- und Verarbeitungskapazitäten des Rohstoffs Lithium.
Wie kein anderer Staatsmann hat Xi Jinping – und haben seine Berater – das Potenzial von Technologie im 21. Jahrhundert verstanden. Das hat einmal mehr Xis Rede zur Eröffnung des 20. Kongresses der Kommunistischen Partei gezeigt, an dessen Ende er sich zu einer bisher verbotenen dritten Amtszeit als Generalsekretär bestimmen ließ. 45-mal nutzte Xi das Wort „Technologie", schließlich soll sie Chinas Aufstieg zur „modernen sozialistischen" Weltmacht ermöglichen.
Was Xis Rede auch bestätigt hat, ist sein beunruhigendes Verständnis von Wissenschaft und Technologie. Der zentrale, verquaste Satz dazu lautete: „Wir werden das System verbessern, mit dem das Zentralkomitee der Partei seine einheitliche Führung der Arbeit von Wissenschaft und Technologie ausübt." Das Zentralkomitee wird von Xi geleitet – Wissenschaft und Technologie sollen also im Dienst des Diktators stehen.
Chinas Wirtschaftsleistung pro Kopf liegt auf dem Niveau von Bulgarien. Dass es überhaupt Weltmachtambitionen verfolgen kann, hat viel mit dem Charakter der Digitalisierung zu tun. Sie hat einen rasanten Wandel losgetreten, wie ihn die Welt noch nicht gesehen hat. Sie verändert praktisch alles, Wirtschaft und Gesellschaft, Medizin und Landwirtschaft, das Regieren und die Kriegsführung. Dabei werden die Karten im Wettbewerb der Nationen neu gemischt – und das ist Chinas Chance.
Glaubt man der offiziellen Parteilegende, dann hat Xi solche Chancen schon erkannt, lange bevor Angela Merkel in Deutschland das Internet „Neuland" nannte. Bereits ab dem Jahr 2000 soll Xi als Gouverneur beziehungsweise Parteigeneralsekretär zweier Provin-

zen für diese die Konzepte „Digitales Fujian“ und „Digitales Zhejiang“ initiiert haben. Unbestritten ist, dass er nun ein „Digitales China“ propagiert, nämlich die umfassende Digitalisierung von Wirtschaft, Gesellschaft und Regierung.

Das kann man gut an Pekings Fünfjahresplänen ablesen. Der 12. Plan für die Zeit ab 2011, mit Start ein Jahr vor Beginn von Xis Herrschaft, nannte prominent klassische Industrien wie Eisen und Stahl, Schiffbau und Textilien. Im 14. Plan für die Zeit seit 2021 hingegen geht es gleich nach dem präambelhaften ersten Kapitel um Hochtechnologien wie künstliche Intelligenz (KI), Quantencomputer und spezielle Halbleitermaterialien wie Siliziumkarbid.

Verfechter freier Märkte dürften ungläubig den Kopf schütteln darüber, wie punktgenau und detailliert die Planwirtschaftler in Peking den Weg vorgeben. Bis 2027 will China sein Militär auch dank Technologie umfassend modernisieren. Bis 2030 will es führendes Land für KI sein. Bis 2035 will es globale Standards für das Internet der Dinge und andere neue Technologien gesetzt haben. Bis 2049 will es bei den meisten Technologien die Nummer eins sein.

Pekings bisherige Erfolge sollten Mahnung sein, solche langfristigen Ziele sehr ernst zu nehmen. China habe sich so schnell wie kein anderes Entwicklungsland zuvor in der Wertschöpfungskette hochgearbeitet, analysiert der Oxford-Professor David Gann. Es hat bei 5G-Netzwerken und E-Autos bereits die Supermacht USA überholt, bei Quantencomputern und KI gibt es ein enges Kopf-an-Kopf-Rennen. China hat eine GPS-Alternative namens Beidou und betreibt seine eigene Weltraumstation Tiangong („Himmelspalast“).

Der Parteistaat denkt ungemein strategisch. Er identifiziert technologische Abhängigkeiten vom Ausland und will diese beheben.

Internationale Arbeitsteilung ist nicht vorgesehen, schließlich will China autonom werden. Angestrebt wird „umfassende nationale Stärke“, ein oft genannter Begriff.

Technologische Dominanz, so die Hoffnung, wird China immun machen gegen Sanktionen wie Washingtons umfassende Chip-Restriktionen. Sie wird Xis Herrschaft stabilisieren und legitimieren. Sie wird in die „Wiedergeburt der chinesischen Nation“ münden, also in die Rückkehr zu vermeintlich alter Stärke. Sie wird China befähigen, Taiwan zu annektieren und den Westen breitflächig herauszufordern.

Ein verbreitetes Missverständnis ist, dass Peking erst seit dem amerikanischen Powerplay unter Donald Trump ab 2018 auf technologische Autarkie setzt. Tatsächlich legte der Parteistaat bereits 2015 in der Strategie „Made in China 2025“ sehr konkrete Produktionsziele fest, etwa seinen Bedarf an Halbleitern zu 70 Prozent selbst abzudecken. Heute verbietet Peking zunehmend den Import ausländischer Halbleiter und schreibt heimische Alternativen vor.

Xi praktiziert also Protektionismus, Decoupling und Abschottung. Natürlich behauptet er das Gegenteil, gerade tat er es wieder in seiner Rede am Parteikongress. So war es schon 2017 am Weltwirtschaftsforum in Davos, als er sich als Verfechter der Globalisierung verkaufte und viele im Westen ihm das kurz nach Trumps Wahl gern glauben wollten.

Verstörend ist, was Xi bei anderer Gelegenheit in Reden über die Rolle von Wissenschaft und Technologie sagt. Wer in dem Bereich arbeitet, soll „dringende nationale Bedürfnisse“ befriedigen und den „patriotischen Geist energisch vorantreiben“. Xi will in der Digitalwirtschaft mit „Aufsicht und Governance den gesamten Prozess der Innovation und Produktion, des Betriebs und der Investitionen durchdringen". Technologien, „wichtige Industrien" und „führende Unternehmen" sollen „sicher und kontrollierbar" sein.

Das liest sich wie ein Programm der totalitären Kontrolle, wie sie die Regierung bereits über die Chinesen erlangt hat. Manche Überwachungskameras können mittlerweile nicht nur Gesichter erkennen, sondern auch Augeniris, womit man noch zuverlässiger Personen identifizieren kann. Mikrofonsysteme im öffentlichen Raum erkennen Stimme und Sprache. Dank den verpflichtenden Covid-19-Apps weiß der Parteistaat in den Metropolen in Echtzeit, wer sich gerade wo aufhält.

Xis Machtanspruch gegenüber der heimischen Tech-Branche zeigt sich seit zwei Jahren deutlich. Damals verhinderte die Regierung den Börsengang des Fintech-Konzerns Ant Group, nachdem dessen Gründer Jack Ma die Regulatoren offen kritisiert hatte. Später beteiligte sich die Regierung an Weibo, dem chinesischen Twitter-Pendant, und sitzt dort nun im Vorstand. Das Gleiche tat sie bei Bytedance, dem Betreiber der weltweit milliardenfach genutzten Video-App Tiktok.

Der Bytedance-Gründer hat seinen Posten als CEO aufgegeben und ist wie Jack Ma aus der Öffentlichkeit verschwunden. Eine Reihe weiterer prominenter Tech-Unternehmer hat sich ebenfalls zurückgezogen. Es ist ungefähr so, als tauchten in den USA plötzlich Elon Musk, Mark Zuckerberg und Jeff Bezos unter.

Wer sich halten kann, zelebriert seine Unterwerfung. Die Finanzchefin des weltgrößten Telekom-Ausrüsters Huawei saß fast drei Jahre im Hausarrest in Kanada, wo sie wegen mutmaßlicher Verstöße gegen Iran-Sanktionen auf eine mögliche Auslieferung in die USA wartete. Peking erzwang de facto ihre Freilassung, und bei ihrer Rückkehr nach China sagte Meng Wanzhou: „Wir unterstützen nachdrücklich das Zentralkomitee der Partei mit Genosse Xi in seinem Kern."

Warum sagte Meng das? Sieht sie das wirklich so? Hielt sie den Satz nur für opportun? Oder stand sie gar unter Zwang? So oder so, eine Antwort ist besorgniserregender als die andere. Dass Sätze wie der von Meng in China mittlerweile Alltag geworden sind, sollte im Westen erst recht zu denken geben.

China wird nun beweisen müssen, dass ein totalitäres Regime Innovationsweltmeister werden kann. Dass man auf die Freiheit des Unternehmertums, die Freiheit der Forschung und den Wettbewerb der Ideen pfeifen kann – und trotzdem technologische Supermacht werden kann.

Nazideutschland und die Sowjetunion haben sich daran schon versucht, mit Erfolgen insbesondere in der Atomforschung, der Raumfahrt und der Militärtechnologie. Doch noch nie ist eine Diktatur eine solch umfassende Technologie-Supermacht geworden, wie China das nun anstrebt. Hoffentlich bleibt das so.

Eine Universität mit dem Segen Wladimir Putins | Dezember 2022

Am Stadtrand von Shenzhen, zwischen dem dunkelgrünen Dickicht subtropischer Hügel, ragt ein Turm im stalinistischen Stil empor, gekrönt von einem Sowjetstern. Es ist das Hauptgebäude der chinesisch-russischen Universität – und eine moderne Kopie. Das Original gehört der Staatlichen Universität Moskau. Russlands größte Hochschule betreibt mit dem Beijing Institute of Technology und der Shenzhener Stadtregierung eine gemeinsame Universität. Sie heißt SMBU, ein Akronym aus den Namen der drei Partner.

Das Vorzeigeprojekt ist die erste gemeinsame Hochschule von China und Russland. Sie wurde 2017 eröffnet und hat Segen von ganz oben: In der Aula werden stolz Grußworte beider Staatschefs präsentiert. Xi Jinping nennt es „von großem nationalem Interesse", dass die Universität „Weltklasse-Standards" erreiche. Wladimir Putin erhofft sich durch die SMBU eine Vertiefung der „binationalen Freundschaft".

Die Universität ist ein Beispiel für die Technologiekooperation der beiden Länder, die sich seit 2012 stetig angenähert haben. Damals wurde Xi zum Generalsekretär der Kommunistischen Partei bestimmt, und Putin wechselte nach einer Amtszeit als Ministerpräsident zurück in den Kreml. Die beiden teilen die Ablehnung des Westens, seiner Werte und der von ihm geprägten internationalen Ordnung, insbesondere der Vormachtrolle der USA.

2014, nach der russischen Annexion der ukrainischen Krim und den westlichen Sanktionen gegen Moskau, bauten beide Länder ihre Kooperation bei Militärtechnologie stark aus. 2019 vereinbarten sie eine „Umfassende Strategische Partnerschaft", mit der China Russland formell zu seinem wichtigsten Partner machte. Und im Februar 2022, kurz vor Russlands Überfall auf die Ukraine, bekräftigten Peking und Moskau in einer gemeinsamen Erklärung ihre „grenzenlose Freundschaft".

Ein zentrales Element dabei ist Technologie. Die beiden Länder haben komplementäre Stärken: Russland etwa in der Grundlagenforschung, in Mathematik und bei Militär- und Raumfahrttechnologie. China glänzt bei der Kommerzialisierung von Forschung, es hat führende Technologiekonzerne wie Huawei, einen riesigen

Binnenmarkt, und es prescht voran bei Zukunftstechnologien wie künstlicher Intelligenz.

Diese Komplementarität prägt auch die gemeinsame Universität in Shenzhen. Dort unterrichten vorwiegend russische Dozenten aus Moskau die gut 1.800 mehrheitlich chinesischen Studenten auf Russisch. Am Ende winkt neben dem Diplom der SMBU ein Abschluss der Staatlichen Universität Moskau. Die Hochschule stellt die Lehrpläne für fünf der sechs Fakultäten, unter anderem für Materialwissenschaften sowie für Computermathematik und Kybernetik.

Zu letzterer Fakultät gehört Jennie Ingtem, eine Forscherin aus Moskau. Seit 2018 pendelt sie semesterweise zwischen der russischen Hauptstadt und Shenzhen; während der Pandemie wurden sie und ihre Kollegen per Charter eingeflogen. „Es war großartig, beim Aufbau einer neuen Universität mitzumachen", sagt Ingtem, mit der die Kommunikationsstelle der SMBU ein Interview vermittelte.

Russische Wissenschaftler sieht die Mathematikerin in einer sowjetischen Tradition. „Wir denken die ganze Zeit über Grundlagen und Theorien nach." Bei der Anwendung jedoch hapere es in Russland. „Wir haben unsere Angewohnheiten und wollen sie nicht ändern. Zum Beispiel fahren wir gern selbst Auto, also wollen wir nicht von Robotern gefahren werden."

Anders die Chinesen. „Sie haben keine Angst, Wissenschaft anzuwenden. Sie machen einfach", sagt Ingtem. Ihr Kollege Boris Budak pflichtet bei. Wenn er mit chinesischen Mathematikern zusammenarbeite, fragten diese immer zuerst danach, welcher Anteil von Forschungsergebnissen zu konkreten Anwendungen führe.

Die chinesische Forscherin Wang Chao sieht ihre Stärken in der Tat in der Anwendung. Sie nutzt zum Beispiel sogenannte Maxwell-Gleichungen, um die Verbreitung von Licht zu berechnen.

Damit löst sie sogenannte inverse Probleme: Sie beobachtet einen bestimmten mathematischen Zustand, dann ergründet sie, welche Faktoren dahin führten. „Manche meiner Ergebnisse können Firmen helfen, neue Produkte zu entwickeln", sagt Wang.

Als Partnerfirmen führt die SMBU etwa den staatlichen chinesischen Atomenergiekonzern CGN, die teilstaatliche Spracherkennungsfirma iFlytek sowie Huawei. Der weltgrößte Telekom-Ausrüster stammt aus Shenzhen und spielt in der chinesisch-russischen Technologiekooperation eine wichtige Rolle.

In dieser Kooperation gibt es laut dem Analysten John Lee grob gesagt vier Bereiche: Informationstechnologie; Mikroelektronik und smarte Maschinen für die „vierte industrielle Revolution"; Rüstung; den Weltraum. All diese Bereiche hätten gemein, dass die russisch-chinesische Zusammenarbeit oft weniger eng sei als offiziell erklärt, schreibt Lee in einer im November 2022 erschienenen Studie. Trotzdem könne Russland in manchen strategischen Technologien China im Wettbewerb mit den USA und ihren Verbündeten helfen.

Der Fall von Huawei illustriert das gut. Nachdem westliche Staaten 2014 als Reaktion auf die Annexion der Krim Moskau mit Sanktionen belegten, verloren die skandinavischen Telekom-Ausrüster Ericsson und Nokia in Russland Marktanteile, und Huawei wurde größter Anbieter. Der chinesische Konzern profitierte laut Lee beim 5G-Ausbau davon, dass die russische Regierung Frequenzbänder festlegte, für die nur er Equipment anbot. Die US-Restriktionen gegen Huawei ab 2019 beschleunigten das Engagement in Russland. Huawei eröffnete dort ein Zentrum für Forschung und Entwicklung, das 2020 rund 2.000 Mitarbeiter beschäftigte. Es betrieb mit zehn russischen Universitäten Labore, arbeitete mit der Cybersicherheitsfirma Kaspersky zusammen und im Cloud-Computing mit der größten Staatsbank Sberbank. Huawei verkaufte Smart-City-Überwachungssysteme in Russland und organisierte mit Russland ein Forum, bei dem auch Internetzensur diskutiert wurde. Ein Forscher des amerikanischen Council on Foreign Relations wirft Huawei deshalb vor, „digitalen Autoritarismus" weiter legitimiert zu haben.

Heute ist unklar, was genau Huawei noch in Russland tut. Nach Russlands Angriff auf die Ukraine im Februar 2022 gab es zunächst Berichte, wonach Huawei sowohl Russland als auch der Ukraine technische Unterstützung zur Aufrechterhaltung des Internets geleistet haben soll. Doch zwei Monate später berichtete eine russische Zeitung, Huawei habe in Russland keine neuen Lieferverträge für Netzwerkausrüstung und Gadgets mehr akzeptiert. Mehrere Medien schrieben, Huawei und andere chinesische Tech-Konzerne fürchteten westliche Strafen, falls sie Russland beim Umgehen von Sanktionen helfen sollten.

Im Bereich der Mikroelektronik hat Russlands Krieg gegen die Ukraine bemerkenswerte Konsequenzen. China stellte 2020 bereits rund 57 Prozent der russischen Importe von Halbleitern. Unmittelbar nach Russlands Angriff brachen chinesische Exporte dorthin ein, offenbar auch wegen Unsicherheiten im Zusammenhang mit Sanktionen. Doch kurz darauf explodierten Chinas Halbleiterexporte, bis Juni 2022 wuchsen sie um mehr als 200 Prozent im Vergleich zum Vorjahr.

China sprang Russland also zur Seite. Aber hilft das Moskau tatsächlich? Bei den chinesischen Halbleitern dürfte es sich weitgehend um einfachere Produkte handeln, die ohne US-Technologie auskommen und somit nicht von Sanktionen getroffen werden können. Zudem berichtete die russische Zeitung „Kommersant", die Defektrate chinesischer Halbleiterimporte sei von zwei auf 40 Prozent gestiegen. Wahre Freundschaft sieht anders aus.

Auch bei Rüstungstechnologie verläuft die Kooperation zuweilen wenig vertrauensvoll. Zwar trieben westliche Waffenembargos gegen China 1989 nach dem Tiananmen-Massaker und gegen Russland 2014 die Partner zu einer engen Zusammenarbeit bei Rüstungsprojekten, wie die Sarah Kirchberger vom Kieler Institut für Sicherheitspolitik in einer Analyse schreibt. Doch China ging immer mehr dazu über, nicht ganze Waffensysteme zu kaufen, sondern sie gemeinsam mit Russland zu entwickeln oder gleich zu kopieren (zum Beispiel russische Kampfjets), was Moskau mehrfach kritisierte.

Bei der Nutzung des Weltraums haben China und Russland eine lange Geschichte der Zusammenarbeit. In der jüngeren Vergangenheit entwickelten beide Satellitennavigationssysteme als Alternative zum amerikanischen GPS. Chinas Beidou und Russlands Glonass sind miteinander kompatibel. Beide Länder wollen zudem eine gemeinsame Mondbasis eröffnen, die weiteren Ländern offenstehen soll. Doch mit Russlands Angriffskrieg dürfte das Projekt für Drittstaaten wenig attraktiv sein, wie der Analyst John Lee urteilt.

In der Summe kommen Analysten zu dem Schluss, dass China und Russland ihre Technologiekooperation in den vergangenen Jahren zwar stetig vertieft haben. Zugleich jedoch werden die Grenzen für eine längerfristige Zusammenarbeit deutlicher. Russland zehrt vor allem von seinem Technologieerbe aus Sowjetzeiten und hat China je länger, desto weniger zu bieten. Zumal China auch bei russischen Stärken wie Grundlagenforschung und Militärtechnologie aufholt.

Generell setzt Peking offenbar auch im Verhältnis mit Moskau auf Eigenständigkeit. Es ist ein historisches Muster in Chinas internationalen Beziehungen: Das Land kooperiert so lange mit Partnern, bis es diese nicht mehr braucht. Der Ukraine-Krieg und die westlichen Sanktionen schwächen Russland. Nun ist Moskau noch stärker auf China angewiesen als umgekehrt.

Das ist auch an der chinesisch-russischen Universität in Shenzhen zu spüren. Die Mathematikerin Jennie Ingtem sagt, die Staatliche Universität Moskau habe früher mehr auf Beziehungen zu Europa und den USA gesetzt. „Nun versucht meine Fakultät, sich mehr nach Asien und China zu orientieren."
Durch den Angriffskrieg gegen die Ukraine, den Ingtem gemäß Moskaus offizieller Sprachregelung „Operation" nennt, stehe Russland ziemlich allein in der Welt da. „In China finden wir vielleicht Verständnis", sagt Ingtem. Auf dem Campus sei der Krieg kein Thema, behaupten sie und ihre chinesische Kollegin Wang Chao.
Doch beim Smalltalk mit drei russischen Dozenten im Aufzug ist der Krieg sofort präsent. Auf die Frage, ob sie nach diesem Semester auch wieder zurück nach Moskau gingen, sagen sie in einer Mischung aus Galgenhumor und ernster Sorge: „Hoffentlich! Wenn Moskau dann noch existiert …" Eine Dozentin ist froh, dass ihre chinesische Aufenthaltsbewilligung für drei Jahre gilt. So kann sie notfalls länger in China bleiben.

Oh, wie schön ist Chinas Modellstadt! | April 2022

Wir waren eine Gruppe Europäer und hatten gerade ein japanisches Abendessen im 43. Stock eines Hotelturms in Shenzhen hinter uns, da zeigte uns einer aus der Gruppe auf der Panorama-Etage, was da in der Dunkelheit um uns herum leuchtete: Dort unten im Süden sei das Viertel Shekou, sagte der Belgier, das Herzstück von Chinas erster Sonderwirtschaftszone, 1979 gegründet, bis heute Symbol der Reform- und Öffnungspolitik seit Deng Xiaoping.
Da drüben im Osten, fuhr der Mann fort, sei ein großer Standort von

Alibaba, dem chinesischen Amazon; davor Türme diverser Elektronikkonzerne. Ein paar Meter auf der Panorama-Etage weiter fiel der Blick im Norden auf die Zentrale von Tencent, Chinas größtem Internetkonzern. Irgendwo daneben werde am chinesischen Raumfahrtprogramm gearbeitet. Noch ein paar Schritte, dann zeigte der Mann in den Westen, auf das Viertel Qianhai, wo Shenzhen einen weiteren Business-Distrikt baut, doppelt so groß wie Manhattan.
Der Belgier klang stolz, fast, als baue er selbst mit. Immerhin lebt er schon seit zehn Jahren in der Stadt und hat gesehen, wie all die Wolkenkratzer um uns aus dem Boden schossen. Aber dann sagte der Mann: „All das ist nicht für uns. Ausländer sind dabei nicht vorgesehen."
Ja, Shenzhen, die südchinesische Metropole direkt neben Hongkong, ist beeindruckend. Wer noch nie hier war, der wird staunen. Über den hochmodernen Flughafen in Form eines Rochens, filigran geschwungen, ganz in Weiß. Über die Taxis und Stadtbusse, alle elektrisch betrieben, die über die Stadtautobahnen flitzen. Über die Schluchten aus Hochhäusern. Hier muss nun wohl das Zentrum sein, denkt man, nur um weiterzufahren, durch weitere Hochhausschluchten.
Es gibt in Shenzhen unzählige Superlative. Ein Wolkenkratzer erreicht fast 600 Meter, er gehört Ping An, dem größten Versicherungskonzern der Welt. Huawei ist der größte Telekomkonzern der Welt mit, natürlich, den meisten Patenten. DJI ist der weltgrößte Drohnenhersteller. Die Firma Bei Gene betreibt die größte Gendatenbank der Welt. Der Elektronikmarkt Huaqiangbei ist … Sie haben schon verstanden.
All das hat Shenzhen viele Lobeshymnen eingebracht. Das „Wunder von Shenzhen" wurde zum geflügelten Wort, schließlich entwickelten sich ein paar Städtchen in wenigen Jahrzehnten in eine wohl-

habende Metropole mit rund 20 Millionen Einwohnern. Das Tech-Magazin „Wired“ nannte Shenzhen und sein Umland das „Silicon Valley für Hardware“, weil hier Elektronikgeräte für die ganze Welt produziert werden und Start-ups so schnell wie wohl nirgendwo sonst Prototypen fertigen lassen.

Zwei deutsche China-Journalisten sehen in Shenzhen sogar eine, wenn nicht die Stadt der Zukunft: Wolfgang Hirns Buch von 2020 heißt „Shenzhen – Weltwirtschaft von morgen“, Frank Sierens Buch von 2021 „Shenzhen – Zukunft made in China“.

Manche dieser Lobeshymnen, und insbesondere die beiden Bücher, sind von einem China-Optimismus durchtränkt, der mich irritiert. Schließlich befinden wir uns im zehnten Jahr der zunehmend totalitären Herrschaft von Xi Jinping, im mindestens fünften Jahr des amerikanisch-chinesischen – und mehr und mehr westlich-chinesischen – Konflikts sowie im dritten Jahr der Pandemie, mit der China seine Abschottung vom Rest der Welt begründet. Nun kommt der Ukraine-Krieg hinzu, in dem China zu Russland hält und damit unter anderem die EU gegen sich aufbringt. Keiner dieser Trends wird morgen enden, im Gegenteil.

Man muss schon wegschauen, um die Manifestierungen dieser Trends in Shenzhen nicht zu bemerken. Zum Beispiel die Ideologisierung. Die Stadt ist bereits übersät mit mehr als 1.000 „Dienstleistungszentren der Partei für die Massen“, und bei Erkundungstouren durch die Stadt entdecke ich ständig weitere funkelnagelneue Zentren, die die breite Bevölkerung mit Behördendienstleistungen und volkshochschulähnlichen Angeboten für die kommunistische Sache gewinnen sollen. Auch in meiner Wohnanlage wird gerade ein neuer Standort eingerichtet.

In einer Primarschule um die Ecke hängt über dem Pausenhof ein riesiger elektronischer Bildschirm, auf dem kürzlich Chinas Soldaten im Koreakrieg als Vorbilder für die Schüler gepriesen wurden. Auf einem Bildschirm am Eingang einer Baustelle liefen Ausschnitte von Kriegsfilmen. An einer anderen Baustelle, gegenüber dem Huawei-Campus, rief ein Warnschild vage zu Wachsamkeit im Namen der „nationalen Sicherheit“ auf – ein Ausdruck, mit dem in China alle möglichen Restriktionen gerechtfertigt werden und Paranoia geschürt wird.

Shenzhen ist für Pekings Politikplaner eine Modellstadt, in der Reformen getestet werden, bevor sie eventuell andernorts eingeführt werden. Das wird von den Shenzhen-Verfechtern gern lobend bis ehrfürchtig angeführt. Aber irgendwie vergessen manche dabei, dass Shenzhen nicht einfach irgendeine Modellstadt ist, sondern dass sie laut der Vorgabe des Zentralkomitees der Kommunistischen Partei von 2019 ein „Vorzeigegebiet für den Sozialismus chinesischer Prägung“ werden soll. Die entsprechende Anordnung beginnt unter Punkt eins mit den sprichwörtlichen „Xi-Jinping-Gedanken“ als „Leitideologie“.

Vielleicht gab es in China tatsächlich ein Zeitfenster, so vor fünfzehn bis zwanzig Jahren, als man derlei noch als Folklore hätte abtun können. Mittlerweile ist das schwer haltbar. So äußerte sich zum Beispiel die Europäische Handelskammer in China skeptisch zur Aufwertung Shenzhens als sozialistische Modellstadt.

Der Schritt werfe Fragen dazu auf, welche Richtung Shenzhen und Südchina im Allgemeinen in den kommenden Jahren einschlagen würden, schrieb die Kammer in einer Stellungnahme. Sie verwies darauf, dass das Zentralkomitee fast zeitgleich eine noch größere Einmischung der Kommunistischen Partei in die Privatwirtschaft forderte. Oder wie es in Pekings Propagandasprache heißt: Die „Einheitsfront“ soll gestärkt werden. Einheitsfront meint alle Akteure, welche offen oder verdeckt die Agenda der Partei vorantreiben, von der Festigung der Diktatur bis zum Anschluss Taiwans.

Wie fühlt es sich an, in der Modellstadt des Sozialismus chinesischer Prägung zu leben? Ich wohne nun ein gutes halbes Jahr hier, und dafür, dass Shenzhen mit Schanghai als liberalste Stadt Chinas gilt – weit weg von Peking, Eldorado von Glücksrittern aus ganz China –, finde ich es hier oft ganz schön einengend. Das fängt damit an, dass Fahrrad fahren auf der Straße verboten ist, offenbar, um den Autoverkehr nicht zu behindern. Man soll auf den oft überfüllten Fußwegen fahren, übrigens auch die unzähligen Elektroroller der Lieferdienste, die sich gern hupend durch die Menge drängeln.

An der kilometerlangen Shenzhener Bucht, mit Blick auf das gegenüberliegende Hongkong, gibt es einen exzellenten Fahrradweg, auf dem man bequem in andere Bezirke fahren kann. Außer am Wochenende, da ist es grundsätzlich verboten; zugegebenermaßen sind dann oft viele Fußgänger unterwegs, auch auf dem Fahrradweg. Aber Skateboard fahren darf man auf der großzügigen Uferpromenade selbst unter der Woche nicht, wenn sich dort zuweilen mehr uniformierte Aufpasser tummeln als Flaneure. Ich ignoriere ihre Verbotsrufe, wie das auch mancher chinesische Fahrradfahrer am Wochenende tut.

Selbst Seitenstraßen und Trottoirs sind in Shenzhen oft auf Hunderten Metern Länge durch Metallzäune abgetrennt, damit ja niemand an verbotener Stelle quert. Die typischen Wohnkomplexe, jeder mit mindestens fünf, sechs Hochhäusern, sind Gated Communities mit Mauern, zuweilen Stacheldraht, Eingangstoren und Uniformierten. In der Pandemie haben sich auch einzelne Straßen und Straßenblocks mit Barrieren abgeschottet; rein oder durch kommt man nur, wenn man seinen grünen QR-Gesundheitscode auf dem Smartphone zeigt.

Alles soll in genau vorgegebenen Bahnen verlaufen, nichts Unvorhergesehenes passieren. Dazu zwei Beispiele fern der Verkehrsplanung: Ein amerikanischer Bekannter ist Hobbymusiker und spielte mit seiner Band in Shenzhener Bars, bis die Behörden laut ihm dort Ausländer nur noch als Berufsmusiker zulassen wollten. Danach traute er sich nicht einmal mehr, bei einem Freund auf der Geburtstagsparty zu spielen. Ein anderer Bekannter organisiert Abende für Improvisationstheater, so erfolgreich, dass er fürchtet, auf dem Radar der Partei zu landen und vorab Redemanuskripte einreichen zu müssen, wie das für reguläre Theater üblich ist. Manuskripte für Impro-Theater!

Derlei scheint sinnbildlich zu stehen für Shenzhen und die politische Entwicklung Chinas insgesamt. Wie wollen das Land und seine Tech-Metropole so Innovationsweltmeister werden? Kann man in einem solchen Klima wirklich kreativ sein? Kann so die „Weltwirtschaft von morgen" entstehen? Oder welche Art von „Innovation" ist gewollt?

Klar, ich habe schon gestaunt über den Kehrroboter, der an der Uferpromenade plötzlich um die Ecke fuhr, oder über das selbst fahrende Taxi, das eine Shenzhener Firma im dichten Stadtverkehr testet. Aber wenn ich dann gleich wieder in einen der allgegenwärtigen Überwachungskamerabäume schaue, deren Scheinwerfer nachts gleißend helles Licht auf die Bürgersteige werfen, damit ihnen ja nichts entgeht, dann graut mir vor so mancher Innovation made in Shenzhen. Die Hersteller der Kameras und der Software zur Gesichtserkennung kommen nämlich auch von hier.

Ein kleiner Trost, das sei auch gesagt, sind jene Chinesen, die trotz allem Freiräume ausloten und besetzen. Etwa die jungen Frauen, die der patriarchalischen Provinz und ihrer auf den einzigen Sohn fokussierten Familie entflohen sind und die in der Stadt westliche Musik, Filme und Werte entdecken. Oder der Kerl, der aus seinem Kofferraum heraus Longdrinks verkauft, in einer Seitenstraße, immer nach 21 Uhr, wenn die Polizei nicht mehr patrouilliert. Oder die Freunde, die VPN-Software installieren, damit sie das Internet auch außerhalb von Chinas Zensur nutzen können.

Shenzhen, Stadt der Zukunft? Das ist mir zu pauschal. Wer die Formulierung nutzt, scheint mir, handelt wie die Greenkeeper an Shenzhens Uferpromenade, die zuweilen das trockene Gras grün sprayen. Mehr Nuancen, bitte: Stadt welcher Zukunft, Stadt wessen Zukunft? Zum Beispiel: Wenn Shenzhen das Symbol von Chinas Politik der „Reformen und Öffnung" ist, das Land nun aber auf Regression und Abschottung setzt, was bedeutet das dann für seine Modellstadt?

Konzerne wie Huawei und DJI sind auch im Zuge der amerikanischen Exportkontrollen patriotischer, wenn nicht nationalistisch geworden. Europäische Mitarbeiter von Tencent und Ping An, die prima Chinesisch sprechen, erzählen, dass es für Ausländer in hiesigen Konzernen generell eine Glasdecke gebe – was, zugegeben, insgesamt in Ostasien gelten dürfte. Doch selbst wenn China – und Shenzhen – mit Förderprogrammen „Talente aus Übersee" anlocken will, sind damit oft ethnische Chinesen gemeint, aus Nordamerika und selbst aus Hongkong. Internationalität chinesischer Prägung.

Manchmal denke ich – aber natürlich kann ich mich täuschen –, dass Shenzhen vielleicht schon bald seinen Zenit erreicht. Die US-Restriktionen gegen chinesische Tech-Firmen treffen insbesondere Shenzhen, und das ganze Ausmaß ihrer Folgen wird man erst noch sehen. Die Stadt ist auch Heimat von Evergrande und weiterer hochverschuldeter Immobilienkonzerne, steht also sinnbildlich für

Chinas wahnsinnigen Bauboom der vergangenen Jahre und die stetig wachsende Schuldenblase. Selbst hier, in der Boomstadt, stehen Gebäude leer, doch es wird eifrig weitergebaut.

Schließlich stellen sich mir zwei grundsätzliche Fragen. Erstens: In den 1980er Jahren war es clever und wegweisend für das damals arme China, neben der Weltstadt Hongkong eine schon bald florierende Sonderwirtschaftszone aufzubauen. Aber heute, in einem Land mit enormem Wohlstandsgefälle zwischen den reichen Küstenmetropolen und dem oft armen Landesinneren, ist es da sinnvoll, die Landflucht weiter anzuheizen?

Zweitens, Stichwort Klimawandel und steigende Meeresspiegel: Kann es gutgehen, dass Shenzhen dem Südchinesischen Meer und dem Perlflussdelta immer mehr Land abringt, um sich trotz den Hügeln in seinem Rücken noch weiter auszubreiten? Wer weiß, vielleicht kann sich China nicht nur höchst effektiv gegen westliche Einflüsse abschotten, sondern auch gegen Sturmfluten. Aber manchmal scheint mir, dass Shenzhen dereinst weniger Stadt der Zukunft sein könnte – und mehr Stadt einer gewissen Vergangenheit.

4 MACHER

Ein Treffen mit dem umstrittensten Forscher der Welt | Januar 2023

„Wir sind im ‚Starbucks'", schreibt He Jiankui. Es ist ein Mittwoch in Shenzhen, der chinesischen Hightech-Metropole direkt neben Hongkong. Wer ist „wir"? He erwähnte bei der Vereinbarung dieses Interviews nicht, dass er in Begleitung kommen würde. Vielleicht ein PR-Berater? Seit ein paar Monaten versucht der wohl kontroverseste Wissenschaftler der Welt, seinen ruinierten Ruf zu verbessern. Doch ist sein Ruf in China überhaupt ruiniert? Kurz vor dem Interview veröffentlicht He auf Twitter ein Foto, das eine Neujahrsfeier der Chinesischen Gesellschaft für Biotechnologie zeigt. In sozialen Netzwerken postet er seine Handynummer und E-Mail-Adressen. Und er hat eine Petition lanciert, unterschrieben von angeblich mehr als 600 Angehörigen von Patienten mit der Muskelkrankheit DMD, damit die Tech-Milliardäre Jack Ma und Pony Ma Geld für die Entwicklung einer Gentherapie spenden.

Im Ausland hingegen scheint He Jiankuis Ruf so beschädigt, dass eine Ehrenrettung schwer vorstellbar ist. Gerade verglich ihn ein führender amerikanischer Genforscher mit den Nazi-Ärzten, die in Konzentrationslagern mit Menschen experimentierten.

He hat auch mit Menschen experimentiert. Er und sein Team wollten die DNA von Embryos mit der Genschere Crispr/Cas9 so manipulieren, dass sie gegen HIV immun sein würden. He ließ die manipulierten Embryos in die Gebärmutter von Frauen einpflanzen.

Als die amerikanische Fachzeitschrift „MIT Technology Review" im November 2018 die Schwangerschaften bekannt machte, war das eine Sensation.

He Jiankui selbst verkündete kurz nach den ersten Schlagzeilen auf Youtube die Geburt von Zwillingen. Wenige Tage später präsentierte er sein Experiment an der wichtigsten wissenschaftlichen Konferenz zum Thema, dem Second International Summit on Human Genome Editing in Hongkong. Seine Kollegen verurteilten ihn fast ausnahmslos.

Die wichtigste Zeitung der Kommunistischen Partei, „People's Daily", lobte Hes Experiment zunächst als „historischen Durchbruch". Das Regime will China dank Wissenschaft und Technologie zu einem „starken Land" machen.

Doch nach der Konferenz in Hongkong wurde He von den Behörden in Shenzhen festgehalten, auf dem Campus der Southern University of Science and Technology. Vor seiner Tür in einem Wohnheim standen junge Männer der Staatssicherheit in Zivil. Die Universität distanzierte sich von He öffentlich und entließ ihn. Er verschwand spurlos.

Ein Jahr später, im Dezember 2019, veröffentlichte die „MIT Technology Review" Auszüge aus einer unveröffentlichten Studie von He und weiteren Autoren zu ihrem Menschenexperiment. Die Studie dokumentierte grundlegende ethische Probleme. Kurz darauf meldete Chinas staatliche Nachrichtenagentur Xinhua, He und zwei Beteiligte seien von einem Gericht in Shenzhen in nicht öffentlicher Verhandlung zu Gefängnisstrafen wegen „illegaler medizinischer Praktiken" verurteilt worden. Im April 2022 wurde Hes Freilassung gemeldet.

Hes Experiment dauert an – falls die Zwillinge und ein später geborenes Kind weiterhin leben. Über das Trio ist praktisch nichts be-

kannt. Das jüngste Kind müsste nun dreieinhalb Jahre alt sein, die Zwillinge vier Jahre. So jung wie Hes jüngere Tochter.
Im „Starbucks", neben He Jiankuis ehemaliger Universität, wartet der Enddreißiger mit seiner älteren Tochter Audrey, sechs Jahre. He hat auch ein Ehepaar mitgebracht, das sich als Eltern eines dreijährigen Sohnes vorstellt, der an der Muskelkrankheit DMD leidet. „Mein Sohn wird wahrscheinlich nicht älter als zwanzig werden", wird die Mutter später sagen. Sie bezeichnet sich als „Fan" von He Jiankui – und hofft, dass er mit seiner neuen, in Peking gegründeten Firma ihren Sohn retten wird.
In den folgenden gut zwei Stunden wird He sich erstmals seit seinem Verschwinden Ende 2018 ausführlich äußern. Manche Fragen beantwortet er nur knapp, viele gar nicht. Trotzdem wird He Jiankui am Ende vielleicht mehr Aufschluss über seine Person geben, als ihm bewusst ist.

Herr He, was beschäftigt Sie dieser Tage?
Es ist chinesisches Neujahrsfest. Ich bin aus Peking zurückgekommen, um mit meiner Familie zu feiern. Meine Frau und meine beiden Töchter leben hier. Es ist Familienzeit, ich genieße die Ferien, spiele Golf und treffe mich mit Freunden. Ich lese auch ein paar Studien und Bücher.

Was lesen Sie gerade?
Diesen deutschen Philosophen mag ich sehr, Schopenhauer.

Warum er?
Er hat offensichtlich verstanden, worum es im Leben geht. Die meisten Menschen streben nach beruflichem Erfolg, nach Vermögen oder dem Respekt ihrer Kollegen. Aber dieser Philosoph sagt,

wie man wirklich ein sinnvolleres Leben führt. Dazu muss man gar nicht so viel haben, nicht so viel Geld besitzen.

Identifizieren Sie sich damit?
Ich weiß nicht. Aber mir gefällt das sehr. Auch Schopenhauers Lebensgeschichte gefällt mir sehr gut. Er hat sein Hauptwerk sehr jung begonnen, er war um die dreißig Jahre. Schopenhauer war fest davon überzeugt, dass es eines Tages wirklich wichtig für die Gesellschaft sein würde, obwohl seine Mutter dachte, dass es nur Mist sei. (*Lacht.*) Die Zeit gab ihm recht, nach mehr als dreißig Jahren.

Glauben Sie, dass Ihnen dasselbe passieren könnte mit Ihrem Menschenexperiment?
Ich bin in Gedanken schon weiter.

Von wo bis wo genau sind Sie in Ihren Gedanken weitergegangen?
Von meiner Vergangenheit bis zu meiner aktuellen Arbeit zur Heilung seltener Krankheiten für Kinder.

> | He Jiankui wurde 1984 in der südchinesischen Provinz Hunan geboren. Seine Eltern seien Bauern gewesen. He studierte in China Physik und ging wie viele seiner Kommilitonen für ein Doktorat in die USA. Dort begann er sich für Gentechnologie zu interessieren. 2012 kehrte er nach China zurück im Rahmen des Programms „Tausend Talente", mit dem die Regierung Wissenschaft und Forschung voranbringen will. He bekam ein Labor an der gerade neu gegründeten Shenzhener Universität Sustech. Die Stadtregierung stellte ihm im Rahmen einer lokalen Talent-

initiative eine subventionierte Wohnung, in der Hes Familie bis heute wohnt.

Wie würden Sie sich selbst definieren?
Das ist eine große Frage. (*Lacht, überlegt.*) Ich bin Ehemann, ich habe eine Frau, ich bin Vater von zwei kleinen Töchtern. Und ich bin Sohn eines Vaters und einer Mutter. Meine Mutter hat heute Alzheimer. Es macht mich sehr traurig, dass sie mich nicht mehr erkennt.

Was war der erste Erfolg in Ihrem Leben?
(*Schweigt lange.*) Nächste Frage.

Wirklich?
Weil mir nichts einfällt.

Vielleicht Ihre erste wissenschaftliche Arbeit, die veröffentlicht wurde?
Ich weiß nicht.

Was motiviert Sie?
Was motiviert mich? (*Schweigt lange.*) Ich denke, es ist wahrscheinlich etwas, was alle motiviert. Ich bin ein normaler Mensch.

| Eine Journalistin der Nachrichtenagentur AP, die He kurz vor Bekanntwerden der Menschenexperimente mehrfach interviewt hatte, schrieb 2018, He wolle in die Geschichte eingehen. Eine Untersuchung der chinesischen Provinz Guangdong, in der He sein Experiment gemacht hatte, urteilte 2019, He habe nach „persönlichem Ruhm und Gewinn“ gestrebt.

Nun präsentiert sich der Mann, der Gott spielte, als ein durchschnittlicher Typ von nebenan. He ist im Interview extrem vorsichtig, als wolle er bloß nichts Falsches sagen. Zugleich strahlt er eine merkwürdige Unerschütterlichkeit aus.

Sie waren vier Jahre aus der Öffentlichkeit verschwunden, saßen angeblich drei Jahre im Gefängnis. Woher kommt Ihr Selbstbewusstsein?
Ich bin nur ein normaler Wissenschaftler, der normale Forschung betreibt. Daher kommt mein Selbstbewusstsein.

Aha.
In China haben wir ein Sprichwort: *Shen zheng bupa yingzi xie.*

> | Übersetzt heißt das in etwa: Wenn du aufrecht stehst, musst du keine Angst haben, dass dein Schatten abweicht. Es bedeutet: Jeder wirft einen Schatten, aber solange man aufrichtig handelt, muss man sich vor nichts fürchten.

Wenn man also direkt vor Ihnen steht, wird man Ihren Schatten nicht sehen?
(*Lacht.*) Die beste Strategie ist es, den Schatten zu ignorieren. Tu das Richtige und ignoriere den Rest. (*Schweigt.*) Ignorieren bedeutet nicht, zu vergessen, was ich in der Vergangenheit getan habe. Ich habe einige Gedanken zu Dingen in der Vergangenheit.

Was sind das für Gedanken?
Okay! In der Vergangenheit … Ich sage das besser auf Chinesisch … *Wo zuo de tai kuaile.* [Übersetzt: „Ich habe zu schnell gehandelt."] Ja. Das war's.

| Zu schnell, überhastet, unausgereift – so beschreiben Kritiker Hes Menschenexperiment praktisch von Anfang bis Ende. Die Genschere Crispr/Cas9 sei bis heute nicht sicher genug für die Anwendung beim Menschen, geschweige denn in Embryos, sagen sie. Das Experiment führten He und seine Mitstreiter derart durch, dass der Genwissenschaftler Fyodor Urnov von der Berkeley-Universität die Frage aufwarf, ob sie in Eile gewesen seien. Zudem wurde das Experiment erst nach der Geburt der Zwillinge offiziell registriert. Auf nichts davon will He nun eingehen.

Und Ihre anderen Gedanken zur Vergangenheit?
Ich brauche mehr Zeit zum Nachdenken.

Klar. So fünf, zehn Minuten?
Nein, ein paar Monate.

Was wird in ein paar Monaten anders sein?
Ich werde mehr Bücher gelesen haben, mit mehr Menschen geredet haben.

Sie hatten vier Jahre, um sich Gedanken zu machen. Ist das alles, was Sie sich überlegt haben: Sie haben zu schnell gehandelt?
(*Schweigt.*) Ich denke darüber nach, einen Artikel über meine Überlegungen zu schreiben.

| Gegenüber dem amerikanischen Tech-Magazin „Wired" kündigte He per E-Mail an, dass er sich zu ethischen Fragen im März 2023 auf Einladung an der Oxford University äußern werde. Fast zeitgleich findet, unweit von Oxford, in London der dritte International Summit on Human Genome Editing statt –

genau jenes Gipfeltreffen, an dem Hes Auftritt 2018 in Hongkong zum Skandal wurde. (Letztlich wurde Hes Oxford-Besuch nach Kritik abgesagt.)

Wie geht es den drei Babys, die heute Kinder sein müssten?
Darauf habe ich keine Antwort. (*Lächelt.*) Ich habe keinen Kommentar. Was ich sagen werde, ist, dass ... Wie soll ich sagen? (*Schweigt.*) Ich muss darüber nachdenken! (*He schweigt. Er sucht den Augenkontakt, bricht ihn ab, schaut zur Seite, schaut nach oben. Die ganze Zeit überzieht sein Gesicht ein Lächeln, wie es Chinesen oft in unangenehmen Situationen tragen. Nach gut einer halben Minute bricht er sein Schweigen.*) Okay. Alles, was ich sagen kann, ist dies: Die Eltern der Zwillinge wünschen sich ein normales, friedliches und ungestörtes Leben. Und ich respektiere diesen Wunsch.

Wissen Sie, wie es den drei Kindern geht?
Ich beantworte diese Frage heute nicht.

Haben Sie ein ruhiges Gewissen?
(*Schweigt lange.*) Ich weiß nicht.

Haben Sie Albträume?
(*Lacht.*) Natürlich habe ich keine Albträume.

Warum nicht?
(*Lacht, schweigt.*)

Sie müssen also entweder wissen, dass die Kinder gesund sind. Oder es ist Ihnen egal.
Ah, Sie stellen eine Falle! (*Lacht.*)

| 2022 wurde der Dokumentarfilm „Make People Better" („Menschen besser machen") im Internet veröffentlicht. Der Film beruht unter anderem auf aufgezeichneten Telefonaten, die He aus seinem Hausarrest Ende 2018 mit dem amerikanischen Wissenschaftsethiker Ben Hurlbut führte. In einem der Telefonate fragt He sich, ob „sie" – gemeint sind offenbar die chinesischen Behörden – die genmanipulierten Zwillinge nach Bekanntwerden des Experiments „töten oder sterilisieren" würden.

Können Sie versichern, dass die drei Kinder weder getötet noch sterilisiert wurden?
Lassen Sie uns über etwas anderes reden.

Keines der Kinder wurde getötet, keines sterilisiert?
Lassen Sie uns über etwas anderes reden. Oh, ich will etwas sagen. (*He erwähnt einen öffentlichen Appell zweier chinesischer Bioethiker. Sie fordern, dass die drei Kinder von der Regierung besonders geschützt werden, um ihre Sicherheit und ihre Gesundheit zu gewährleisten.*) Ich bin absolut dagegen. Weil das Wohl der Familien an erster Stelle stehen sollte und die Wissenschaft an zweiter Stelle. Diese Überwachung wäre zu viel.

Das Wohl der Familien an erster Stelle, die Wissenschaft an zweiter. Haben Sie selbst das immer so gemacht?
Natürlich.

| Zum genau umgekehrten Schluss kam 2019 der Genwissenschaftler Urnov. „Das Forscherteam hat seine Interessen höher gewichtet als die der Paare, welche die Embryos gespendet haben, und höher als die Interessen der späteren Kinder." So kom-

mentierte Urnov in der „MIT Technology Review“ die Tatsache, dass He und seine Mitstreiter laut deren eigener, unveröffentlichter Studie nicht überprüft hatten, ob sie die manipulierten Zellen wirklich gegen HIV immun gemacht hatten. Hes Studie offenbarte reihenweise solche Mängel.

Rita Vassena, damals wissenschaftliche Direktorin einer Fruchtbarkeitsklinik, urteilte über Hes Studie insgesamt: „Das liest sich eher wie ein Experiment auf der Suche nach einem Zweck; wie ein Versuch, einen vertretbaren Grund zu finden, um die Crispr/Cas9-Technologie bei menschlichen Embryonen einzusetzen, koste es, was es wolle.“

Sie planten, die Babys bis zu ihrem 18. Lebensjahr zu begleiten.
Wir wollten für die Kinder neben der öffentlichen Krankenversicherung zusätzlich eine private Krankenversicherung abschließen. Aber weil die Geburten bekannt wurden, wollte kein Krankenversicherer das tun, auch heute nicht. Nun denken wir über einen alternativen Plan nach: eine Stiftung, die Geld sammelt und alle Gesundheitskosten der drei Kinder übernimmt. Das habe ich vor.

Sie haben also immer noch mit den Kindern und ihren Familien zu tun?
Ja.

Stehen Sie mit ihnen in Kontakt?
Das kann ich nicht beantworten. Aber wir sind verpflichtet, die Kinder krankenversichern zu lassen.

| He sagt auf einmal mehrfach „wir“. Der erwähnte Dokumentarfilm über ihn und sein Experiment stellt He im Gegensatz zu

vielen Medienberichten nicht als einsamen Frankenstein dar, sondern als ambitionierten jungen Wissenschaftler mit Mitwissern, Förderern und Unterstützern, auch in den USA. Manche von ihnen schienen froh, dass jemand ein solches in den USA verbotenes Experiment wagte. In China wurde die Genmanipulation menschlicher Stammzellen erst später explizit verboten.

Wer hat Ihnen damals das Okay für Ihr Menschenexperiment gegeben?
Lassen Sie uns über etwas anderes reden.

Im Film sagt Ihr damaliger PR-Berater, Sie hätten sich von der chinesischen Regierung beschützt gefühlt.
Lassen Sie uns über etwas anderes reden.

Laut dem Film fühlten Sie sich auch von einem Forscher in Berkeley ermutigt, Ihr Experiment weiterzuführen.
Lassen Sie uns über etwas anderes reden.

Im Film schildern Sie eine kurze Begegnung mit dem amerikanischen Nobelpreisträger James Watson, der die Struktur von DNA-Molekülen mit entdeckte. Sie hätten Watson gefragt, ob man mit Genmanipulationen Menschen gesünder machen solle.
Watson antwortete einfach: „Menschen besser machen." Er ermutigte mich. „Menschen besser machen" – nicht: „Bessere Menschen machen."

| Es bleibt unklar, ob He gegen frühere Mitstreiter Groll hegt. Die Macher des erwähnten Dokumentarfilms – an dem He bis auf die aufgezeichneten Telefonate nach eigenen Angaben nicht

beteiligt war – sind expliziter. Gegen Ende ihres Films zeigen sie Gruppenfotos von westlichen Wissenschaftlern, denen sie implizit vorwerfen, He fallengelassen zu haben.

Wie war das Essen im Gefängnis?
(*He lacht laut.*)

Wo waren Sie im Gefängnis?
Hm.

Haben Sie wirklich drei Jahre im Gefängnis verbracht?
Lassen Sie uns über etwas anderes reden.

Was haben Sie in den vier Jahren seit Dezember 2018 gemacht, als Sie verschwanden?
Okay!

Haben Sie Wissenschaft betrieben, geforscht?
Lassen Sie uns über etwas anderes reden.

Worüber wollen Sie denn reden?
Gut! (*He lacht, ist erleichtert, dann schweigt er lange.*)

Warum geben Sie dieses Interview?
(*Schweigt.*) Ich möchte, dass mehr Menschen auf mein DMD-Projekt aufmerksam werden, vielleicht auch mehr Chinesen und die Regierung. Damit wir also mehr Geld sammeln und mehr Kooperationen eingehen können, um ein Medikament für diese Patienten möglich zu machen. Denn jeden Tag sterben Patienten an dieser Krankheit.

| He hat 2022 in Peking eine neue Firma gegründet, das kleine Jiankui He Lab. Ziel sei es, Gentherapien gegen seltene Krankheiten wie DMD zu entwickeln, die sich wegen der begrenzten Patientenzahl für Pharmaunternehmen kaum lohnen. He will die Entwicklung solcher Medikamente von bisher rund zehn Jahren auf zwei bis drei Jahre beschleunigen, und er will die hohen Endpreise dank einer spendenfinanzierten Stiftung viel günstiger machen.
Derzeit kämpft er auch darum, seine Aktien der Shenzhener Firma Direct Genomics wiederzubekommen. Deren Status sei derzeit unklar, sagt er vage; es gibt einen Rechtsstreit. He war zu Spitzenzeiten an mindestens neun Firmen im Gesamtwert von Hunderten Millionen Euro beteiligt, oft als Mehrheitsaktionär. Er erwog unter anderem ein medizintouristisches Projekt für Designerbabys auf der südchinesischen Insel Hainan.
Von kommerziellen Projekten redet He nun nicht mehr, stattdessen von Stiftungen, Spenden und Wohltätigkeit. Falls er die Aktien an Direct Genomics wiederbekomme, wolle er die Firma an die Börse bringen und sein Vermögen in die Entwicklung von Medikamenten gegen seltene Krankheiten stecken.

Zum Schluss, was haben Sie bei alldem über die menschliche Natur gelernt?
Oh, wie soll ich sagen? Manchmal ist „konservativ" gut.

Wie meinen Sie das?
95 Prozent der neuen Dinge sind nicht so gut wie die alten oder traditionelleren Dinge. Es sind vielleicht nur fünf Prozent der Dinge, die Altes besser ersetzen können. „Konservativ" ist also allgemein

kein schlechtes Wort. Und wahrscheinlich ist es eine gute Sache für eine Gesellschaft und für die Menschen.

Das haben Sie bei alldem gelernt?
Ich habe das aus einem Buch eines britischen Autors zur Weltgeschichte erfahren.

Werden Sie jemals wieder mit menschlichen Embryos experimentieren?
Lassen Sie uns über etwas anderes reden. Wie ist Häagen-Dazs, ist es okay? Meine Tochter liebt Eis.

> | Im „Starbucks" war es zu laut, deshalb fand das Interview letztlich nebenan statt, im Eisladen Häagen-Dazs. Das ist He nun in den Sinn gekommen.

Manche Dinge wird die Menschheit wohl nie über He, sein Menschenexperiment und die ersten genmanipulierten Kinder erfahren.

Ein Start-up baut die weltweit ersten Quantencomputer für zu Hause | Januar 2023

Normalerweise sind Quantencomputer ziemlich monströse, teure Maschinen. Ein solches Exemplar steht auch im Labor von SpinQ, einem Start-up in Shenzhen. An einem massiven Metallgestell, so groß wie zwei Telefonkabinen, hängt eine wuchtige Röhre. Darin befinden sich Computerchips, die auf minus 273 Grad Celsius heruntergekühlt werden. So kalt muss es sein, damit die Chips aus Aluminium und Titan funktionieren.

Allein die Kühlröhre der Firma Oxford Instruments habe rund eine halbe Million US-Dollar gekostet, sagt Feng Guanru, eine Mitgründerin von SpinQ. Wegen solcher Preise sind Quantencomputer üblicherweise nichts für jedermann. Das Start-up will das ändern: Als erster Anbieter weltweit verkauft SpinQ auch viel günstigere, kleinere Quantencomputer. Das erklärte Ziel ist es, jenseits von Labors Schüler, Studenten und sonstige Laien an die Technologie heranzuführen.

Quantencomputing gilt als eine der vielversprechendsten Zukunftstechnologien. Ein Quantencomputer kann gewisse komplexe Probleme theoretisch viel schneller lösen als ein herkömmlicher Computer. Das ist möglich, weil er nicht nur mit den binären Zuständen 0 und 1 rechnet, sondern auch mit Überlagerungen dieser Zustände. Solche Zustände können nur sogenannte Quantenobjekte annehmen, zum Beispiel Atome oder Lichtteilchen.

Ein oft zitiertes Anwendungsbeispiel ist die Verschlüsselung von Daten. Quantencomputer könnten eines Tages dank ihrer riesigen Rechenleistung die heute übliche Verschlüsselungstechnik knacken. Zugleich ermöglichen Quantencomputer neue, kompliziertere Verschlüsselungsmethoden, die wiederum als unknackbar gelten. Als erster Handy-Anbieter der Welt wirbt der Shenzhener Konzern Huawei damit, dass sein Smartphone Mate 60 Pro quantenverschlüsselte Anrufe und SMS anbieten kann.

Für die chinesische Regierung hat Quantencomputing hohe Priorität. Sie bezeichnet im Fünfjahresplan 2021 bis 2025 für „Informatisierung" Quantencomputing als strategische Technologie, für die eine umfassende Infrastruktur aufgebaut werden soll. SpinQ kooperiert mit entsprechenden Laboren in mehreren chinesischen Städten. Die Mitgründerin Guanru verweist auch auf spezielle Förderprogramme für Quantencomputing der Stadt Shenzhen, für die das Start-up sich beworben habe. Überhaupt bezeichnet Feng das Umfeld in Shenzhen mit seinen vielen Zulieferfirmen von Elektronikteilen als sehr praktisch.

Verschlüsselungstechnologie ist auch für SpinQ ein wichtiges Standbein. Die junge Firma verkauft sie an Firmenkunden wie die Großbank HSBC, deren sensible Daten besonders gesichert werden müssen. Ein zweites Standbein sind die Computer für Otto Normalverbraucher. „Meines Wissens ist SpinQ die einzige Firma, die voll programmierbare Desktop- und tragbare Quantencomputer herstellt", sagt Tamás Varga, ein Experte für Quantumcomputing aus der Schweiz, der selbst ein solches Gerät nutzt.

SpinQ hat 2022 seinen dritten und bis dato kleinsten Quantencomputer auf den Markt gebracht. Er heißt Gemini Mini und erinnert äußerlich an einen handelsüblichen Desktop-Drucker mit einem großen, klappbaren Touchscreen an der Seite. Doch der Gemini Mini ist viel schwerer, 14 Kilogramm. Für einen Quantencomputer ist das sehr wenig. Die größeren Desktop-Modelle Gemini und Triangulum, die wie etwas zu groß geratene Rechnertürme aussehen, wiegen um die 50 Kilogramm.

Hauptgrund für das Gewicht sind die massiven Magneten, die den Kern der Computer bilden. Sie erzeugen ein starkes Magnetfeld, wie in einem Kernspintomografen. Das Verfahren heißt Kernspinresonanz, auf Englisch „nuclear magnetic resonance". Es ist eine von mehreren Methoden, um die nötigen Quantenteilchen, genannt Quantenbits oder Qubits, zu erzeugen.

Wie man mit den Qubits ein Experiment durchführt, demonstriert Feng Guanru beim Firmenbesuch auf dem Gemini Mini. Feng tippt per Touchscreen durch das Menü. Es gibt Buttons für verschiedene Einführungskurse in das Quantencomputing – und in der Mitte das größte Feld für „Real Quantum Computing". Feng wählt es aus.

Auf dem Bildschirm erscheinen zwei parallele Linien, für jedes Qubit eine. Feng wählt ein sogenanntes Quantengatter aus. Das ist eine Rechenoperation, die der Computer auf einem Qubit durchführen soll. Sie entscheidet sich für das H-Gatter, das nach dem französischen Mathematiker Jacques Hadamard benannt ist. Feng weist es dem ersten Qubit zu und drückt auf „Run".

Das Experiment wird eines der Prinzipien des Quanten-Computings illustrieren, die sogenannte Superposition. Dabei nimmt ein Qubit mehrere Zustände gleichzeitig an. „Auf diesem Qubit werden also Null und Eins zur gleichen Zeit existieren", erklärt Feng. Kurz darauf zeigt der Computer ein Säulendiagramm an. Es wertet aus, wie häufig das Qubit welche überlagerten Zustände angenommen hat.

Man kann das als Spielerei abtun, schließlich hat das Experiment keinen praktischen Wert; mit nur zwei Qubits lässt sich zum Beispiel keine Forschung betreiben. Zum Vergleich: Der leistungsfähigste Quantencomputer der Welt arbeitet mit 433 Qubits (Stand 2023), er gehört dem amerikanischen Konzern IBM. In diesem Sinne sei der Gemini von SpinQ nur ein „Spielzeug-Quantencomputer", sagt der Experte Varga. Doch es gebe einen entscheidenden Unterschied: Während digitale Computer solche Experimente nur simulierten, führe SpinQs Quantencomputer sie tatsächlich physisch durch.

Wie viel die Desktop-Computer kosten, kommuniziert SpinQ zurückhaltend. Offenbar können Kunden durchaus über den Preis verhandeln. Bei Online-Händlern gibt es das günstigste Modell Gemini Mini nach starken Rabatten mittlerweile für knapp 6.000 Euro. Die meisten Käufer kommen laut SpinQ aus China. In sozialen Netz-

werken posten auch stolze Technologie-Fans und Hochschuldozenten in Deutschland, Frankreich und den USA Beiträge über ihre Geräte.
Tamás Varga hält die SpinQ-Computer für eine „bemerkenswerte Ingenieursleistung". Sie seien der erste Meilenstein auf dem Weg zu Quantencomputern für den persönlichen Gebrauch. Varga erinnert das an seine ersten Programmierversuche in den 1980er Jahren. „Für mich fühlt es sich ein bisschen an, wie als ich meinen ersten Computer bekommen habe, einen Commodore 64."

Ein amerikanischer Erfinder wird empfangen wie ein Rockstar | *Juli 2023*

Das Interview mit Krste Asanović läuft seit gut zwanzig Minuten, da muss der amerikanische Computerwissenschaftler den Raum in einem Luxushotel in Shenzhen kurz verlassen, um Autogramme zu geben. Draußen, zwischen Rednerpult und Absperrband, stehen seine Fans Schlange. Es sind junge und nicht mehr ganz so junge chinesische Männer, die sich mit dem Erfinder der Chip-Architektur Risc-V (gesprochen „risk five") fotografieren lassen wollen.
Krste Asanović, ein entspannter Hüne mit mächtiger Denkerstirn, ist den Trubel gewohnt. Er ist auf Roadshow mit seiner Firma SiFive, die seine Erfindung kommerzialisiert, in Form von sogenannten Chip-Designs. Asanović hat schon Station gemacht in Peking und Schanghai, bevor er kürzlich nach Shenzhen kam, um an einer ganztägigen Konferenz mit Partnerfirmen Risc-V-Produkte vorzustellen.

Ausgerechnet, könnte man denken: Eine amerikanische Chip-Firma setzt auf China, während die US-Regierung das Land seit Jahren alle paar Wochen mit neuen Chip-Restriktionen belegt. Noch komplizierter wird die Lage dadurch, dass die chinesische Regierung seit 2023 deutliche Gegenmaßnahmen ergreift: Im Mai 2023 etwa erließ sie gegen den amerikanischen Chip-Hersteller Micron ein teilweises Verkaufsverbot.

Doch eine solche Betrachtung wäre zu oberflächlich. Denn westliche Chip-Firmen drängen weiterhin und trotz der politischen Großwetterlage auf den chinesischen Markt, allein schon, weil er der größte der Welt ist. Selbst Micron bekannte sich nach dem teilweisen Verkaufsverbot zum Standort China und kündigte Investitionen von rund 600 Millionen Dollar in sein Werk in der Stadt Xian an.

Und nun also Krste Asanović und SiFive, deren Vorstoß nach China durchaus pikant ist. Asanović will den Markt für Chip-Architekturen revolutionieren, der bis jetzt von den Chip-Riesen Intel aus den USA und Arm aus Großbritannien dominiert wird. Weder Intel noch Arm dürfen wegen amerikanischer und britischer Exportkontrollen ihre leistungsstärksten Produkte nach China verkaufen.

Asanovićs Technologie könnte dieses Problem für China längerfristig lösen. Denn die Chip-Architektur Risc-V ist ein „quelloffener" Standard, sogenannte Open Source. Die grundlegenden Quellcodes der Software-Komponenten stehen in öffentlichen Online-Datenbanken. Jeder kann sie kostenlos nutzen. Diese Nutzung kann im Prinzip keine Regierung einschränken. „Risc-V ist ein offener Standard und fällt nicht unter Exportkontrollen", sagt Asanović.

Um das besser zu verstehen, muss man zunächst wissen, was eine Chip-Architektur ist: Sie ist die Schnittstelle zwischen der Hardware eines Chips und der Software, welche die Rechenleistung dieses Chips nutzen soll. Die Chip-Architektur besteht aus sogenannten Befehlssätzen, die das Verhalten des Chips gegenüber der Software spezifiziert. Man kann sich Chip-Architektur als eine Art Grundgesetz vorstellen, auf dessen Basis untergeordnete Gesetze angewendet werden.

Die Platzhirsche Intel und Arm verdienen viel Geld damit, dass sie ihre Architekturen mit Namen wie x86 beziehungsweise Cortex an Chip-Design-Firmen lizenzieren. Der Risc-V-Standard, der als offenes Gemeinschaftsprojekt von einem Verein mit Sitz in der Schweiz weiterentwickelt wird, soll dieses Geschäftsmodell obsolet machen. Niemand soll mehr mit solchem geistigem Eigentum Geld verdienen, sondern nur noch mit Designs und Chips, die auf Risc-V basieren.

Krste Asanović entwickelte Risc-V im Jahr 2010 an der Universität Berkeley in Kalifornien, zusammen mit den damaligen Studenten Yunsup Lee und Andrew Waterman. Der nunmehr emeritierte Professor sagt, die drei Entwickler hätten damals gescherzt: „Risc-V wird überall alles übernehmen." Mit den Jahren sei der Scherz ernst geworden, und Asanović behauptet heute: „Oh, das wird tatsächlich passieren."

Das ist eine sehr gewagte Prognose. Zum Beispiel ist der Markt für die wichtigsten Computer-Prozessoren, sogenannte CPU, seit Jahrzehnten ein Duopol aus Intel und dem ebenfalls amerikanischen Konzern AMD, der ebenso Intels x86-Architektur nutzt. Nun wird das Duo auf diesem Markt von Arm angegriffen. Der britische Konzern glänzt zudem bei leistungsstarken Chips für Server und bei sogenannten Microcontrollers.

Noch ist der Marktanteil von Risc-V verschwindend gering. Aber im Vergleich zu den jahrzehntealten Architekturen von Intel und

Arm ist Risc-V noch sehr jung und hat schon einige Erfolge vorzuweisen. Die Firma SiFive etwa konnte vor einem Jahr die NASA als Kunden vermelden.

Die amerikanische Raumfahrtbehörde will laut einer Pressemitteilung SiFive-Prozessoren für Supercomputer zur Steuerung von Weltraumflügen einsetzen. SiFive behauptet, die Supercomputer würden künftig hundertmal schneller als heutige „Weltraum-Computer" sein. Auch wenn das übertrieben sein mag – bei Weltraummissionen gelten besonders hohe Anforderungen an Sicherheit und Zuverlässigkeit, weshalb der NASA-Auftrag für das Start-up SiFive eine Auszeichnung ist.

Auch für Autos gelten besonders hohe Sicherheitshürden, und in diesem Markt sieht Asanović derzeit die größte Chance für Risc-V. Viele Autohersteller stellen gerade um auf Elektroantriebe und auf zunehmend autonomes Fahren, insbesondere in China. Dabei denken die Hersteller die Fahrzeugelektronik von Grund auf neu, sie brauchen viele Chips – und sind womöglich offen für Newcomer wie Risc-V.

Die Verfechter des Standards werben damit, dass ihre Produkte energieeffizienter und günstiger seien als die der Konkurrenz. Als eine Stärke von Risc-V gelten bis jetzt zudem sogenannte „domain controller", die in einem Fahrzeug nur ganz bestimmte, eingeschränkte Funktionen steuern, etwa elektronische Fensterheber oder Scheibenwischer.

Diese Eigenschaften machen Risc-V auch für das Internet der Dinge oder für tragbare Elektronik wie „smarte" Uhren interessant. Der japanische Chip-Konzern Renesas etwa hat Risc-V-Prozessoren entwickelt, die sich besonders für die Einspeisung von Solarstrom ins Stromnetz eignen sollen. Ein weiteres Einsatzgebiet sind laut Renesas Heim-Sicherheitssysteme.

Eine ganze Reihe großer Chip- und Tech-Konzerne erprobt mittlerweile Risc-V. Google kündigte 2022 an, Risc-V künftig für sein Betriebssystem Android technisch zu unterstützen. Google gehört auch zu den wichtigsten Mitgliedern des Vereins Risc-V International, neben etwa Intel, Qualcomm und Seagate aus den USA – und Alibaba, Huawei und Tencent aus China.

Der Verein dient als Normierungsgremium und wird von Asanović präsidiert. Ursprünglich war er als Stiftung im Gliedstaat Delaware in den USA registriert, dann verlegte er seinen Sitz wegen der geopolitischen Spannungen 2020 in ein neutrales Land – nach Zürich, an die Adresse einer Anwaltskanzlei.

Asanović betont, dass nicht nur die chinesischen Mitglieder – zu denen zwei staatliche Forschungsinstitute gehören – für den Umzug plädierten. „Zunächst hatte eher Indien Bedenken", sagt er; das indische Ministerium für Elektronik und Informationstechnologie ist Mitglied des Vereins. Auch europäische Firmen hätten Bedenken geäußert.

In den USA kritisierten republikanische Abgeordnete den Wegzug der Stiftung scharf, weil sie darin einen Vorteil für China sehen. „Die Kommunistische Partei Chinas versucht, unser System der Exportkontrolle zu umgehen, um Bedrohungen der nationalen Sicherheit wie Huawei zu unterstützen", sagte der Abgeordnete Mike Gallagher der Nachrichtenagentur Reuters.

Tatsächlich setzt die chinesische Regierung stark auf Risc-V, um die heimische Chip-Produktion zu steigern und Restriktionen der USA zu entgehen, wie die „Financial Times" unter Berufung auf anonyme Beamte berichtete. Die Regierung hat 2021 ein Konsortium namens Beijing Institute of Open Source Chip ins Leben gerufen, das zu den wichtigsten Mitgliedern der Risc-V-Stiftung gehört.

Zum Konsortium gehören unter anderem die Chinesische Akademie der Wissenschaften sowie die Firmen Alibaba und Tencent. Sie alle entwickeln Risc-V-Chips. Sollten die Konzerne mit ihren Hunderten Millionen Kunden die Technologie eines Tages breitflächig einsetzen, könnte das einen großen Schub für Risc-V bedeuten.

Chinesische Firmen machen rund ein Drittel der Kunden von Asanovićs Start-up SiFive aus. Sie nutzten die Chip-Designs zunächst für einfachere Produkte, etwa für WLAN, Bluetooth und Speicherchips. In jüngster Zeit hat SiFive nach eigenen Angaben mehrere Verträge mit chinesischen Auftragsfertigern von E-Autos abgeschlossen.

SiFive bezeichnet das Risiko als gering, dass seine Chip-Designs in China in unerwünschten Händen landen. SiFive arbeite nicht mit Zwischenhändlern – die Produkte womöglich an das Militär weiterverkaufen könnten –, sondern direkt mit seinen Kunden, sagt der zuständige Mitgründer Jack Wang. SiFive halte sich stets an die neuesten Exportbestimmungen.

Wenn man Asanović und den anderen Verfechtern von Risc-V zuhört, wenn man den Enthusiasmus der chinesischen Besucher der Konferenz in Shenzhen sieht – dann könnte man für einen Moment meinen, der Konflikt zwischen China und den USA spiele im Alltag keine so große Rolle.

Doch ein Gespräch mit einem Aussteller an der Konferenz, einem Vertreter der amerikanischen Software-Firma Green Hills, holt einen schnell auf den Boden der Tatsachen zurück: Die Firma verkaufe ihr bestes, auf Risc-V basierendes Betriebssystem nicht nach China, sagt der Aussteller. Warum genau, weiß er nicht. Offenbar will die Firma, wie viele ausländische Firmen in China, so ihren Technologievorsprung wahren.

5 BIG TECH

Die Huawei-Finanzchefin und der Genosse Xi |

September 2021

Rot war Meng Wanzhous Kleid, als sie das Flugzeug verließ, rot waren der Teppich und die Blumensträuße für sie. Rot war auch das Banner, hinter dem ein Empfangskomitee auf dem Rollfeld Fähnchen schwenkte, natürlich ebenfalls rote, chinesische. Und rot leuchteten in der Innenstadt von Shenzhen einige Wolkenkratzer, wie sie das sowieso schon regelmäßig tun, nur dass an diesem Samstagabend zusätzlich riesige Lauftexte die Fassaden hochkletterten: „Willkommen zu Hause, Meng Wanzhou“, stand auf dem knapp 600 Meter hohen Turm der Versicherung Ping An.

Die Finanzchefin des Shenzhener Telekomkonzerns Huawei ist nach knapp drei Jahren in lockerem Hausarrest in Kanada zurück in ihrer Heimat. Wanzhou ist die Tochter des Huawei-Gründers Ren Zhengfei. Sie war im Dezember 2018 im kanadischen Vancouver, wo sie zwei Villen besitzt, auf Antrag der USA festgenommen worden. Fortan musste sie eine elektronische Fußfessel tragen, musste in ihren Häusern übernachten und durfte die Provinz British Columbia nicht verlassen.

Washington warf und wirft Meng unter anderem vor, gegen die amerikanischen Iran-Sanktionen verstoßen zu haben. Meng gab nun in einem Vergleich mit dem amerikanischen Justizministerium zu, gegenüber der Bank HSBC eine Tochterfirma Huaweis verschleiert zu haben. Zugleich beteuerte Meng erneut, sie sei „nicht schuldig“

im Sinne der Anklage. Im Gegenzug durften zwei in China gefangen gehaltene Kanadier, denen Peking Spionage vorwirft und die westliche Beobachter als Geiseln bezeichneten, ebenfalls in ihre Heimat zurückkehren.

Auf dem Rollfeld des Flughafens Shenzhen stand Meng – entgegen dem Pandemieprozedere für Einreisende aus dem Ausland – ohne Mundschutz und hielt eine kurze, emotionale Rede. Mehr als tausend Tage habe sie gelitten, sagte sie mit teilweise brüchiger Stimme. „Jetzt bin ich endlich zurück!" Sie sei sprachlos gewesen, als ihre Füße wieder chinesischen Boden berührt hätten.

Die fast drei Jahre seit ihrer Festnahme in Kanada hätten sie gelehrt, dass das Schicksal jedes Einzelnen, das Schicksal der Unternehmen und das Schicksal des Landes eng miteinander verbunden seien. Meng sagte weiter, nur wenn das Vaterland prosperiere, könnten sich Unternehmen beständig entwickeln und die Leute glücklich und gesund sein.

Mengs ausdrücklicher Dank galt dem Partei- und Staatschef Xi Jinping. „Ich bin stolz auf Huawei", begann sie jene Passage. Alle Rückschläge und Schwierigkeiten seien ein Ansporn, noch mehr zu kämpfen, erklärte Meng sinngemäß. Um dann zu betonen: „Wir unterstützen nachdrücklich das Zentralkomitee der Partei mit Genosse Xi in seinem Kern." Zudem „sind wir" – damit war offenbar Huawei gemeint – „loyal gegenüber unserem Land, wir lieben unsere Aufgabe, und wir streben danach, das Unternehmen gemäß den Regeln der Regierung zu entwickeln, um mehr Beiträge für das Land und die Gesellschaft zu leisten".

Dass Meng diese Worte wählte, ist einerseits bemerkenswert, andererseits keineswegs überraschend. Bemerkenswert sind sie, weil in der Debatte über Huawei und chinesische Technologiekonzerne insgesamt im Westen ja die Frage nach der Nähe zum Parteistaat im Mittelpunkt steht: Wie eng arbeiten beide Seiten zusammen, wie sehr unterstützen sie sich?

Keineswegs überraschend sind die Worte insofern, als diese symbiotische Beziehung zwischen großen Unternehmen und Parteistaat in China – im Gegensatz zum Westen – allen bewusst ist. Die Kommunistische Partei hat in allen Firmen ihre mächtigen Komitees, die oft patriarchischen Firmengründer sind allermeist Parteimitglied, und jeder weiß: Ohne die Partei geht nichts. Das macht der Parteistaat seit dem Herbst 2020 mit der umfassenden Regulierung von Internetplattformen und vielem mehr erneut unmissverständlich klar.

Die Symbiose zwischen Huawei und dem Parteistaat zeigte sich auch in den Staatsmedien. Die Nachrichtenagentur Xinhua feierte Mengs Rückkehr als „große nationale Tat Chinas“ und „großen Sieg für das chinesische Volk“. Die wichtigste Parteizeitung „People's Daily“ schrieb, China werde nie irgendeine Form von politischem Zwang oder Rechtsmissbrauch akzeptieren. Mengs Festnahme in China bezeichneten die Staatsmedien als politisch motivierte Verfolgung eines aufstrebenden Landes und seines international erfolgreichsten Technologiekonzerns.

Die Parteizeitung „Global Times“ schrieb in einem Leitartikel, Chinas nationale Würde sei gewahrt worden. Dank Chinas nationaler Macht sei Meng freigekommen, ohne verurteilt zu werden und als schuldig zu gelten. Zudem äußerte die Zeitung die Hoffnung, dass die durch den Fall Meng Wanzhou sehr strapazierten kanadisch-chinesischen Beziehungen einen Neustart erleben und die frostigen Beziehungen zu den USA auftauen würden.

Huawei selbst drückte in einer Stellungnahme seine Freude aus, Meng sicher nach Hause zurückkehren und mit ihrer Familie vereint zu sehen. Man wolle sich aber weiterhin gerichtlich gegen die Anschuldigungen verteidigen.

Ob Mengs Freilassung tatsächlich die Spannungen zwischen den USA und China abbauen kann, ist sehr fraglich. Der neue Präsident Joe Biden führt den harten Kurs seines Vorgängers Donald Trump gegen China weitgehend fort, jedoch in diplomatischerem Tonfall und mit verstärkten Bemühungen um multilaterale Antworten auf Chinas zunehmend aggressives Auftreten. Gerade empfing Biden die Regierungschefs von Australien, Indien und Japan zum sogenannten Quadrilateralen Sicherheitsdialog, auch bekannt als Quad-Treffen. Alle vier Staaten sind besonders von Chinas Aufstieg tangiert.

Das chinesische Außenministerium veröffentlichte derweil eine lange Liste, die illustrieren soll, wie die USA sich in Hongkong-Angelegenheiten eingemischt sowie „Anti-China"- und sonstige „destabilisierende Kräfte" unterstützt hätten. Darin nennt das Ministerium unter anderem diverse Gesetze und Gesetzesvorhaben, mit denen Washington spätere Sanktionen gegen chinesische Regierungsbeamte vorbereitet habe, die an der faktischen Annexion Hongkongs durch Peking beteiligt waren. Des Weiteren kritisiert das Ministerium darin Interviews amerikanischer Offizieller sowie Initiativen im UN-Sicherheitsrat. Die Liste verbreiteten auf Twitter auch mehrere chinesische Botschaften, unter anderem in der Schweiz.

Meng Wanzhous Festnahme im Dezember 2018 war erfolgt, wenige Monate nachdem der damalige amerikanische Präsident Trump Telekomausrüstungen von Huawei und dem ebenfalls chinesischen Konzern ZTE aus den Netzwerken der amerikanischen Bundesregierung verbannt hatte. In der Folge nahmen die amerikanischen Restriktionen gegen Huawei an Fahrt auf.

Unter anderem benötigen amerikanische Firmen für Exporte an Huawei eine Genehmigung, und amerikanisches Know-how darf nicht mehr in der Produktion für Computerchips für Huawei genutzt werden. Insbesondere für die neusten Chips sind Software und Equipment aus den USA jedoch unabdingbar, weshalb Huawei sehr unter den Maßnahmen leidet und zum Beispiel im Juli 2021 ein neues Smartphone ohne 5G-Chips lancierte. Huawei strebt deshalb – wie China insgesamt – nach technologischer Unabhängigkeit. Just am Tag von Meng Wanzhous Rückkehr stellte das Unternehmen ein neues, Linux-basiertes Betriebssystem für Firmenrechner namens EulerOS vor.

Huawei inszeniert sich nach Washingtons Exportverboten als Phönix aus der Asche | Oktober 2023

„Der größte Widerstand gibt uns die größte Motivation", stand auf dem riesigen Bildschirm auf der riesigen Bühne. Der Saal war dunkel, Tausende Huawei-Mitarbeiter warteten gespannt auf die Präsentation der neusten Produkte. Die nachdenkliche Klaviermusik verstummte, ein Dirigent lief zu seinem Pult, da riefen einige euphorische Mitarbeiter: „Yao yao ling xian!" – „Mit weitem Abstand führend!"

Der Spruch ist zu einem Schlachtruf von Huawei-Fans geworden, seit Yu Chengdong, der Chef von Huaweis Konsumentensparte, ihn kürzlich bei der Vorstellung eines Autos mit Huawei-Technologie mehrfach nutzte. „Mit weitem Abstand führend", das zeugt von Huaweis neuem Selbstbewusstsein, das auch an der jährlichen Produktkonferenz für den chinesischen Markt Ende September zu spüren war. Die implizite Kernbotschaft dort lautete: Huawei ist zurück, trotz der mit Sicherheitsrisiken begründeten Exportverbote der USA.

Aber ist Huawei wirklich zurück? Auf den ersten Blick gibt es dafür Anzeichen. Im Sommer 2023 meldete Huawei erstmals wieder ein nennenswertes Umsatzwachstum. Erstmals seit Beginn der US-Restriktionen verkauft Huawei wieder ein mutmaßlich 5G-fähiges Smartphone. Und die Chip-Tochter HiSilicon beliefert wieder vermehrt externe Kunden.

Auf den zweiten Blick allerdings zeigt sich, dass der Spruch „Mit weitem Abstand führend" kaum mehr als eine mutmachende Selbstbeschwörung ist. Huawei hat sich zwar stabilisiert, sich aber noch nicht zurückgekämpft. Der Konzern steckt fest im Griff der amerikanischen Exportverbote, und neuere Geschäftsfelder kommen kaum vom Fleck.

Die gute Nachricht für Huawei ist: Das Überleben scheint schon deshalb gesichert, weil die chinesische Regierung ihren Vorzeigekonzern kaum fallenlassen wird. Huaweis Wohl und Wehe hat enormen Symbolcharakter, seit die USA den Konzern zu ihrem wichtigsten Gegner im Technologiekonflikt gemacht haben. Chinesische Staatsmedien feiern positive Huawei-Meldungen als chinesische Siege gegen die USA.

Auch während der Produktkonferenz wirkte es zuweilen, als befinde sich der Konzern auf einer nationalen Mission. Die Konferenz, die ausländische Journalisten nur online schauen durften, fand am zweiten Jahrestag der Rückkehr der Huawei-Finanzchefin Meng Wanzhou statt. Sie hatte wegen eines US-Auslieferungsgesuchs drei Jahre in Kanada festgesessen, bis China de facto ihre Freilassung durch einen Gefangenenaustausch erzwang.

Die Konferenz wurde eröffnet von Chinas Nationalem Sinfonieorchester, das mit einem nationalen Jugendorchester einen Huawei-Song über große Träume und unbändigen Willen spielte. Der Konsumentenchef Yu Chengdong betrat die Bühne und sagte im Stil eines Nationaltrainers: „Wir möchten den Leuten im ganzen Land für ihre Unterstützung danken."

Yu meinte damit die „Liebe" und das „Vertrauen" vieler Chinesen in das neue Smartphone Mate 60 Pro. Das Gerät, dessen Verkauf Huawei überraschend bereits im August 2023 gestartet hatte, erreicht laut Experten Download-Geschwindigkeiten auf dem Niveau des Mobilfunkstandards 5G, obwohl Restriktionen der USA das verhindern sollten.

Huawei selbst kommuniziert dazu nicht; der Konzern veröffentlichte nur ein Video darüber, wie er die „1.556 Tage" seit Beginn der amerikanischen Verbote im Mai 2019 bis zur Veröffentlichung des Mate 60 Pro überlebt habe. „Wir werden für unsere Überzeugungen kämpfen", ruft darin ein Mitarbeiter zu dramatischer Musik: „Alle an die Front!"

Auch bei der Produktkonferenz erwähnte Yu Chengdong das Smartphone nur beiläufig und indirekt als „Pionierprojekt". Womöglich duckt Huawei sich vor den USA weg, aus Furcht vor weiteren Einschränkungen. Als Beleg für ein Huawei-Comeback taugt das Smartphone jedenfalls wenig, denn das verbaute Chip-Set ist technologisch selbst Huaweis Vorgängermodell von 2020 unterlegen, geschweige denn chinesischen und ausländischen Konkurrenten von Xiaomi bis Apple.

Statt über das gehypte Mate 60 Pro zu sprechen, stellten Yu und seine Kollegen wenig aufregende Produkte wie ein Tablet, einen riesigen Fernseher und kabellose Kopfhörer vor. Beachtlich hingegen ist, dass Huawei nach eigenen Angaben der erste Anbieter der Welt ist, der Satellitentelefonie anbietet, basierend auf Chinas GPS-Alternative Beidou. Zudem hat Huawei eine Bluetooth-Alternative namens Nearlink entwickelt, die viel schneller und energieeffizienter sein soll.

Passend dazu betonte Huawei-Gründer Ren Zhengfei kürzlich in einem Interview die Bedeutung solcher technologischen Standards. Das Standardsystem der USA habe sich über die vergangenen fünfzig Jahre entwickelt und sei heute ein Flickenteppich, sagte Ren. Wenn China ein eigenes System etabliere, werde dieses aus einem Guss und somit besser sein – und dann werde die ganze Welt chinesische Standards übernehmen.

Es ist wohl kaum vorstellbar, dass insbesondere westliche Länder das tun würden, schließlich arbeiten sie ja an einem „De-Risking" von China. Die Europäische Union strebt unter diesem Schlagwort danach, Handelsabhängigkeiten von China zu reduzieren.

Dennoch illustrieren Rens Aussagen zu den Standards Chinas Ambitionen, ein komplett autonomes Technologiesystem aufzubauen, das es immun gegen Sanktionen macht. So führt Huawei ein Konsortium mit rund 300 chinesischen Firmen an, die den Nearlink-Standard in ihre Produkte einbauen sollen.

Wie sehr die Restriktionen der USA Huawei treffen, verdeutlichten einmal mehr die im August 2023 veröffentlichten Halbjahreszahlen. Der Umsatz im Konsumentengeschäft, einst der weitaus wichtigste, hat sich seit Beginn der amerikanischen Restriktionen 2019 mehr als halbiert. Alternative Geschäftsfelder enttäuschen. Seit 2021 will Huawei der „weltweit bevorzugte" Zulieferer für neue Komponenten in „intelligenten" Fahrzeugen werden. Doch nun betrug der entsprechende Halbjahresumsatz umgerechnet nur rund 130 Millionen Euro. Das liegt auch daran, dass chinesische Autobauer nicht im Schatten des Tech-Riesen stehen wollen, wie der Konsumentenchef Yu einmal gestand.

Ähnlich steht es um das Cloud-Computing. 2021 bezeichnete sich Huawei noch als der am schnellsten wachsende Anbieter der Welt und lag auf Platz fünf hinter Platzhirschen wie Amazon. Nun hat

Huawei nur noch einen weltweiten Marktanteil von rund einem Prozent und wurde selbst vom chinesischen Konkurrenten Tencent überholt.

Insgesamt wuchs Huaweis Umsatz im ersten Halbjahr um gut drei Prozent. Das Geschäft scheint sich also stabilisiert zu haben – aber satte dreißig Prozent unter dem Spitzenjahr 2020. Huawei bewegt sich damit nur etwas über dem Niveau von 2017, also sogar zwei Jahre vor Beginn der amerikanischen Exportverbote.

Huawei fällt auf der Suche nach Neugeschäften vieles ein, das zeigte ein Besuch der Konzernzentrale im Frühjahr 2023. Ein kanadischer Mitarbeiter pries ein günstiges Kamera-Netzwerk an, das selbst für kleine Eishockeyarenen die Live-Übertragung von Jugendspielen lukrativ machen könne. Weiter war die Rede von einem System zum automatisierten Bergbau, das Arbeiter komplett überflüssig mache. Und da war auch eine Lichttechnologie für autonome Autos, die Warnsignale für Fußgänger auf die Straße projizieren könne.

Es wirkte, als habe der einst reine Telekom-Ausrüster etwas den Fokus verloren. Dabei hatte der Firmengründer Ren bereits 2022 in einer E-Mail an seine Mitarbeiter geschrieben, „marginale Geschäftsbereiche werden verkleinert und geschlossen".

Der Boom um künstliche Intelligenz könnte den Fokus stärken. Huawei hat, wie gut ein Dutzend andere chinesische Anbieter, eine Alternative zur amerikanischen Pioniersoftware Chat-GPT veröffentlicht. Sie heißt Pangu 3.0 und richtet sich an Industriekunden. Intelligente Assistenten sollen die Effizienz in Bereichen wie Bergbau, Behörden, Finanzen und Wetterprognosen verbessern.

Die neue Konzernstrategie für die kommenden zehn Jahre soll sich nun um KI drehen, nachdem die vorherige Dekade dem Cloud-Computing gewidmet war. Das kündigte im September 2023 die damalige rotierende Vorsitzende Meng Wanzhou an. Huawei wolle Schlüsselanbieter für die nötige Rechenleistung werden, und zwar in China und als „alternative Wahl für die Welt".

Wie empfänglich die Welt weiterhin für Huawei ist, bleibt abzuwarten. Bemerkenswert ist jedenfalls, dass der Konzern außerhalb Chinas weiterhin genauso viel anteiligen Umsatz erzielt wie vor den Restriktionen der USA – rund ein Drittel. In der Großregion „Europa, Naher Osten, Afrika" wuchs Huawei zwischen 2021 und 2022 sogar als einzige Region überhaupt wieder.

In Europa machen zwar die Huawei-Verbote für 5G-Netzwerke in Spanien, Portugal und demnächst wohl auch in Deutschland Schlagzeilen. Zugleich lizenziert Huawei seine Technologien an Autobauer wie Audi, BMW, Renault und Lamborghini. Und in einem Huawei-Showroom in der Zentrale liest sich die Liste der Glasfaser-Kunden wie eine Karte des Nahen Ostens: Vereinigte Arabische Emirate, Saudi-Arabien, Jordanien, Irak.

Man darf nun gespannt sein, welche weiteren Überraschungen Huawei nach seinem mutmaßlichen 5G-Smartphone bereithält. Der Konzern betont immer wieder, dass er in Grundlagentechnologien investiere. Der heikle Chip-Bereich, zu dem Huawei praktisch nicht kommuniziert, ist besonders spannend.

Laut dem Fachportal „PitchBook" hat der Konzern seit 2019 in Dutzende Chip-Firmen investiert. In seiner Heimatstadt Shenzhen baut er mit anderen Firmen mehrere Chip-Fabriken, gefördert durch Subventionen in Höhe von angeblich 30 Milliarden US-Dollar. Auch in der ostchinesischen Provinz Fujian entstehen Chip-Fabriken. Huawei ist noch lange nicht „mit weitem Abstand führend", wie seine Fans das gern hätten, aber es lässt wenig unversucht, es zu werden.

Im privaten Karaokeraum des legendären Jack Ma | Juni 2023

Es gibt Videos von Jack Ma, dem legendären Gründer von Chinas größtem Onlinehändler Alibaba, die nur ein paar Jahre alt sind und doch wirken wie aus einer anderen Zeit. 2019 zum Beispiel, zum 20. Geburtstag seiner Firma, suchte Ma den ganz großen Auftritt als Rockstar; man kann sich das Video auf Youtube ansehen und staunen.

Da steht der schmächtige Ma, ein ehemaliger Englischlehrer, auf einer riesigen Bühne mit einer orangen E-Gitarre, hinter ihm eine Wand aus Marshall-Verstärkern. Er trägt eine schwarze Lederjacke, übersät mit Nieten, eine Sonnenbrille, die halb so groß ist wie sein Gesicht, sein kurzes schwarzes Haar ist verlängert mit blonden Rastalocken. Ma, umgeben von einer Band, haucht den Song „You Raise Me Up“ ins Mikrofon: „When I am down …“

Mittlerweile hat es schon Nachrichtenwert, wenn Jack Ma, der seit 2019 offiziell in Rente ist, überhaupt irgendwo gesichtet wird. Zweieinhalb Jahre lang war er untergetaucht, im Zuge des Regulierungsfeldzugs der chinesischen Regierung gegen Alibaba. Ma wurde in den Niederlanden, in Thailand und Japan gesehen. Erst im März 2023 kehrte er nach China zurück.

Nun ist Ma offiziell an den Firmensitz im ostchinesischen Hangzhou zurückgekehrt, wie von Alibaba veröffentlichte Bilder zeigten. Ma traf den CEO und Vorsitzenden Daniel Zhang, der am Vortag seinen Rücktritt angekündigt hatte. Mas Besuch scheint ein weiterer Beleg dafür zu sein, dass der größte Aktionär von Alibaba offenbar wieder verstärkt die Strippen zieht. Laut einem chinesischen Medienbericht fürchtet er um sein Lebenswerk.

Ob Ma nun bald auch wieder seine berühmte Bar besucht, wo jeden

Abend eine Hausband Musik macht und Ma manchmal höchstpersönlich auftrat? Die Bar, gleich um die Ecke mehrerer Alibaba-Büros in Hangzhou, heißt HHB, das steht für „Happy Honey Badger" („Glücklicher Honigdachs").

2018 wurde sie eröffnet, eine Fotowand im Eingangsflur zeugt von einem großen Fest mit vielen Prominenten, mit Schauspielern und Sängerinnen, Moderatoren und Filmproduzenten. Ma trägt einen schlichten schwarzen Pullover und schaut fast schüchtern in die Kamera.

„Sehr lange" sei Ma nicht mehr da gewesen, sagt ein Barkeeper bei einem Besuch. Die Bar gehört Ma zwar nicht offiziell, im Handelsregister sind sechs Alibaba-Manager als Eigentümer eingetragen. Doch Mitarbeiter sprechen von ihm wie von ihrem Chef. Der Geschäftsführer sagt: „Mas ursprüngliche Absicht war: gute Drinks, gute Musik, gute Leute."

Gute Drinks – na ja. Der Geschäftsführer betont, dass es in der HHB-Bar keine gepanschten Alkoholika gebe, wie das in China als verbreitet gilt. Immerhin. Trotzdem enttäuscht die Stichprobe aus dem digitalen Menu, das man per QR-Code auf seinem Handy aufrufen muss.

Der hauseigene Cocktail „HHB" etwa wird als „Top 1" empfohlen, er soll chinesischen Schnaps (Baijiu), Kräuterliköre, Ingwer-Bier und Zitronensaft enthalten. Der Barkeeper kippt nur eine vorgemixte Flüssigkeit in einen Metallbecher, der einzige identifizierbare Geschmack: zuckersüß.

Gute Musik hingegen – ja! Die Hausband aus Gitarrist, Bassist, Keyboarder und Schlagzeuger beherrscht ihr Handwerk, und obwohl sie fast jeden Abend auftritt, spielt sie mehr als nur routiniert, zuweilen mit Hingabe. Die Stars sind sowieso die Sänger, einmal die Stunde wechseln sie sich ab.

Eine junge Frau zieht an der Bar ihren Lippenstift nach, pudert sich noch einmal, dann singt sie ein ganzes Set mit englischsprachigen Hits, Blues und Souliges, schließlich Billie Eilish: „I don't wanna be you / anymore!"

Und gute Leute? Unbedingt! Egal, wen man anspricht, alle sind nett und freuen sich über ein bisschen Smalltalk. Sechzig Prozent der Gäste seien Alibaba-Mitarbeiter, sagt der Geschäftsführer, der sich als Dennis vorstellt und selbst tagsüber als Alibaba-Manager arbeitet.

Hier könne man sehen, wie Alibaba-Mitarbeiter nach Feierabend lebten, sagt Dennis. Um dann hinzuzufügen: Donnerstags und freitags brächten sie ihre Laptops mit, um weiterzuarbeiten. Jack Ma dürfte das gefallen. Er verteidigte einmal die langen, unter dem Kürzel 996 bekannten Arbeitszeiten in chinesischen Tech-Firmen, wo viele Leute von neun Uhr morgens bis neun Uhr abends ausharren, sechs Tage die Woche.

Ma ist in der HHB-Bar der große Abwesend-Anwesende. In einer Ecke stehen zwei Schaufensterpuppen mit seinen alten Outfits. Links eine goldbehangene Lederjacke, in der Ma einst auf einer Harley-Davidson in ein Stadion fuhr und zu Michael Jackson tanzte. Rechts eine blonde Langhaarperücke mit rotem Irokesen, die Ma trug, als er „König der Löwen" sang.

Wie gesagt, andere Zeiten: Harley-Davidson wurde im Handelskrieg mit den USA mit chinesischen Strafzöllen belegt, und „feminin aussehende Männer" wurden vom Parteistaat 2021 für unerwünscht erklärt.

Ma ist in der HHB-Bar doch nicht so ganz abwesend, wie schließlich der Barkeeper verrät. Vielleicht wurde er gesprächiger, weil ich ihm aus der Patsche half, als ein Ausländer auf Englisch eine Piña Colada bestellte und er nicht wusste, wie der Cocktail auf Chinesisch heißt

(„fengli keleda"). Jedenfalls komme Ma ab und an inkognito vorbei, sagt der Barkeeper, „mit Maske, Schirmmütze und Sonnenbrille". Der einst reichste Mann Chinas gehe dann allein, nur begleitet von seinem Bodyguard, in seinen privaten Karaokeraum, um Musik zu hören. Ob ich den Raum einmal sehen wolle, fragt der Barkeeper. Und ob!

Der junge Mann holt einen Schlüssel, wir verlassen die Bar durch eine Hintertür und nehmen einen Aufzug in den zweiten Stock. Der Flur ist dunkel, der Barkeeper schaltet die Taschenlampe seines Handys ein und schließt eine hölzerne Doppeltür auf.

Siehe da – vor uns liegt ein großer, abgedunkelter Raum, vollgestellt mit braunen Ledersofas. Das wenige Licht kommt vor allem von gelben und blauen Neonröhren. An einer Wand ist ein Stuhl im rechten Winkel montiert, darauf sitzt eine Puppe in einer weiteren Lederkluft, die Ma einst trug. Auf dem Rücken steht: „Nevada My Love". Die USA, ausgerechnet.

Eine Vitrine präsentiert mehrere Flaschen Rosé, sie sind vom Château de Sours bei Bordeaux, das Ma 2016 kaufte. Laut Medienberichten von 2020 ist das Weingut durch Zukäufe von ursprünglich 70 auf riesige 200 Hektar angewachsen. Es soll Permakultur praktizieren, eine umweltschonende Form der Landwirtschaft. Ma interessiert sich seit einigen Jahren für solche Themen; an der Universität Tokio gab er gerade seine erste Vorlesung unter anderem zu nachhaltiger Landwirtschaft.

Die Soundanlage macht einen ordentlichen Eindruck, von der Decke hängen Lautsprecher und Scheinwerfer. In einer Ecke steht ein metallenes Mikrofon. Alles sieht aus, als könnte Jack Ma sofort wieder einen Auftritt hinlegen. Nicht so bombastisch wie früher, aber immerhin.

Apps für die Partei, Clouds für Saudi-Arabien |

Juni 2023

Die Stimmung hätte kaum unterschiedlicher sein können, kürzlich an diesen zwei Standorten von Alibaba, Chinas größtem Onlinehändler.

Erster Standort: der gesichtslose Bürokomplex Cloud Valley Park am Rand von Hangzhou, Alibabas Heimatstadt unweit von Schanghai. Die Cloud-Einheit des Konzerns geriet im Mai damit in die Schlagzeilen, dass sie sieben Prozent der Beschäftigten entlassen will, rund tausend Leute.

Vom Firmengelände tröpfeln Mitarbeiter auf die Straße, beobachtet von einem halben Dutzend Wachmännern. Reden will keiner, vorerst zumindest. „Ich weiß nicht, wie viel ich sagen darf", raunt ein Mann im Vorbeigehen. Eine Frau sagt mit ernster Miene: „Ich darf nichts kommentieren, das wird intern immer wieder betont."

Zweiter Standort, ein paar Kilometer weiter: die Bar „Glücklicher Honigdachs", in der jeden Abend eine Hausband Live-Musik spielt. Genauer heißt die Bar HHB, das steht für den englischen Originalnamen „Happy Honey Badger". Auch sie gehört Alibaba, gewissermaßen. Der legendäre Alibaba-Gründer Jack Ma liebt Rockmusik und eröffnete die Bar 2018 zusammen mit Alibaba-Managern. Sie benannten sie nach einem in Afrika und Asien lebenden Tier, das für seine Furchtlosigkeit bekannt ist und das auf dem Tresen als Skulptur vor sich hinstarrt.

An jenem Abend im Mai ist die Bar ordentlich besucht. Viele Gäste stellen sich vor als Mitarbeiter von Alibaba – oder, wie es im Firmenslang auf Chinesisch heißt: als „Aliren", Ali-Menschen.

An einem Tisch sitzen vier jüngere Frauen, derzeitige und ehemalige Mitarbeiterinnen von Alibabas Logistikarm Cainiao. Sie johlen besonders vergnügt, als die Hausband ein taiwanisches Liebeslied spielt und der Sänger leidenschaftlich haucht: „Du hast gesagt, du wirst weinen / (aber) nicht, weil es dich noch kümmert."

Eine der Frauen, die 40-jährige Kaia, war früher die Chefin der anderen. Nun sei sie in Rente, sagt sie, Alibaba-Aktien sei Dank. „Finanzielle Freiheit!", rufen ihre ehemaligen Mitarbeiterinnen anerkennend. Wie Kaia nun die viele Zeit nutzt? „Mit Geldausgeben", sagt sie lachend.

Entlassungen hier, Champagnerlaune dort – Alibaba befindet sich im größten Umbau seiner Geschichte. Der Konzern will sich aufspalten und mehrere Sparten an die Börse bringen. Es geht wohl zum einen darum, die Früchte jahrelanger Investitionen einzustreichen.

Zum anderen dürfte es mindestens genauso sehr darum gehen, den chinesischen Parteistaat zu besänftigen. Peking ist der Konzern nämlich viel zu mächtig geworden. Die große Frage ist nun: Wie viel wird am Ende vom ursprünglichen Alibaba übrig bleiben?

Als Jack Ma 1999 die chinesische Antwort auf Amazon gründete, war China ein anderes Land. Zuversichtlich, optimistisch, neugierig auf die Welt. 2001 trat China der Welthandelsorganisation bei. Westliche Autos und Parfums kamen nach China, Produkte „made in China" – oft hergestellt für westliche Marken – gingen raus in alle Welt. China wurde zur Werkbank der Welt, die Chinesen wurden Onlineshopping-Weltmeister, und Alibaba verdiente kräftig mit.

Zwanzig Jahre nach der Gründung, Ende 2019, wurde der Konzern das wertvollste börsennotierte Unternehmen Asiens. Gut 500 Milliarden US-Dollar war Alibaba schwer, ein Jahr später sogar 850 Milliarden. Mehr als der Technologieriese Samsung aus Südkorea, mehr als der Chip-Gigant TSMC aus Taiwan.

Dann kam der tiefe Fall. Jack Ma kritisierte im Oktober 2020 die chinesischen Finanzregulatoren, Peking sagte den bis dato weltgrößten Börsengang von Alibabas Finanzfirma Ant Group ab.

Der Parteistaat schoss aus allen Rohren, erst nur gegen Alibaba, dann gegen praktisch alle Internetplattformen. Vordergründig ging es um Monopolvorwürfe und Datenschutz. Tatsächlich ging es wohl auch um Zugriff des Parteistaats auf die riesigen Datenberge aus Konsum-, Finanz- und Kommunikationsdaten, die Konzerne wie Alibaba über die chinesische Wirtschaft und Gesellschaft angehäuft haben.

Was auch immer die Hauptgründe für den Feldzug waren, die grundsätzliche Botschaft wurde schnell klar: In Xi Jinpings China hat nur einer das Sagen. Und das ist nicht Big Tech.

Die Ant Group erhielt eine Rekordbuße von umgerechnet fast drei Milliarden Euro. Jack Ma, der den großen Auftritt liebte – manchmal mit Lederjacke und E-Gitarre in der HHB-Bar –, verschwand aus der Öffentlichkeit. Anfang 2023 gab er die Kontrolle über Ant auf; der Parteistaat wurde zweitgrößter Aktionär. Als Alibaba kurz darauf seine Aufspaltung ankündigte, begründete der CEO Daniel Zhang das als Erstes damit, China besser dienen zu wollen.

Der Fall Alibaba zeigt ganz konkret, dass in China auch private Unternehmen zunehmend der Regierungslinie folgen. Sie tun es in einer Mischung aus Pflicht, Opportunismus und Mangel an Alternativen.

Zum Beispiel Alibabas Cloud-Sparte. Sie hat sich international als günstiger Herausforderer des Marktführers Amazon positioniert und ist damit laut Analysten weltweit zum drittgrößten Anbieter geworden. Doch glaubt man einem ehemaligen Mitarbeiter, könnte es mit dieser Stellung bald vorbei sein.

Alibaba Cloud habe einst vielen chinesischen Unternehmen bei der Expansion ins Ausland geholfen, sagt der Mann, der die Firma 2022 nach mehreren Jahren verließ. Die weltweit populärste Video-

App Tiktok etwa gehörte zu den Kunden, 2023 wechselt sie wegen amerikanischer Sorgen um Datensicherheit nach eigenen Angaben zumindest für den Datenverkehr mit den USA vollständig zum dortigen Anbieter Oracle.

Ausländische Firmen scheinen Alibaba wegen ähnlicher Bedenken zunehmend zu meiden. Oder sie sind schlicht nicht von den Cloud-Produkten überzeugt. Diese gelten international als weniger zuverlässig und nutzerfreundlich als jene von Amazon, Microsoft und Google.

Alibaba Cloud habe aber nicht nachgebessert, sondern sich zurückgezogen, sagt der Ex-Mitarbeiter. „Mit der Zeit haben wir immer weniger dafür getan, dass unsere Produkte auch international funktionieren.“ Für das weltweite Geschäft habe es zunehmend weniger Mitarbeiter gegeben, auch Übersetzungen etwa von Gebrauchsanleitungen hätten abgenommen. „Der primäre Fokus liegt nun auf China.“

International konzentriert sich Alibaba Cloud mittlerweile auf „riesige Regierungsverträge“, wie der Ex-Mitarbeiter sagt. Interne Diskussionen hätten sich vermehrt um die Geopolitik der chinesischen Regierung gedreht, etwa um die weltweite Belt-and-Road-Initiative (BRI) für Infrastrukturprojekte. Typische Fragen seien gewesen: „Wie können wir bei BRI mitmachen? Wie können wir eine Absichtserklärung mit der saudischen Regierung unterzeichnen?“

Alibaba eröffnete zwar 2022 ein weiteres Datenzentrum in Europa, sein fünftes. Bemerkenswerter jedoch war, dass das Unternehmen im Zuge der chinesisch-saudischen Annäherung als erster großer Cloud-Anbieter eine enge Zusammenarbeit mit Riad vereinbarte. Alibaba will helfen, die saudische Wirtschaft zu digitalisieren, und zudem mit Riad eine Milliarde US-Dollar in Tech-Firmen investieren.

Der Schritt mag wirtschaftlich sinnvoll sein, zumal viele chinesische Unternehmen im Westen mit China-Skepsis kämpfen. Zugleich erscheint es dem Ex-Mitarbeiter riskant, Kunden nicht unbedingt dank guter Produkte zu gewinnen, sondern dank der politischen Großwetterlage. „Xi Jinping und irgendein saudischer Prinz müssen nur einmal einen schlechten Tag haben, und schon sind solche Deals potenziell in Gefahr."

Alibaba ließ NZZ-Anfragen für eine Stellungnahme unbeantwortet und lehnte einen Besuch seiner Showrooms ab. Eine Quelle sagt: „Wir sind auf Tauchstation. Wir reden nicht mehr mit Medien, aus Angst vor schlechter Presse."

An einer populären App lässt sich besonders gut beobachten, wie Alibaba seine Beziehungen zur Regierung pflegt. Alibaba entwickelte für die Kommunistische Partei die 2019 lancierte App Xuexi Qiangguo; der Name ist ein Wortspiel und lässt sich übersetzen mit: „(Von Xi) lernen für ein starkes Land."

Die App bietet Wissenstests zu den sprichwörtlichen Xi-Jinping-Gedanken sowie Propaganda der Staatsmedien. Sie ist für viele Parteimitglieder, die täglich durch die Nutzung der App Punkte sammeln müssen, verpflichtend. Sie soll auch deshalb rund 100 Millionen Nutzer haben.

Nach NZZ-Informationen beschäftigt Alibaba Cloud heute in China verteilt rund 200 Mitarbeiter zur technologischen Betreuung dieser und weiterer Partei-Apps. Alibaba soll dabei zwar Geld verlieren, aber verlängerte die Zusammenarbeit im Sinne der Beziehungspflege. Eine öffentliche Ausschreibung zeigt, dass das Propagandadepartement der Partei 2019 für ähnliche Dienstleistungen knapp 100 Millionen Renminbi (heute knapp 13 Millionen Euro) zusagte.

Auch bei Smart-City-Projekten, die Alibaba in vielen chinesischen Städten durchführt, ist der Parteistaat laut dem erwähnten Ex-

Cloud-Mitarbeiter ein unbequemer Kunde. Die Haltung der Lokalregierungen lasse sich oft so zusammenfassen: „Warum müssen wir dafür überhaupt bezahlen? Seid froh, dass ihr mit uns Geschäfte macht. Wir haben hier das Sagen."

Zurück zum ersten Ort, zu Alibabas Cloud Valley Park in Hangzhou. Es findet sich doch noch ein Mitarbeiter, der über den Stellenabbau reden will. Er habe seinem Teamchef angeboten, das Unternehmen freiwillig zu verlassen, sagt er. „Ich würde gern mal Pause machen." Der Mitarbeiter findet den Abbau der rund 1.000 Stellen halb so wild. Seines Wissens gebe es bisher nur freiwillige Abgänge. Er verweist darauf, dass es der chinesischen Wirtschaft insgesamt nicht gut geht und dass die Alibaba-Aktie schlecht dasteht.

Deshalb findet er es richtig, wie auch andere interviewte Mitarbeiter, dass Alibaba sich aufspalten und einzelne Sparten wie Cloud an die Börse bringen will. „Alibaba kann diese Gelegenheit nutzen, um überflüssige Mitarbeiter loszuwerden." Manche Teams hätten zu viele Leute, nur weil die Führungskräfte zu viel Bedarf anmeldeten.

Am zweiten Ort, in der Honigdachs-Bar, ist die Stimmung weiterhin prächtig. Ein „Ali-Mensch" namens Jordan steht vor einer Art Schrein für den Firmengründer Jack Ma. An der Wand hängen Fotos von Mas Auftritten als Rocksänger, daneben stehen zwei Schaufensterpuppen, die seine Lederkluften tragen. „Ich mag Jack Ma sehr", sagt Jordan. „Er verkörpert Unternehmergeist."

Die Nachrichten über den Stellenabbau jedoch stimmen Jordan nachdenklich. 2022 hatte der Gesamtkonzern noch gut eine Viertelmillion Mitarbeiter. Dann verabschiedete er rund zehn Prozent von ihnen, wie das viele Tech-Unternehmen weltweit wegen Rezessionsängsten taten. „Wir waren ziemlich geschockt", sagt Jordan.

Eine entscheidende Frage ist auch, ob der Feldzug der Regierung gegen Big Tech nach gut drei Jahren nun vorbei ist, wie das Analysten immer wieder schreiben. Jordan sieht eine gewisse Entspannung – und bleibt skeptisch. Derzeit sei die Regierung zurückhaltender, weil sie die Tech-Unternehmen brauche, um die schwächelnde Wirtschaft zu stützen. „Aber wir wissen nicht, ob das eine längerfristige Politik ist oder nur eine kurzfristige."

Ein Angestellter von Alibabas Onlinehändler Lazada, der bis vor kurzem in Shenzhen gearbeitet hat, geht noch einen Schritt weiter: Das harsche Durchgreifen der Regierung gegen Big Tech sei zur Normalität geworden, festgeschrieben in neuen Verordnungen. „Das ist jetzt der Standard: Bist du zu groß, zerschlagen wir dich."

Bei jeder neuen Innovation griffen die Behörden nun von vorneherein durch, glaubt der Softwareentwickler. Zum Beispiel veröffentlichte China die weltweit erste Regulierung für künstlich intelligente Bots wie Chat-GPT. Die strengen Regeln sehen vor, dass Entwickler und Anbieter solcher Bots für jegliche Inhalte haften. Vielleicht hat Alibaba, wie andere chinesische Tech-Firmen, seine eigene Chat-GPT-Alternative auch deshalb nicht frei veröffentlicht, sondern intern in seine Produkte integriert.

Wegen der zunehmend harschen Regulierung in China versuchen viele chinesische Tech-Unternehmen ihr Glück vermehrt im Ausland. Alibaba hat trotz der Zögerlichkeit im Cloud-Geschäft viele andere internationale Pläne, etwa im Onlinehandel und in der Logistik.

In der Vergangenheit holte Alibaba sich im Ausland zuweilen eine blutige Nase. „Wir sind dort mit anderen Denkweisen konfrontiert, mit anderen Politik- und Rechtskulturen", sagt die ehemalige Cainiao-Managerin Kaia. „Und es gibt Gewerkschaften."

Daraus scheint der Konzern gelernt zu haben. Der erwähnte Lazada-Mitarbeiter sagt, der Onlinehändler mit seinem Fokus auf Südostasien passe sich nun viel stärker lokalen Arbeitskulturen und

Märkten an. Zum Beispiel seien die Länderchefs früher typischerweise Chinesen gewesen. Jetzt würden gezielt Einheimische mit guten Ortskenntnissen eingestellt.

In der Honigdachs-Bar lässt sich das gut beobachten. An einem anderen Abend ist die Bar gefüllt mit ausländischen Mitarbeitern von Alibabas Logistikarm Cainiao; sie sind eingeflogen aus 16 Ländern und zumeist erstmals am Firmensitz in Hangzhou. Cainiao feiert in jener Woche seinen zehnten Geburtstag, und die Auslandspläne sollen einen neuen Schub bekommen.

Ein junger Pole erzählt, dass Cainiao für den konzerneigenen Versandhändler Aliexpress in Europa die Auslieferung auf der sprichwörtlichen „letzten Meile" verbessere, etwa mit Abholstationen. Der Mann hat tagsüber Alibabas futuristischen Showroom besucht und zeigt nun begeistert Fotos. Er identifiziere sich voll mit den Firmenwerten, sagt er: „Kunden zuerst, Mitarbeiter als Zweites, Aktionäre als Drittes!"

Ein Manager aus Malaysia sagt, er habe fünfzig Logistikmitarbeiter unter sich. Cainiao brauche lokales Know-how durch Leute wie ihn. „Wenn wir ihnen zeigen, wo Norden ist, finden sie schon den Weg." Zumal Cainiao das nötige Kleingeld habe, wie er mit einer lässigen Handbewegung an seiner Hosentasche symbolisiert.

Ein bulliger Amerikaner arbeitete früher für UPS und die deutsche DHL, die großen Konkurrenten, zu denen Cainiao innerhalb von zehn Jahren mindestens aufschließen will. Der Amerikaner ist zum ersten Mal in China – und begeistert. „Es ist nicht wie in den Medien porträtiert. Ich bin heute Morgen joggen gegangen. Es war sauber. Es war besser als jede amerikanische Stadt."

Egal, mit welchem Cainiao-Angestellten man an jenem Abend spricht, in jedem Gespräch ist Aufbruchstimmung zu spüren. Mehrere Mitarbeiter zeigen sich auch beeindruckt vom neuen Firmensitz, den Cainiao gerade in Hangzhou bezogen hat. Der riesige Gebäudekomplex ist fast quadratisch, hat abgerundete Ecken und sieht von oben aus wie ein Computerchip. 8.000 Leute arbeiteten dort nun, erzählen die Mitarbeiter, geplant sei der Komplex für 12.000.

Auf der Cainiao-Website findet sich zum neuen Firmensitz merkwürdigerweise kein Hinweis, nur auf Cainiaos Konto im sozialen Netzwerk WeChat. Fast scheint es, als wolle die Alibaba-Firma sogar mit positiven Nachrichten nicht zu viel Aufmerksamkeit erregen. Oder will sie den Parteistaat glänzen lassen? Parteimedien in Hangzhou und die Website der Stadt berichten jedenfalls stolz über Cainiaos neues Gebäude im Viertel Future Sci-Tech City.

China unterwirft seine Tech-Konzerne – der Rest der Welt sollte sich sorgen | September 2021

Mancher Internetnutzer in Europa würde sich solch einen zupackenden Regulator wünschen: Chinas Ministerium für Industrie und Informationstechnologie prangerte Mitte August an, dass 43 Apps wie der Multifunktions-Messenger WeChat illegal Nutzerdaten kopiert und mit lästigen Pop-up-Fenstern hantiert hätten. Das sind auch im Rest der Welt wohlbekannte Probleme. Doch während dort kaum ein Ende dieser Plagen in Sicht ist, ging es in China ganz schnell: Eine Woche hatten die Anbieter Zeit für Korrekturen, danach drohten Strafen.

Das ist nur ein Beispiel von vielen, wie Chinas Regierung seit Herbst 2020 gegen Technologiefirmen vorgeht. Erst traf es den Kreditvermittler Ant Financial Group, dann den Essenskurier Meituan, den

Fahrdienstvermittler Didi und schließlich Chinas wertvollstes Unternehmen, Tencent, das unter anderem WeChat herausgibt.

Dazu kommen nun immer neue Rechtsakte für ganze Branchen oder das chinesische Internet: das Gesetz zum Schutz persönlicher Informationen, die Beschränkung von Online-Gaming auf drei Stunden pro Woche für Minderjährige, eine geplante Verordnung zum Umgang mit Empfehlungsalgorithmen und vieles mehr. Selbst die neuen Richtlinien zur Kunst- und Literaturkritik sehen vor, dass Algorithmen weniger entscheiden und Menschen wieder mehr, wenn es um die Verbreitung von Rezensionen geht.

Peking begründet sein Vorgehen mit hehren Motiven. Nutzerdaten sollen nicht missbraucht werden. Konzerne sollen keine Monopole bilden. Kurierfahrer sollen ordentliche Arbeitszeiten und Löhne haben. Kinder sollen nicht stundenlang Computer spielen. Algorithmen sollen nicht die Spaltung der Gesellschaft fördern.

All das sind tatsächlich Probleme – in China und praktisch überall sonst. Deshalb sollte der Rest der Welt genau hinsehen, wenn nun eine Weltmacht all diese Fragen umfassend anpackt. Wie macht sie das? Was lässt sich daraus lernen? Und was folgt daraus für den Rest der Welt?

Dabei können unangenehme Fragen aufkommen, etwa: Warum diskutieren westliche Länder, also die Erfinder von Computern und des Internets, seit Jahren weitgehend ergebnislos über die nötige Regulierung von Algorithmen – und werden nun vom Nachzügler China mit einem umfassenden Entwurf übertrumpft?

Gerade jener Entwurf enthält hochspannende Passagen. Zum Beispiel sollen die Anbieter von Empfehlungsalgorithmen – also Nachrichten-Apps, soziale Netzwerke oder Einkaufsplattformen – künftig den Nutzern die grundlegende Funktionsweise ihres Algorithmus offenlegen müssen. Die Nutzer sollen speziell auf ihre Person zugeschnittene Empfehlungen ausschalten können. Sie sollen algorithmenbasierte Dienste sogar komplett ausschalten können. Das Gleiche bitte sofort für Google, Facebook und Twitter!

Doch Chinas Vorgehen ist keine Vorlage für den Westen. Die Regulierung der Algorithmen etwa zeigt klar, dass die Inspiration durch China enge Grenzen hat. Haben muss. China ist eine Parteidiktatur, westliche Staaten zum Glück nicht. Das ist nicht nur eine banale Feststellung, sondern führt zu gewaltigen Unterschieden, von A bis Z.

Das fängt mit dem Autor des Regulierungsentwurfs an: der Cyberspace Administration of China. Der Internetregulator wurde im Jahr 2014 gegründet, gleich zu Beginn der Amtszeit von Partei- und Staatschef Xi Jinping. Die Behörde ist für ihre umfassende Zensur berüchtigt. Sie ist nicht Teil einer technokratischen Ministerialbürokratie nach westlichem Vorbild, sondern ganz eng an der Kommunistischen Partei angedockt: Sie berichtet an die Zentrale Kommission für Cyberspace-Angelegenheiten, die von Xi präsidiert wird. Von jenem Xi, der sich zunehmend als Alleinherrscher geriert und der als erster Kommunistenführer seit Mao länger als die bis dato erlaubten zwei Amtszeiten regieren will.

Problematisch ist auch, dass Peking die Tech-Regulierung zunehmend aus der Perspektive der nationalen Sicherheit sieht. Das Cybersicherheitsgesetz aus dem Jahr 2017 hatte bereits diesen Fokus, die neuen Datengesetze bekräftigen ihn. Der Regulierungsentwurf zu den Algorithmen nennt gleich im ersten Satz den Schutz der nationalen Sicherheit als Ziel. Auch die Cyberspacebehörde verwies bei ihrer Untersuchung des Uber-Pendants Didi auf die Landessicherheit.

Der Clou am Konzept der nationalen Sicherheit ist, dass es kaum definiert ist. Es ist, was die Kommunistische Partei daraus macht. Damit ist es das perfekte Herrschaftsinstrument. Das zeigt ein Blick nach Hongkong. Dort bringt Peking seit der Einführung des nationalen Sicherheitsgesetzes im Juni 2020 alles und jeden auf Parteilinie.

Schließlich zählen Eigentumsrechte und unternehmerische Freiheit nicht viel, wenn Pekings starker Arm es will. Manche Firmengründer und CEOs sind zurückgetreten, angeblich freiwillig. Tech-Konzerne sagten umgehend Milliarden-„Spenden" zu, als Xi eine neue Umverteilungspolitik ankündigte. Und der Parteistaat hat sich still und heimlich beim Twitter-Pendant Weibo und beim Erfinder der Video-App Tiktok, Bytedance, eingekauft – und ist in den Vorstand eingezogen.

Peking mag tatsächlich konkrete Probleme anpacken, die der Aufstieg der Internetwirtschaft aufgeworfen hat. Aber das darf nicht zu Illusionen führen über das große Ganze. Wenn China sich etwa an der Datenschutzgrundverordnung der EU orientiert, dann nur so lange, wie der Parteistaat weiter die Bevölkerung ausspionieren kann. Wenn Internetnutzer künftig ins Innere von Algorithmen blicken dürfen, dann macht es sie noch lange nicht zu mündigen Bürgern. Vermutlich wird von dieser Transparenz sowieso der Überwachungs- und Zensurapparat am meisten profitieren.

Bis jetzt zeichnen sich in Pekings Anti-Tech-Kampagne mindestens drei große Ziele ab: Der Staat bricht die Macht der Konzerne; er sichert sich den Zugriff auf deren Daten, die in Zeiten von Big Data und künstlicher Intelligenz offiziell als Produktionsfaktor gelten; und er greift wieder hemmungslos ins Privat- und Alltagsleben der Chinesen ein – für manche Kommentatoren so sehr wie seit Mao nicht mehr. Die Parteidiktatur festigt ihre Macht, unmissverständlich und kompromisslos.

Einige Beobachter sagen nun, es sei nur eine Frage der Zeit gewesen, bis Peking gegen die Tech-Konzerne durchgreifen und Auswüchse etwa in der Fankultur und der Gaming-Szene eindämmen würde. So laufe es immer in China: Erst lasse die Regierung Laisser-faire herrschen, um Innovationen nicht abzuwürgen. Dann reguliere sie den „Wilden Osten" umso vehementer.

Das mag grundsätzlich so sein. Doch das erklärt nicht das überfallartige Vorgehen, das offensichtlich selbst die direkt Betroffenen überrascht hat. Oder hätte sonst Jack Ma, der Gründer der Alibaba-Gruppe, in einer Rede vor Regulatoren seine Zuhörer so scharf kritisiert? Jener Auftritt im Oktober 2020 gilt als Auslöser für Pekings Durchgreifen. Und hätte Didi im Juni 2021 sein New Yorker Börsendebüt mit Pauken und Trompeten gefeiert, wenn es gewusst hätte, dass es kurz darauf der Staatssicherheit die Tür würde öffnen müssen?

Pekings Methoden illustrieren, was eine Parteidiktatur, die zunehmend an den Lippen eines einzigen Mannes hängt, ausmacht: Unberechenbarkeit, Willkür und brutale Machtpolitik. Und das geht natürlich auch den Rest der Welt an: abstrakt im Nachdenken über Natur und Absichten des chinesischen Regimes unter Xi und ganz konkret in Alltagsfragen.

Eltern müssen sich fragen, ob ihr Kind wirklich noch so viel Zeit auf Tiktok verbringen sollte, wenn bei Bytedance die Kommunisten mitreden. Anleger, die in chinesische Aktien investieren, haben laut der Investmentbank Goldman Sachs seit Beginn von Pekings Kampagne Buchverluste von mehr als 3 Billionen US-Dollar erlitten und überdenken vielfach nun ihre China-Strategie. Ausländischen Unternehmern muss klar sein, dass in einer Parteidiktatur potenziell alles politisch ist, selbst Gaming. Und Regierungen, die 5G-Masten von Huawei im eigenen Land aufstellen, sollten überlegen, ob sich der Konzern wirklich Peking widersetzen könnte, sollten die Machthaber eines Tages andere Staaten ausspionieren oder unter Druck setzen wollen.

Wenn offiziell zu „nationalen Champions" erklärte Unternehmen wie Alibaba und Tencent plötzlich in Ungnade fallen können, dann heißt das im Umkehrschluss, dass sie vorher nur Gewinner von Pekings Gnaden waren. Willkommen im Staatskapitalismus. Und wenn andere Konzerne und Branchen bisher ungeschoren davongekommen sind, dann stellt sich die Frage, warum: Nützen sie den Machthabern? Und wenn nicht, wie lange wird der Parteidiktatur das noch egal sein?

6 ÜBERWACHUNG

„In Xinjiang wurden mindestens 100.000 Menschen nur wegen ihres Handys festgenommen“ |

Januar 2022

Der amerikanische Anthropologe Darren Byler hat ein packendes Buch dazu geschrieben, welche Rolle Technologie bei der Verfolgung der Uiguren in Chinas Nordwesten spielt. Das Buch heißt „In the Camps: China's High-Tech Penal Colony“ und ist im Verlag Columbia Global Reports, New York, erschienen. Ein Interview.

Herr Byler, wie ist die digitale Überwachung in Xinjiang allgegenwärtig geworden?

In Xinjiang gab es Spannungen zwischen der ursprünglichen, muslimischen Bevölkerung im Süden der Region und Han-Siedlern. Letztere begannen in den 2000er Jahren, die lokale Wirtschaft zu dominieren. 2009 kam es in der regionalen Hauptstadt Urumqi zu großen Ausschreitungen, ausgelöst durch Han-Gewalt gegen uigurische Arbeiter. Danach begannen die Behörden mit dem Bau von einfachen Kamerasystemen. In Urumqi arbeiteten die Behörden mit amerikanischen Firmen wie Honeywell und Cisco.

Wann wurde die Überwachung ausgefeilter?

Im Jahr 2014 starteten die Behörden den „Volkskrieg gegen den Terror“, als Antwort auf eine Handvoll gewalttätiger Angriffe der Uiguren – und allgemeiner, um den sogenannten muslimischen Extremismus zu bekämpfen. Damit begann die App-basierte Überwachung, die wir heute haben. Die Polizei nutzte ein Mobilfunknetz, mit dem sie die Personalausweise per QR-Code auslesen konnte. Jeder musste sich einen neuen Ausweis mit einem QR-Code besorgen, die sogenannte „bian min ka", was „bürgerfreundliche Karte" bedeutet. Die wies Personen als „gute Bürger" aus, wenn sie einen guten familiären Hintergrund hatten und von der örtlichen Polizei zum Reisen zugelassen wurden. Der Staat inspizierte Wohnungen, um sicherzustellen, dass die Menschen diese Karte hatten und in der registrierten Wohnung lebten.

Das war immer noch erst der Anfang des dichten Überwachungsnetzes.

2016 begannen die Behörden mit noch umfassenderen Formen der Überwachung. Sie errichteten in den mehrheitlich uigurischen Gebieten Polizeiposten, jeweils 200 bis 300 Meter voneinander entfernt. Das sind veritable Überwachungszentren. Sie wurden mit rund 60.000 Wärtern besetzt, welche die Bildschirme mit den Kamerabildern beobachten. Die Behörden führten ein neues Identifikationssystem ein. Sie erstellten dafür einen komplett neuen Datensatz mit Bildern von den Gesichtern der Leute, mit Iris-Scans, DNA und Fingerabdrücken. Gleichzeitig teilte das Ministerium für zivile Angelegenheiten die Bevölkerung in drei Kategorien ein, „vertrauenswürdig", „durchschnittlich" oder „nicht vertrauenswürdig". Hauptsächlich nutzten sie dazu digitale Scanner, um festzustellen, ob Leute in der Vergangenheit etwas getan hatten, das nun illegal war. In mindestens über 100.000 Fällen führte nur ein Scan des Handys dazu, dass Menschen zumindest kurzzeitig festgenommen wurden und – nicht immer, aber oft – in ein Lager geschickt wurden.

Woher kennen Sie diese Zahl?

Sie steht in einem der staatlichen Dokumente von 2018, die ich analysiert habe. Über eine Million Freiwillige des Ministeriums für zivile Angelegenheiten wurden in die Häuser von Uiguren einquartiert, die „nicht vertrauenswürdige" Personen in ihren sozialen Netzwerken hatten. Die Freiwilligen sollten diesen Leuten sagen, dass bereits 100.000 Menschen wegen ihrer digitalen Aktivitäten festgenommen worden seien.

Die Botschaft war also: Ihre Telefone werden komplett überwacht. Ist das heute noch so?

Ja. Wer verbotene Dinge tut, muss mit harten Konsequenzen rechnen. Verboten ist etwa die Verwendung eines VPN [Software zur Umgehung von Überwachung] oder von WhatsApp oder auch die Teilnahme an einer WeChat-Gruppe, in der über den Koran gesprochen wird. Einige Regierungsdokumente sagen, die Verwendung verschlüsselter Programme sei ein Zeichen von Extremismus. Aber viele der Leute, die ich interviewt habe, haben WhatsApp einfach benutzt, weil sie Verwandte in Kasachstan haben, wo WhatsApp der beliebteste Messenger ist.

Ihr Buch erzählt die Geschichte Ihrer Freundin Vera Zhou. Sie schreiben, sie sei wegen VPN-Nutzung festgenommen worden.

Vera ist im Norden von Xinjiang aufgewachsen und dann als Teenager mit ihrer Mutter in die Vereinigten Staaten gezogen. Sie hatte weiterhin Familie in Xinjiang, und später war auch ihr Freund dort. 2017 war sie Studentin, sie besuchte ihn, und alles schien in Ordnung.

Aber das war es nicht?

Sie fuhr mit ihrem Freund nach Urumqi, um einen Kinofilm zu sehen. Die Polizei rief ihn an und sagte: „Wir müssen mit Ihnen auf der Wache sprechen." Und er dachte, okay, kein Problem. Er ist Han-Chinese. Weil Vera ziemlich säkular aufwuchs, glaubten sie nicht, etwas zu verbergen zu haben. Sie gingen zur Polizeiwache. Die Polizei sagte, eigentlich wolle sie mit Vera reden, nicht mit dem Freund. Sie luden sie in einen Transporter und legten ihr Handschellen an.

Vera Zhou kam in ein Lager, ein sogenanntes Ausbildungszentrum.

Sie verbrachte dort etwa vier Monate. Sie wurde zu einer sogenannten „Klassenaufseherin" ernannt. Sie musste die anderen Gefangenen in ihrer „Klasse" ausspionieren. Ich denke, die Kommandierenden erkannten, dass von ihr keine Bedrohung ausging, also war sie dafür verantwortlich, die Ordnung aufrechtzuerhalten. Sie half anderen, ihre „Gedankenberichte" zu schreiben, mit denen die Gefangenen jede Woche die Wirksamkeit der Umerziehung bezeugen sollten.

„Gedankenberichte"?

Die beste Übersetzung ist wohl „Bericht über deine inneren Gefühle". Das ist eine Art Selbstkritik. Die Lagerinsassen mussten ihrem „Lebenslehrer" zeigen, dass sie ihre Schuld eingestehen, dass sie wussten, was sie falsch gemacht hatten. Und dass sie gewillt waren, Buße zu tun und ihr Verhalten zu ändern.

All das nur, weil Vera Zhou ein VPN verwendete?

Das haben sie ihr gesagt. Sie hatte ein VPN verwendet, um auf ihr Gmail-Konto von der University of Washington zuzugreifen. Google-Dienste sind sonst von China aus nicht erreichbar. Vera nutzte das VPN auch, um ihre Hausaufgaben auf den Uniserver hochzuladen. Vielleicht hat sie auch sonst damit im Internet gesurft, ich weiß es nicht genau.

Welche Technologie gibt es in den Lagern?

Fast alle Lager, die mir beschrieben wurden, hatten hochauflösende Kameras in jeder Ecke der Zellen. Oft wurden die Zellen rund um die Uhr hell erleuchtet. Insassen wurde gesagt, dass sie nicht ihr Gesicht bedecken dürfen, weder mit ihren Händen noch mit einer Decke. Taten sie es doch, wurden sie über Lautsprecher verwarnt. Sie wurden gezwungen, viele Stunden am Stück kerzengerade auf Hockern zu sitzen. Auch beim Duschen und auf der Toilette wurden sie gefilmt. Technologie wurde außerdem für die Umerziehung eingesetzt, die Insassen mussten Teleunterricht auf Flachbildfernsehern schauen.

Eine Lagerarbeiterin sagte Ihnen, sie habe das Innere einer Kommandozentrale gesehen.

Sie fand es bemerkenswert, wie klar die Gesichter der Insassen auf den Bildschirmen dargestellt wurden und wie das Nummerierungssystem funktionierte. Die Wächter konnten sich jede Person jederzeit genauer anschauen. So konnten die Wachen Hunderte von Menschen gleichzeitig kontrollieren. Natürlich wurde auch alles aufgezeichnet. Wenn den Wächtern etwas entging, fing das System es für sie ein.

Warum wurde Vera Zhou nach vier Monaten freigelassen?

Wahrscheinlich, weil sie wirklich grundlos eingesperrt war. Sie ist nicht religiös und spricht Chinesisch. Aber danach stellte die Regierung sie für mehrere Monate unter eine Art Hausarrest. Sie durfte in der Gegend herumlaufen, in der sie wohnen musste, aber nicht außerhalb davon. Sie überwand trotzdem manchmal die Absperrungen. Weil sie äußerlich als Han durchgehen könnte, nahm sie einfach das Hintertor. Aber eines Tages scannte ein Polizist ihr Gesicht mit einem Erkennungssystem, und ihm wurde klar, dass sie auf der Beobachtungsliste stand.

Was geschah dann?
Zhou musste daraufhin die Kinder eines Polizeikommandanten in Englisch unterrichten, ohne Bezahlung, das ist typisch. Den meisten meiner Interviewpartner wurde nach ihrer Entlassung aus dem Lager irgendeine nicht oder schlecht bezahlte Arbeit zugeteilt. Die Menschen sitzen an einem kurzen Hebel, weil ihnen droht, in die Lager zurückgeschickt zu werden.

Welche Art von Arbeit gab es noch?
Einige meiner Interviewpartner mussten in Fabriken für Bekleidungs- oder Schuhhersteller arbeiten, die Marken beliefern wie Adidas, Nike und H&M. Sie standen oft noch auf einer Beobachtungsliste, durften also den Fabrikkomplex oder die Schlafsäle, in denen sie nachts festgehalten wurden, nicht verlassen. Mehrmals täglich wurden die Leute durchsucht, und auch ihre Telefone wurden regelmäßig gescannt.

Wie geht es Vera Zhou heute?
Sie durfte schließlich in die USA zurückkehren, nachdem sie unterschrieben hatte, dass sie nicht über das Erlebte sprechen würde. Ich hatte den Eindruck, dass sie das alles wirklich erschüttert hat. Sie ist ein ziemlich in sich gekehrter Mensch geworden. Sie fürchtet auch,

dass ihrem Vater, der immer noch in Xinjiang ist, etwas zustoßen könnte.

Die amerikanische Regierung hat mehrere chinesische Überwachungsunternehmen mit Sanktionen belegt. Seit 2021 dürfen zudem Amerikaner nicht mehr in diese Firmen investieren. Was halten Sie davon?
Ich finde es wichtig, Unternehmen für solche Dinge zur Rechenschaft zu ziehen. Besonders jene, die im Westen wachsen wollen, spüren so etwas. Doch den Verurteilungen der amerikanischen Regierung haftet eine gewisse Heuchelei an, denn auch amerikanische Technologiefirmen sind an Überwachung beteiligt. Diese Firmen denken wohl, sie täten nichts Schlimmes, weil sie in demokratischeren Gebieten arbeiten, wie an der Grenze zwischen den USA und Mexiko. Aber wir wissen, dass Microsoft und andere in Unternehmen investiert haben, die in Palästina und Kaschmir tätig sind.

Ihr Buch kritisiert insbesondere Microsoft.
Microsoft war bis vor kurzem stolz darauf, dass sie chinesischen Überwachungs-Start-ups am Anfang geholfen haben, etwa Megvii, einem Unternehmen für Bilderkennung, und Hikvision, einem Hersteller von Kameras. Das geschah hauptsächlich durch Schulungen und Personalaustausch. Aber Megvii hat auch einen Microsoft-Datensatz namens MS Celeb verwendet, um seine Algorithmen zu trainieren, neben einem Datensatz der University of Washington. Ich denke, in den 2010er Jahren bedachte man zu wenig, zu was Gesichtserkennung fähig sein könnte. Anstatt über die Auswirkungen dieser Technologien nachzudenken, investierte man und baute Prototypen. Das ermöglicht so etwas wie Xinjiang.

Auf der Flucht vor einem Covid-Lockdown

April 2022

Eine neue Nachricht erscheint auf meinem Handy. „Wichtige Mitteilung“, schreibt die Hausverwaltung im Messenger WeChat an die „lieben Freunde“. Wir Bewohner vom Gebäude 4B dürfen ab sofort nur noch durch die Tiefgarage zu unseren Wohnungen. Dabei müssen wir einen negativen PCR-Test vorzeigen, der nicht älter als 24 Stunden sein darf. Die Regel gilt ab sofort, für drei Tage.

Es ist Februar, ein Freitagnachmittag in Shenzhen. Die südchinesische Metropole liegt direkt neben Hongkong. Sie wurde erst 1979 gegründet und wurde wenig später eine von Chinas ersten Sonderwirtschaftszonen. Heute ist die Stadt ein moderner Tech-Standort. Ihre Covid-Bekämpfung gilt landesweit als vorbildlich.

Die Mitteilung der Hausverwaltung kommt um 16.46 Uhr, fünf Minuten später behauptet mein französischer Bekannter Géraud auf WeChat, mein Hochhaus sei im Lockdown. Weiß er schon mehr als ich? Ich leite ihm die Originalmitteilung weiter. „Nur drei Tage :-)“, antwortet er aufmunternd. Ich bin nicht so optimistisch. Erfahrungsgemäß dauern solche Einschränkungen länger.

Seit ein paar Tagen fürchte ich, dass ein Lockdown über meine Wohnanlage verhängt wird. Jeden Tag meldet die Shenzhener Gesundheitskommission ein paar neue Covid-Fälle, es waren einmal 31, dann 24, dann wieder 39. Shenzhen hat 20 Millionen Einwohner. Fast überall sonst auf der Welt wären die tiefen Fallzahlen ein großer Erfolg, in China sind sie eine kleine Katastrophe. Die Behörden verfolgen eine Null-Covid-Politik, die sie „dynamisch“ nennen: Es soll keine flächendeckenden Lockdowns mehr geben, sondern gezielte, rasche Maßnahmen, um Infektionsketten sofort zu unterbrechen.

Was das konkret bedeutet, erlebe ich seit Anfang jener Februar-

woche selbst. Ein Wohngebäude nicht weit von meinem ist abgeriegelt, weil ein Mann dort positiv auf Covid getestet wurde. Alle Bewohner dürfen zwei Wochen lang nicht mehr raus und müssen sich das Essen online bestellen.
Rund um das Haus richteten die Behörden zwei Zonen ein, eine zur „Kontrolle" und eine zur „Prävention" der Pandemie. Die Zonen erstrecken sich über mehrere Straßen. In Chatgruppen herrschte Verwirrung, welche Gebiete genau betroffen sind. Schließlich schickte jemand eine Karte mit schraffierten Flächen in verschiedenen Farben. Meine Wohnanlage ist in der Präventionszone.
Niemand erklärte uns Bewohnern, was das genau heißt. Die Hausverwaltung teilte uns nur mit, Besuche von Auswärtigen seien fortan prinzipiell verboten. Möglich seien sie nur dann, wenn die Bewohner zustimmten und sich Besucher beim Sicherheitsdienst registrieren ließen.
Uniformierte Männer stehen rund um die Uhr an den beiden Eingängen unserer Wohnanlage, die an eine Festung erinnert. Das war in China auch vor der Pandemie schon üblich. Nun kontrollieren die Wachmänner mit Nachdruck den „QR-Gesundheitscode", das digitale Covid-Zertifikat, das in WeChat hinterlegt ist.
Ohne WeChat – oder das Konkurrenzprodukt Alipay – kommt man in der Pandemie kaum durch den Alltag. Die „Super-App" ist zugleich Messenger, soziales Netzwerk, Nachrichtenportal und Bezahlsystem. So, als wären WhatsApp, Instagram, Facebooks Newsfeed, Paypal und der Apple-Store ein einziges Produkt.
Zur Pandemiebekämpfung muss ich in Shenzhen drei „Mini-Apps" auf WeChat installieren: eine der Stadtverwaltung, mit der ich bei den Covid-Tests meine Identität bestätigen muss; eine der Provinz Guangdong für den „Gesundheitscode", der unter anderem meinen Teststatus anzeigt; und eine der Zentralregierung in Peking für den

landesweit genutzten „Reisecode", den ich etwa beim Betreten von Bahnhöfen und Hotels vorzeigen muss.

Alle drei „Mini-Apps" speichern persönliche Daten wie Namen, Passnummer und Wohnadresse. Der Gesundheitscode und der Reisecode erfassen zudem Handy-Standortdaten. So zeigen sie an, ob man sich kürzlich in einem Risikogebiet oder nahe einer Risikoperson aufgehalten hat. Das Resultat gibt es in den Ampelfarben: Grün – man darf nach Hause gehen oder einen Zug besteigen. Gelb – man muss sich testen lassen und dürfte nicht verreisen. Rot – man muss sofort in Quarantäne.

Auf WeChat verbreiten sich auch Informationen und Gerüchte rasend schnell. Die Shenzhener Gesundheitskommission etwa informiert mehrfach täglich über Fallzahlen, detaillierte Aufenthaltsorte der Infizierten und Mini-Lockdowns. Die Mitteilungen sind hinterlegt mit psychedelischen Farben und bebildert mit Memes, witzigen Bildchen: ein süßer Hund, ein Smiley mit Maske, ein Panda mit Männergesicht, der im chinesischen Internet so beliebt ist.

Und nun also die „wichtige Mitteilung" der Hausverwaltung, dass ich nur noch durch die Tiefgarage nach Hause darf. Warum eigentlich?

Gab es in unserem Hochhaus – 41 Etagen à 25 kleine Wohnungen, also mindestens 1.000 Bewohner – einen Kontaktfall? Wurde jemand positiv getestet, und die Behörden warten auf die Bestätigung durch einen zweiten Test? Droht ein Lockdown des Gebäudes – oder der gesamten Wohnanlage mit ihren fünf Hochhäusern? Oder geht es nur darum, Menschenströme voneinander zu trennen?

Mir wird es zu viel: die ständige Ungewissheit, die intransparente Kommunikation, das völlige Ausgeliefertsein. Null Eigenverantwortung, hundert Prozent Parteistaat. Jeder einzelne Infizierte wird abgeholt und wochenlang im Spital isoliert, selbst wenn er keine

Symptome hat. Sogar mögliche Kontaktfälle müssen eine Woche in Hotelquarantäne, mehreren Freunden von mir ist das passiert.

Ich will raus hier, bevor es zu spät ist, raus aus der Stadt.

Was „Null Covid" konkret heißt, erlebte ich erstmals, als ich wegen der strikten Einreisebeschränkungen erst nach eineinhalb Jahren Warten ein Visum für China bekam. Bei der Einreise im August 2021 musste ich in Hotelquarantäne, nach drei Wochen und 17 Covid-Tests durfte ich mein Zimmer wieder verlassen. Seitdem bin ich wegen der Corona-Restriktionen im ganzen Land meistens in Shenzhen geblieben.

Einschränkungen gab und gibt es natürlich überall auf der Welt, und China ist gemessen an den Covid-Zahlen spektakulär erfolgreich durch die Pandemie gekommen. 1,4 Milliarden Menschen leben hier. Seit dem Ausbruch des Coronavirus in Wuhan Ende 2019 gab es offiziell nicht einmal 5.000 Tote, fast alle starben zu Beginn der Krise. Selbst wenn es tatsächlich einige mehr wären, gehörte China gemessen an der Bevölkerung immer noch zu den Ländern mit den wenigsten Todesopfern weltweit.

Aber wie hat China das erreicht? Und wie lange soll das so weitergehen? Bisher hat noch kein Verantwortlicher gesagt, wann und unter welchen Umständen das Land zu einer gewissen Normalität zurückkehren will. Stattdessen verweist der Parteistaat auf die niedrigen Covid-Zahlen und feiert seine angebliche Überlegenheit gegenüber westlichen Demokratien.

Ich will also raus, nach Dapeng, einer Halbinsel im Südchinesischen Meer, zwei Autostunden von meiner Wohnung entfernt. Dapeng gehört zwar noch zu Shenzhen, ist aber ländlich, wie eine andere Welt, und Corona-Infizierte gibt es dort nicht. Shenzhen ganz zu verlassen wäre zu riskant. Einzelne Wohnblöcke in meinem Bezirk gelten als Risikogebiete, weshalb mich schon die Behörden in der Nachbarstadt Huizhou vorsichtshalber in Quarantäne schicken könnten. In Dapeng habe ich Freunde, weil ich da öfter segle. Ich verschicke ein paar WeChat-Nachrichten und habe Glück: Eine Freundin verreist und kann mir ihre Wohnung überlassen.

Als ich mein Hochhaus durch die Tiefgarage verlasse, steht an der Straßenkreuzung davor ein Polizeigitter. Offenbar wurde ein weiterer Wohnblock abgesperrt. An der Metrostation um die Ecke mache ich einen kostenlosen Covid-Test, die Helfer in den weißen Schutzanzügen arbeiten hier seit Wochen von morgens bis abends. Es kann nie schaden, ein möglichst neues Testergebnis zu haben.

Ein letztes Nachtessen in meinem Viertel, bevor ich wegfahre. Ich treffe eine Freundin und frage sie, ob die Covid-Maßnahmen Anfang 2020 so ähnlich waren wie jetzt. Sie erinnere sich nicht mehr, sagt Ting. Sie war früher Journalistin; weil sie nicht sagen durfte, was sie wollte, gab sie auf. Jetzt verkauft sie Vintage-Luxusmode.

Ich nenne Ting wie alle Chinesen in diesem Text anders, weil die Behörden in China potenziell jede Äußerung zu Covid nachverfolgen. Ich schaue meine Freundin ungläubig an. Wie kann sie sich nicht an den Ausbruch des Coronavirus erinnern? An die ersten Wochen einer Pandemie, die die ganze Welt in Atem hält? An krasse Eingriffe in ihre Freiheit? „Man kann gegen die Maßnahmen sowieso nichts machen", sagt Ting. „Man muss sie akzeptieren. Deshalb denke ich über solche Dinge nicht nach."

Einerseits finde ich diesen Fatalismus deprimierend. Andererseits frage ich mich: Wie würde ich denken und handeln, wenn ich selbst dauerhaft in einem totalitären System leben würde? Wahrscheinlich ähnlich wie Ting und die allermeisten Chinesen.

Nach unserem Abendessen hebe ich Bargeld ab, wuchte meine Tasche und mein Fahrrad ins Taxi und lasse mich nach Dapeng fahren. Die Schnellstraße führt quer durch Shenzhen, vorbei an Palmen, steil aufragenden Wolkenkratzern und heruntergekommenen Wohnblöcken. Manche Gebäude und Straßen sind mit roten Plastikwänden abgesperrt. Es sind keine Baustellen, sondern Covid-Brennpunkte.

Die Wohnanlage meiner Freundin Nuo in Dapeng ist riesig, wir müssen eine Abschrankung passieren. Der Wachmann tritt zur Fahrertür und fragt, warum wir reinwollten. „Um einen Kunden abzusetzen", sagt der Taxifahrer. Der Wachmann kontrolliert unsere QR-Gesundheitscodes und Reisecodes. Alles grün, aber er ist nicht zufrieden und fragt in sein Funkgerät: „Dürfen Ausländer rein?" – „Ausländer dürfen nicht rein", tönt es aus dem Walkie-Talkie zurück.

Ich zahle die Taxifahrt und steige aus. Dem Wachmann kommt es merkwürdig vor, dass ich nicht weiß, in welches Gebäude ich will. Aber woher soll ich das wissen? Ich bin zum ersten Mal hier. Der Wachmann fotografiert mich, während ich Nuo anrufe. Ein weiterer Wachmann kommt dazu. Nuo erklärt ihm die Lage, er kontrolliert erneut meine Covid-Codes. Dann darf ich rein.

Geschafft: Eine Wohnung ganz für mich, in einem Bezirk ohne eine einzige Infektion. Am anderen Eingang der Wohnanlage gibt es sogar eine nette Wachfrau. Nuo stellt mich ihr vor, damit sie sich nicht über den wohl einzigen Westler hier wundert.

Auf WeChat checke ich regelmäßig die Covid-Lage in meinem Heimatviertel Shekou. Die Nachrichten werden absurder. Géraud schreibt, er sei im Büro eines befreundeten Weinimporteurs festgehalten worden, weil es in dem Gebäude einen möglichen Kontaktfall gegeben habe. Um 21 Uhr sei er weggerannt, aber seine Frau sei erst um 3 Uhr freigelassen worden.

Später erzählen mir andere Franzosen, die ebenfalls da waren, es sei eigentlich ganz schön gewesen: Sie hätten sich erst durchs Burgund getrunken, dann durchs Languedoc, und wenn es noch länger gedauert hätte, hätten sie wohl noch mehr Regionen geschafft.

Zwei Tage nach meiner Flucht, an einem Sonntagmorgen, verschickt meine Hausverwaltung ein Foto von der Kreuzung vor der Wohnanlage. Auf zwei weiteren Straßen stehen nun Absperrgitter. Am Mittag postet ein Mann im Gruppenchat des behördlichen Expat Service Center ein Foto von roten Plastikwänden, die nun offenbar auch in Shekou aufgebaut werden. Eine Mitarbeiterin des Zentrums antwortet beschwichtigend, die Wände dienten nur der Einlasskontrolle.

Am Abend häufen sich die Lockdown-Nachrichten in den Chatgruppen. Eine Frau schreibt, sie habe um 21.15 Uhr vergeblich versucht, ihre Wohnanlage zu verlassen. Mein Komplex ist schon seit 18 Uhr geschlossen. Doch das teilt die Hausverwaltung erst am nächsten Morgen mit.

Der Lockdown gilt schließlich im gesamten Viertel mit seinen gut 100.000 Einwohnern. Vier Tage soll er dauern. Meine Freunde und Bekannten nehmen es meist gelassen. Immerhin blieben sie lange von größeren Corona-Einschränkungen verschont, während der Rest der Welt im Chaos zu versinken schien.

Ting, die Vintage-Verkäuferin, liest Bücher. Ein chinesisches Paar darf mit seinen Kindern auf den Grünflächen seiner Wohnanlage spielen. Géraud und die anderen Franzosen können in ihrer Anlage grillen. Meine Wohnanlage hat keine Grünflächen; wäre ich geblieben, könnte ich höchstens eine Runde um den Basketballplatz drehen.

Nach vier Tagen gibt es auf WeChat keine Anzeichen, dass der Lockdown wie angekündigt endet. Stattdessen herrscht Funkstille. Dann wird der Lockdown um vier Tage verlängert.

Zum Glück verlängert Nuo ihre Reise und überlässt mir weiter ihre

Wohnung. In Dapeng kann ich mich noch frei bewegen, essen gehen, Freunde treffen.

Nur Strandbesuche oder Segeln sind nicht drin – seit Wochen ist die gesamte Küste mit Zäunen und Stacheldraht abgeriegelt, weil die Behörden Covid-Flüchtlinge aus Hongkong fürchten. Dort ist die Pandemie so sehr außer Kontrolle geraten, die Spitäler so überfordert, dass Hongkong zeitweise die höchste Sterberate der Welt hat. Hongkongs Grenze mit Festlandchina ist seit Beginn der Pandemie ohnehin praktisch geschlossen, als wäre die Stadt im Ausland.

Ein Anruf auf meinem Handy macht mich stutzig: eine Shenzhener Nummer, eine Behörde. Ich verstehe nur die Frage: „Sind Sie da oder nicht?" Ist mein Fehlen beim obligatorischen Covid-Test in meiner Wohnanlage aufgefallen? Oder haben mich die Standortdaten meines Handys verraten? Ich frage, ob wir englisch sprechen können. Die weibliche Stimme leiert monoton weiter, vielleicht ist sie vom Band. Ich lege auf.

Nach acht Tagen ist der Lockdown in Shekou tatsächlich vorbei. Ich fahre nach Hause. Überall im Viertel stehen noch rote, mannshohe Plastikwände vor den Häusern. Sie sollten die Leute vom Rausgehen abhalten. Ganze Straßenzüge sind zugestellt, so dass man die Geschäfte dahinter kaum mehr sieht, auch nicht das Café meines Bekannten Lao Jin.

„Das ist so dumm!", flucht er. Nur weil irgendein Behördenchef seinen Hintern retten wolle, stünden nun überall diese Wände. „Das ist verrückt!" Alle Leute dächten so, behauptet Lao Jin. „Aber jeder behält es für sich."

In einer Diktatur ist es natürlich schwierig zu sagen, was die Leute tatsächlich denken. Als ich an einer traditionellen, verwinkelten Siedlung vorbeilaufe, die nach einem zweiwöchigen Lockdown gerade wieder öffnet, erkenne ich in den Gesichtern der wartenden

Menschen keinen Groll, sondern Freude. Behördenmitarbeiter lassen Konfettikanonen explodieren, Journalisten lokaler Staatsmedien filmen mit einer Drohne. Dann öffnen Wachmänner die Gitter, und die ersten rausströmenden Frauen erhalten Rosen. Mit mir sprechen will niemand.

Abgesehen davon ist mein Viertel wie tot. Dabei ist Shekou sonst der wohl bunteste Ort in Shenzhen: Die Leute hocken nachts um zwei bei Grillfisch oder Tofupudding auf den Bürgersteigen. Straßenfriseure schneiden Haare für sechs Kuai, 90 Cent. Hippe Baristi verkaufen den Macchiato teurer als in Zürich. Straßenhändler treten in die Pedale ihrer schwerfälligen Lastenfahrräder wie in Zeitlupe. Poser cruisen in pinken Bentleys.

Auch die Uferpromenade ist fast menschenleer. Schon zu normalen Zeiten wimmelt es hier von Wachmännern; alle paar Meter stehen Kameramasten mit automatischer Gesichtserkennung. Jetzt sind weitere Wachmänner hinzugekommen, außerdem Suchscheinwerfer und Schiffe der Küstenwache, alles aus Angst vor ein paar Covid-Flüchtlingen aus Hongkong.

All diese Maßnahmen offenbaren eine beunruhigende Seite Chinas: Paranoia, Fanatismus, Unmenschlichkeit. Selbst in Schanghai, der liberalsten Stadt des Landes, werden Kinder von ihren Eltern getrennt in Quarantäne geschickt, wenn die einen Covid haben und die anderen nicht. Immer wieder gibt es Videos davon, wie Gestalten in Schutzanzügen Hunde zu Tode prügeln, wenn ihre infizierten Besitzer in Quarantäne müssen.

Was für ein Denken steckt dahinter? Dass man eine Pandemie einfach aussperren kann? Und wenn das Virus doch auftaucht – dass man es ausmerzen kann, ohne Rücksicht auf Verluste?

Folge man rein dem Lehrbuch der Pandemiebekämpfung, dann mache China alles richtig, sagte mir Anfang 2022 ein langjähriger

Mitarbeiter der Weltgesundheitsorganisation, der nun in Peking für eine Botschaft arbeitet. Aber alle anderen Aspekte, wie soziale oder wirtschaftliche Kosten, blende China praktisch aus.

In Europa hat man sich offenbar für das Gegenteil entschieden: Die Pandemie ausblenden, stattdessen durchseuchen. Auch das erscheint mir unverantwortlich. Eine Infektion mit der Omikron-Variante verläuft zwar für die allermeisten Menschen sehr mild. Trotzdem sterben in Europa jeden Tag weiterhin Tausende Menschen an oder mit Covid, auch mehrfach Geimpfte. Wir wissen weiter wenig über Long Covid und seine Folgen. Jeden Moment könnte eine neue Virusvariante auftauchen.

Was wäre ein Mittelweg? Ich war während der Pandemie ein Jahr in Taiwan, das bis vor kurzem als einziges Land neben China noch an „Null Covid“ festhielt – aber mit Augenmaß und Menschlichkeit. Doch auch dort fand ich manche Maßnahmen so übertrieben, dass ich gegen sie verstieß – und ohne Maske durch die subtropische Hitze joggte oder bald nach meiner zweiwöchigen Hotelquarantäne auf eine Party ging, anstatt mich weitere sieben Tage zu isolieren.

Als ich meine Wohnanlage in Shekou betrete, schiebe ich mein Fahrrad in den Aufzug; ein Mann im roten Jäckchen der freiwilligen Helfer vom lokalen „Dienstleistungszentrum der Partei für die Massen“ steigt zu. Offenbar liefert er ein Paket aus. Die Partei inszeniert sich in der Pandemie geschickt als Freund und Helfer. Der freundliche Helfer drückt den Knopf für die fünfte Etage, dann dreht er sich zu mir und fragt: „Welcher Stock?“

In den folgenden Tagen bleibt mein Viertel Covid-frei. Aber in anderen Gegenden von Shenzhen gibt es kleinere Cluster. Überall im Land gibt es Cluster. Erst geht ganz Shenzhen in den Lockdown, dann Schanghai. Und erstmals seit Beginn der Pandemie auch wieder eine ganze Provinz, Jilin im Nordwesten.

Es passiert genau das, was „Null Covid“ verhindern sollte. Es fühlt sich an, als fange die Pandemie in China noch einmal von vorn an.

Eine Suche nach dem Pionier von Chinas Spionageballons | Februar 2023

Im August 2019, lange bevor die USA erstmals einen chinesischen Ballon über ihrem Territorium erkennen und abschießen würden, überflog ein ähnliches Objekt die Vereinigten Staaten.
Ein unbemanntes chinesisches Luftschiff namens „Wolkenjäger“ überquerte auf seiner Weltumrundung Florida, den Golf von Mexiko und Texas. Das geht aus Schilderungen von Wu Zhe hervor, einem von Chinas führenden Aeronautik-Wissenschaftlern – und dem größten Aktionär dreier Firmen, die von den USA gerade mit Sanktionen belegt wurden.
Wu beschrieb 2019 einer Parteizeitung seine Weltpremiere: „Dies ist das erste Mal, dass ein aerodynamisch gesteuertes Stratosphären-Luftschiff in 20.000 Metern Höhe um die Welt geflogen ist.“ Der Artikel enthält eine Weltkarte mit der Flugbahn des „Wolkenjägers“. Demnach startete er offenbar auf der südchinesischen Insel Hainan, wie laut der „New York Times“ auch der jüngste Überwachungsballon. Das Luftschiff flog über Südostasien, Indien, den Maghreb und den Atlantik nach Amerika, dann kehrte es über Mexiko und den Pazifik zurück gen China.
Luftschiffe wie auch Ballone sind gefüllt mit Gasen, die leichter als Luft sind, etwa Helium. Beides sind Luftfahrzeuge, bei deren Erforschung Wu Zhe in China als führend gilt. Indizien deuten darauf hin, dass Wu, sein Forschungsinstitut und seine Firmen mindestens

indirekt beigetragen haben zu dem Überwachungsballon, der Anfang im Februar 2023 über einer amerikanischen Militärbasis im Gliedstaat Montana auftauchte, worauf sich der Konflikt zwischen Peking und Washington weiter verschärfte.

Sicher ist, dass Wu Zhe bei der technologischen Modernisierung des chinesischen Militärs hilft. Zum Beispiel erhielt eine seiner Firmen, die nun von den USA mit Sanktionen belegte Emast, nach eigenen Angaben Gelder aus einem Staatsfonds für „militärisch-zivile Integration". Damit fördert Peking die Zusammenarbeit von zivilen Forschern und Firmen mit dem Rüstungssektor.

China betreibt laut amerikanischen Angaben ein weltweites Überwachungsprogramm mit Stratosphären-Ballons, die Dutzende Kilometer über der Erde fliegen können. Ein führender Mitarbeiter des Weißen Hauses sagte, die USA hätten nun bestätigen können, dass das Programm mit der chinesischen Volksbefreiungsarmee verbunden sei. Das Programm habe es bereits zur Zeit von Ex-Präsident Donald Trump gegeben, aber erst die Regierung von Präsident Joe Biden habe es nun entdeckt.

Wu Zhes Aktivitäten haben einen Schwerpunkt in der südchinesischen Stadt Dongguan. Die Zehn-Millionen-Einwohner-Stadt bei Hongkong ist bekannt für ihre unzähligen Fabriken. Zunehmend siedeln sich dort auch Technologie-Firmen an, denen das benachbarte Shenzhen zu teuer und eng geworden ist. Der Telekom-Konzern Huawei etwa betreibt dort seinen berühmten Campus, auf dem ein Zug im Stil der Schweizer Jungfraubahn verkehrt.

In der Nähe, mit Blick auf die huaweische Interpretation eines europäischen Kirchturms, baute Wu Zhe ab 2015 sein Forschungsinstitut auf, das Dongguan Beihang Research Institute. Es ist ein lokaler Ableger der Pekinger Beihang-Universität, an der Wu lehrt und die als Chinas beste Hochschule für Aeronautik und Astronautik gilt.

Die Beihang gehört zu den „sieben Söhnen der nationalen Verteidigung", den führenden Universitäten für Rüstungsforschung. Sie unterliegt seit Jahren amerikanischen und japanischen Sanktionen. Wu entwickelte mit seinem Team im Oktober 2015 Chinas „erstes neuartiges Luftschiff" für Flüge nahe am Weltraum, wie es in einem chinesischen Medienbericht heißt. Demnach war das Luftschiff zugleich das weltweit erste, das kontinuierlich mit Energie versorgt, kontrolliert geflogen und wiederverwendet werden konnte. Laut demselben Bericht wurde Wu in einer Mitteilung einer seiner Firmen als Chinas führender Experte für Tarn-Technologie bezeichnet. Ab 2018 fokussierte sich Wus Dongguan-Institut auf die Erforschung und Entwicklung neuartiger Fluggeräte sowie verwandter Produkte, wie es in einem anderen chinesischen Medienbericht heißt. Ein weiterer Meilenstein gelang dem Team schon bald, im Sommer 2019, mit der Weltumrundung des Luftschiffs „Wolkenjäger".

Wus Arbeit war offenbar so erfolgreich, dass die Stadtregierung Dongguan ihm bald einen Industriepark für das Forschungsinstitut und damit verbundene Firmen baute. Der Industriepark ist hauptsächlich sogenannten Stratosphären-Satelliten – worunter auch Ballons fallen – sowie Luftschiffen für schwere Frachten gewidmet. Auch Wus Institut ist dort nun registriert.

Auf der Fahrt dorthin passiert man riesige rote Werbetafeln des Parteistaats. Sie fordern dazu auf, den Geist des Parteikongresses vom Oktober 2022 gründlich zu studieren und umzusetzen sowie dank Innovation und harter Arbeit ein „modernes sozialistisches Land" zu schaffen. Ein Banner in einer Seitenstraße wirbt damit, dass Studienabsolventen ihre Studiengebühren voll erstattet bekommen, wenn sie sich fürs Militär verpflichten.

Der Industriepark steht, wie in China üblich, auf einem rundum eingezäunten Areal mit Überwachungskameras alle paar Meter.

Hinter der Einfahrt und dem Posten des unaufmerksamen Wachmanns steht ein weitgehend verwaistes Empfangsgebäude. An der Wand prangt das Logo von Wu Zhes Dongguan-Institut, ein blauer Drache mit einem gelben Blitz. Drumherum sind die Logos der 16 hiesigen Firmen.

Eine Firma namens Zonetron zum Beispiel entwickelt Brennstoffzellen, die Wu Zhe einmal als Schlüsseltechnologie für Luftfahrzeuge bezeichnete. Die Firma Tongtuo Precision produziert nach eigenen Angaben Elektronik-Stecker für „herausfordernde Umgebungen", etwa für die Rüstungsindustrie. Mehrere Firmen entwickeln Spezialmaterialien, wie sie für Ballons nötig sind; eine davon ist indirekt im Besitz von Wu Zhe.

Am prominentesten jedoch sind zwei andere von Wus Firmen im Industriepark, weil sie nun amerikanischen Sanktionen unterliegen: erstens die erwähnte Emast, ausgeschrieben Eagles Men Aviation Science and Technology Group.

Das Unternehmen mit Hauptsitz in Peking ist nach eigenen Angaben spezialisiert auf die Kommunikation mit Stratosphären-Satelliten und die Erdbeobachtung mit hoher Auflösung. Entsprechende Produkte würden von Chinas Verteidigungs- und Polizeiorganen genutzt, schrieb Emast 2021 auf seiner Website.

Zweitens von Interesse ist Dongguang Lingkong Remote Sensing Technology, eine Firma für Messtechnologie auf große Distanzen. Lingkongs größter Aktionär ist mit 23 Prozent Wu Zhe. Die Firma wird nach eigenen Angaben von der Stadtregierung Dongguan und der Pekinger Beihang-Universität unterstützt und beschäftigt in Forschung, Entwicklung und Produktion mehr als hundert Leute.

Lingkong betont in Stellenausschreibungen die Erfolge seiner Abteilung für Luftschiffe: Diese habe dank jahrelanger Arbeit mehrere Durchbrüche bei Schlüsseltechnologien für Stratosphären-Luftschiffe erreicht, entsprechende industrielle Anwendungen entwickelt und Chinas Technologie in dem Bereich insgesamt „weltweit führend“ gemacht.

Emast und Lingkong teilen sich im Dongguaner Industriepark ein dreistöckiges Gebäude. Die Logos beider Firmen prangen über dem blank polierten Empfang. Zwei junge Männer bitten um Eintrag in die Besucherliste und rufen ihren Chef. Der sagt wiederum, sein Chef sei nicht da und auch sonst könne niemand Auskunft geben.

Auch Wu Zhes Forschungsinstitut hat in dem Gebäude seine neue Adresse, doch am Empfang deutet nichts darauf hin, bis auf dessen Logo auf dem Regenschirmständer. Es zeigt eine Art Zeppelin über Wolken und vor der roten chinesischen Fahne, darunter steht „Abteilung für stratosphärische Luftschiffe“.

Vieles deutet also darauf hin, dass Wu Zhe, sein Institut und seine Firmen mindestens zur Entwicklung des Überwachungsballons über den USA beigetragen haben. Washington jedenfalls hat Wu als zentrale Figur ausgemacht: Er ist oder war an vier der fünf Firmen beteiligt, die – neben einem anderen Forschungsinstitut – kaum oder keine US-Technologie mehr erhalten sollen.

Zur Begründung sagte Washington, die Firmen handelten konträr zu amerikanischen Interessen in der nationalen Sicherheit oder Außenpolitik. Eine der Firmen, Guangzhou Tianhaixiang Aviation Technology, an der Wu Zhe nicht beteiligt ist, reagierte auf ihrer Website mit einer Stellungnahme: Die USA beschädigten globale Lieferketten und unterdrückten die chinesische Luftfahrtindustrie.

Die Sanktionen könnten Wus Firmen durchaus Probleme bereiten. In Stellenausschreibungen suchte Lingkong 2022 unter anderem Programmierer, die mit Software des amerikanischen Chip-Konzerns Nvidia für künstliche Intelligenz vertraut sind. Auch amerikanische Software zum Design von Hardwareteilen erwähnte Lingkong.

Zwei Tage nachdem die Öffentlichkeit vom chinesischen Ballon über den USA erfuhr, erschienen erneut Stellenausschreibungen. Die Selbstbeschreibung des Arbeitgebers ist identisch – mit einem kleinen, aber wichtigen Unterschied: Diesmal sucht offiziell nicht die nun mit Sanktionen belegte Firma Lingkong Personal, sondern Wu Zhes Forschungsinstitut.

7 INTERNET

Wie Xi Jinping das Internet zensieren lässt |

Oktober 2022

Man stelle sich folgendes Szenario vor: In Deutschland gibt es eine Zensurbehörde, beaufsichtigt vom Bundeskanzler. Kurz vor der nächsten Bundestagswahl meldet die Behörde, dass sie wieder einmal Tausende Konten in sozialen Netzwerken geschlossen hat – wegen Verbreitung von Fake News. Als ein Demonstrant in Berlin es kurzzeitig schafft, an einer Brücke Banner mit politischen Forderungen etwa zur Covid-Politik aufzuhängen, wird der Hashtag #Berlin auf Twitter gesperrt.

Ähnliches passiert ein paar Tage später: Der Bundeskanzler lässt im vollbesetzten Bundestag seine ungeliebte Vorgängerin von Saaldienern abführen. Auf Twitter und Google gibt es kein Wort zu der offensichtlichen Machtdemonstration. Die Vorgängerin kommt online nur noch in ein paar älteren Beiträgen vor. Einzig die staatliche Nachrichtenagentur veröffentlicht ein Foto, das die Vorgängerin kurz vor ihrem Verschwinden neben dem Bundeskanzler zeigt, als wäre nichts gewesen.

Was in Deutschland und anderen Demokratien völlig undenkbar wäre, ist gerade in China passiert. Der Staats- und Parteichef Xi Jinping beaufsichtigt die mächtigste Zensurbehörde der Welt, die Cyberspace Administration of China, die rund um den 20. Kongress der Kommunistischen Partei offenbar wieder ganze Arbeit geleistet hat. Erst ließ sie online einen einsamen, mutigen Demonstranten in

Peking verschwinden; dann erstickte sie jegliche Beiträge zur merkwürdigen Entfernung Hu Jintaos vom Podium des Kongresses.

Die 2014 gegründete Cyberspace Administration of China (CAC) ist unter Xi immer mächtiger geworden. Sie sorgt dafür, dass die allermeisten Chinesen in einer Art Paralleluniversum leben – sie wissen weder von dem Pekinger Demonstranten etwas noch von Hus Verschwinden. Neben Zensur ist die CAC auch für Regulierung zuständig und somit zentral bei der seit 2021 laufenden Kampagne gegen Internetplattformen. Die Cyberspace Administration hat entscheidenden Anteil daran, dass Chinas Internet für die amerikanische Nichtregierungsorganisation Freedom House seit Jahren als eines der unfreisten der Welt gilt.

Bemerkenswert ist, wie umfassend die CAC und weitere Behörden das chinesische Internet im Griff haben. Dass das möglich ist, konnte sich lange kaum jemand vorstellen. Im Jahr 2000 sagte der amerikanische Präsident Bill Clinton den berühmten Satz, der Versuch, das Internet zu kontrollieren, sei wie der Versuch, Wackelpudding an eine Wand zu nageln. Ähnlich äußerte sich 2008 der Microsoft-Gründer Bill Gates: „Ich sehe keinerlei Risiko in der Welt als Ganzes, dass jemand den freien Fluss von Inhalten im Internet einschränken wird."

Das Internet kam 1994 nach China. Kurz darauf begann das Ministerium für öffentliche Sicherheit, dem die Polizeikräfte unterstellt sind, sein Projekt „Goldenes Schutzschild". Unter anderem sollten die Karteikarten, welche der Parteistaat zu jedem Chinesen führt, digitalisiert werden. Ein Teilprojekt war die Kontrolle des Internets. Die entsprechenden Maßnahmen subsumierten zwei Autoren 1997 in einem Artikel unter der Bezeichnung „Great Firewall of China", in Anlehnung an die Große Mauer.

Die „Große Firewall" ist keine harte Mauer. Sie bedeutet, dass die chinesische Regierung den grenzüberschreitenden Internetverkehr filtert und gegebenenfalls blockiert. Das ist in China relativ einfach, weil das Netz ganz bewusst nur an wenigen Knotenpunkten mit dem globalen Internet verbunden ist. Laut der Internationalen Fernmeldeunion gibt es zum Beispiel nur drei sogenannte Internet Exchange Points, so viele wie in der kleinen Schweiz. Die meisten hat Australien mit 97; Zahlen für die USA hat die Fernmeldeunion nicht.

Die Filtermethoden sind über die Jahre ausgefeilter geworden. Ursprünglich nutzte die Regierung Router des amerikanischen Netzwerkausrüsters Cisco, um den Datenverkehr an der Grenze auf ihre eigenen Server zu spiegeln. Dort kann sie die Datenpakete inspizieren und solche mit unliebsamen Inhalten aussortieren, ähnlich wie der Zoll.

Heute hat die Regierung zahlreiche Möglichkeiten der Blockade. Das lässt sich am Beispiel von Wikipedia verdeutlichen. Lange war die Online-Enzyklopädie von China aus erreichbar. Dann wurden einzelne Artikel gesperrt, etwa einer zu „Internetzensur in China", basierend auf der Blockade von Schlüsselwörtern. Später wurde die chinesische Version von Wikipedia gesperrt, schließlich das gesamte Portal.

Die Regierung kann bestimmte Webadressen sperren, etwa nzz.ch der „Neuen Zürcher Zeitung", die wie praktisch alle großen westlichen Medien in China verboten ist. Sie kann auch den Zugang zu Websites verhindern, indem sie den Datenverkehr manipuliert. Wenn man nämlich die Adresse einer Website im Browser eintippt, liefern Server des sogenannten Domain Name System (DNS) dazu normalerweise die passende numerische Internetprotokoll-Adresse (IP) – außer die Regierung leitet die Anfrage zu einer anderen IP weiter. Die Behörden können auch einfach die zugrunde liegenden IP-Adressen sperren.

Welche Websites der Parteistaat wie zensiert, sagt er nicht. Aber dank Internetaktivisten weiß man ungefähr, wie ausgeprägt die Kontrolle ist. Laut dem Projekt Greatfire.org blockiert oder zensiert China derzeit rund ein Viertel der weltweit wichtigsten Domains, nämlich 198 von 827. Ganz oben stehen Google, Youtube und Facebook. Oft vertreten sind auch Angebote für Pornografie und Geldspiele, die in China verboten sind.

Der Ausschluss westlicher sozialer Netzwerke hat den Aufstieg chinesischer Plattformen wie der „Super-App" WeChat und des Twitter-Pendants Weibo begünstigt. Dies vereinfacht den Internetzensoren die Arbeit: Sie müssen ihre Anweisungen nur an relativ wenige lokale Anbieter schicken, denen sie zudem sehr wirksam mit rechtlichen Konsequenzen bei Nichtbefolgung drohen können. Entsprechend schnell setzen die Moderatoren von WeChat, Weibo und Co. üblicherweise die Anweisungen aus Peking um.

Wie diese Anweisungen aussehen, weiß man durch Leaks, die etwa die Website „China Digital Times" veröffentlicht. Eine Woche nach Beginn des Ukraine-Krieges soll die Cyber Administration of China einem guten Dutzend Plattformbetreibern befohlen haben, nur noch Inhalte von Staatsmedien zuzulassen. Existierende Hashtags etwa von Bloggern und Influencern sollten aus den Trendthemen entfernt werden, neue Hashtags zum Ukraine-Krieg nur noch von Staatsmedien zugelassen werden.

Ein jüngeres Beispiel aus der Region Xinjiang zeigt, wie auch lokale Behörden das Internet zensieren. Die Abteilung für Internetüberwachung einer lokalen Polizeibehörde im Bezirk Yili verfügte während eines harten Covid-Lockdowns, dass keine „negative Energie" verbreitet werden dürfe. „Jedes weitergepostete Material, das keine offizielle Bestätigung hat, öffentliche Panik auslöst oder einen ne-

gativen und bösartigen Einfluss ausübt, führt ausnahmslos zur Inhaftierung!"
Die Internetzensur kann man mit sogenannter VPN-Software umgehen. Sie baut bildlich gesprochen einen Tunnel unter der „Großen Firewall". Sie verbindet einen Computer in China mit Servern im Ausland, die den Standort des Computers verschleiern. So kann man auf das weltweite Internet zugreifen.
Solche VPN-Software zu kaufen und zu installieren, wird in China immer schwieriger. Sie ist illegal. Wegen VPN-Nutzung wurden Uiguren in Xinjiang in Lager verschleppt, andernorts werden Chinesen von der Polizei vorgeladen. Der chinesische Apple-Store und andere App-Portale bieten keine VPN an. Man kann sie nur bei Schwarzhändlern auf Online-Marktplätzen wie Taobao kaufen – oder sie mit dem notwendigen technischen Know-how selbst installieren und konfigurieren.
Deshalb nutzen die allermeisten Chinesen kein VPN. Viele verbringen stattdessen täglich Stunden auf Plattformen wie Douyin, der chinesischen Version der Video-App Tiktok, die voller Inhalte im Sinne des Parteistaats sind. Ein Chinese, der am Douyin-Konsum seiner Frau verzweifelt, fasst das dortige Weltbild so zusammen: In China sei alles prima, im Ausland herrschten Chaos und Gewalt.
Während heikler politischer Termine wie Parteikongressen verschärfen die Cyberspace Administration of China und die anderen zuständigen Behörden die Kontrolle des Cyberraums noch einmal. Zum Beispiel blockieren sie bestimmte VPN-Anbieter.
Warum tut die Regierung das nicht die ganze Zeit, wenn sie es offensichtlich kann?
Die Aktivisten des „Great Firewall"-Reports haben eine Vermutung. In einem Artikel schreiben sie, die Zensoren wüssten, dass sie das

Katz-und-Maus-Spiel mit den Anti-Zensur-Aktivisten nicht gewinnen könnten. Deshalb würden sie ihre neusten „geheimen Waffen" erst kurz vor heiklen politischen Phasen einsetzen, damit die Aktivisten nicht schon abwehrbereit seien.

Ein Gesetz zur Datensicherheit fragmentiert das World Wide Web weiter | Juni 2021

China hat ein neues Gesetz zur Datensicherheit. Na und? Zugegeben, das liest sich erst einmal wenig sexy. Doch das Gesetz sollte jeden interessieren, der sich um die Beziehungen zwischen China und dem Rest der Welt sorgt. Und jeden, dem die Zukunft des Internets am Herzen liegt. Und schließlich alle, die in ihrem Leben noch einmal nach China fliegen wollen, und sei es nur zum Umsteigen in Peking.

Denn das am 10. Juni 2021 vom Ständigen Ausschuss des Nationalen Volkskongresses beschlossene Gesetz hat es in sich: Es erhebt einen Anspruch auf weltweite Gültigkeit. Es macht China noch mehr zu einer Dateninsel, die sich vom Rest der Welt abschottet. Es droht Unternehmen mit empfindlichen Strafen. Und es sieht Datensicherheit vor allem aus dem Blickwinkel von Chinas nationaler Sicherheit. Dabei sind auch Daten in nicht elektronischer Form gemeint – nämlich „jegliche Aufzeichnung von Informationen".

Daneben soll das Gesetz die Daten von Individuen und Organisationen schützen. Es soll dem Land den Weg in eine datengetriebene Volkswirtschaft weisen. Smarte Technologien sollen öffentliche Dienstleistungen verbessern, explizit für Ältere und Behinderte.

Von E-Governance und Open Government ist die Rede. Vieles davon ist noch vage und soll von den Behörden mit Leben gefüllt werden.

Das Gesetz sei ihrer Kenntnis nach international einmalig, schreibt Rebecca Arcesati von der Berliner China-Denkfabrik Merics auf Anfrage. Die EU etwa habe sich in ihrer Datengesetzgebung auf den Schutz persönlicher Informationen und der Privatsphäre fokussiert. China hingegen reguliere nun umfassend, wie chinesische Daten behandelt werden sollten, innerhalb wie außerhalb der Volksrepublik, mit einem klaren Fokus auf nationale Sicherheit. „China arbeitet wirklich daran, die Standards in diesem Bereich zu setzen", sagt Arcesati.

Das neue Gesetz ist eine wichtige Strebe in Chinas Rechtsrahmen zur Regulierung des Internets. 2015 beschloss Peking das Gesetz zur nationalen Sicherheit, 2017 jenes zur Cybersicherheit. Derzeit entsteht ein neues Gesetz zum Schutz persönlicher Informationen. Das auf China spezialisierte Branchenportal „Technode" kommt zum Schluss: „China wird von einer der am wenigsten regulierten Datenumgebungen der Welt zu einer der meistregulierten."

Apropos Welt – schauen wir uns die wichtigsten Punkte des Gesetzes genauer an, und zwar erstens den extraterritorialen Anspruch, der gleich in Artikel 2 formuliert wird. Dort heißt es gemäß der englischen Übersetzung schwammig: Datenverarbeitung außerhalb Chinas, welche etwa die nationale Sicherheit der Volksrepublik oder das öffentliche Interesse verletze, sei rechtlich zu verfolgen.

Die nationale Sicherheit oder das öffentliche Interesse – das sind sehr dehnbare Begriffe, die China nach seinem Gusto interpretieren könnte. Der Anwalt James Gong vom Peking-Büro der Kanzlei Herbert Smith Freehills relativiert zwar und sagt am Telefon, das

Cybersicherheitsgesetz enthalte bereits ähnliche Bestimmungen zur extraterritorialen Gültigkeit. Aber viele andere Analysten sehen diesen weltweiten Anspruch als einen Kernpunkt des neuen Gesetzes. Ein IT-Forscher aus Taipeh, Ho Ming-Syuan, schreibt gar auf Anfrage: „Mit dem Gesetz zur Datensicherheit sollte jeder auf der Welt vorsichtig sein, was er online tut." Andernfalls drohten Strafen, sobald er chinesisches Territorium betrete. Ho, der auch Vorstandsmitglied im Taiwan Internet Governance Forum ist, verweist auf den Fall des taiwanischen Bürgerrechtlers Lee Ming-che. Dieser hatte Gleichgesinnte in China unterstützt und wurde 2017 nach seiner Einreise in China wegen „Untergrabung der Staatsgewalt" zu fünf Jahren Haft verurteilt.

Zweitens blicken wir auf den Ausbau der Dateninsel China: Peking betont seit Jahren, dass im Land genutzte Daten auch dort gespeichert werden sollen. Apple etwa lagert trotz seiner weltweiten Privatsphärenkampagnen die Daten seiner chinesischen Kunden vor Ort. Auch Tesla gelobte das für in China produzierte Autos. Das neue Gesetz kündigt nun Exportkontrollen für Daten an, die unter anderem mit der nationalen Sicherheit zusammenhängen.

Solche Daten sind künftig Teil der „staatlichen Kerndaten". Unter diese neue Kategorie fallen laut der Übersetzung auch die „Lebensadern der nationalen Wirtschaft, wichtige Aspekte der Lebensgrundlagen der Menschen und große öffentliche Interessen". Kurzum: Auch das Konzept staatlicher Kerndaten, wie viele Bestimmungen des Gesetzes, ist noch sehr vage definiert – und lässt Staat und Partei viel Spielraum.

Wichtig im Zusammenhang mit der Dateninsel China ist auch, dass künftig nur noch die Behörden über Informationsgesuche ausländischer Behörden entscheiden dürfen. Bis dato durften das etwa Betreiber von Internetplattformen selbst tun, wie es zum Beispiel Google in den USA tut. Die neue Regel könnte insbesondere ausländische Firmen in China in die Bredouille bringen, wenn sie beispielsweise einer Anfrage der Behörden aus ihrer Heimat nicht nachkommen können.

Ein Anwalt, der namentlich nicht genannt werden will, nennt ein Beispiel aus dem Wertpapierrecht, in dem es bereits eine analoge Bestimmung gebe: Früher habe die amerikanische Börsenaufsicht SEC regelmäßig die großen Wirtschaftsprüferfirmen um Unterlagen zu Aktiengesellschaften in China gebeten, die in den USA börsennotiert sind, etwa für Untersuchungen zu mutmaßlichem Betrug. „Nun kann die Wirtschaftsprüfungsgesellschaft argumentieren, dass es nicht in ihrer Macht stehe, diese Unterlagen herauszugeben." Mit dem Gesetz zur Datensicherheit dürfte es diese Situation künftig bei jeglicher Art von Informationsgesuchen geben.

An dem neuen Gesetz sind drittens die drohenden Strafen bemerkenswert. Bei Verstößen sind Geldstrafen von bis zu 10 Millionen Yuan vorgesehen, das sind umgerechnet gut 1,4 Millionen Euro. Das ist nicht viel im Vergleich zur Höchststrafe von 20 Millionen Euro oder vier Prozent des weltweiten Umsatzes eines Unternehmens, welche die europäische Datenschutzgrundverordnung vorsieht. Doch in China drohen die Geldstrafen auch ausdrücklich individuellen Personen – den „direkt verantwortlichen Managern und anderem Personal".

Zudem droht Unternehmen bei Datenverstößen der Entzug von Geschäftslizenzen oder die Einstellung des Betriebs. Die Nachrichtenagentur Bloomberg titelte deshalb, das neue Gesetz gebe dem Staats- und Parteichef Xi Jinping die Macht, Tech-Firmen zu schließen. Das hält der Anwalt Gong für übertrieben. Solche Bestimmungen seien im chinesischen Recht gängig. „In der Praxis wird diese Strafe nur in sehr schwerwiegenden Fällen ausgesprochen werden." Aber eben, der Passus ist da, wie ein Damoklesschwert.

Damit viertens zu Artikel 26, der jede Regierung aufhorchen lassen sollte, die Huawei aus ihren 5G-Netzen verbannt hat. Konkret geht es um „diskriminierende, restriktive oder ähnliche Maßnahmen" von anderen Staaten gegen die Volksrepublik, und zwar in Bezug auf Daten beziehungsweise entsprechende Investitionen, Handelsgeschäfte oder Technologien. Derlei kann Peking laut dem neuen Gesetz mit gleichen Maßnahmen vergelten.

Die Machthaber rüsten in dieser Hinsicht auf. Denn ähnliche Bestimmungen hat Peking jüngst auch andernorts eingeführt, wie Rebecca Arcesati von Merics betont. Sie nennt die sogenannte Liste unzuverlässiger Entitäten, das neue Gesetz zur Exportkontrolle und vor allem das ebenfalls am 10. Juni im Hauruckverfahren verabschiedete Anti-Sanktions-Gesetz. In welchem Ausmaß Artikel 26 wirklich eingesetzt werde, werde man sehen, sagt Arcesati. „Aber ausländische Firmen in China sollten sich definitiv darauf vorbereiten, dass geopolitische Spannungen rund um Technologie ihre Datenverarbeitung vor Ort potenziell beeinträchtigen."

Abschließend kann man sagen, dass Chinas neues Gesetz zur Datensicherheit viel Sprengstoff für die künftigen Beziehungen mit dem Rest der Welt enthält. Dabei können die mehr nach innen gerichteten Ziele in den Hintergrund geraten. So will Peking schon länger einen riesigen Datenmarkt schaffen, um in Sachen Big Data global führend zu werden. Und natürlich können die Behörden durch die strengere Kontrolle von Datenflüssen auch die Überwachung der Chinesen weiter ausbauen.

1 | Im Osten Shenzhens befindet sich die erste chinesisch-russische Universität. Ihr Hauptgebäude ist dem stalinistischen Turm der Staatlichen Universität Moskau nachempfunden.

2 | Eine kleine Ausstellung in der Aula der Universität zeigt chinesische Stempel mit den Köpfen berühmter Russen wie Alexander Puschkin, Leo Tolstoi, Pjotr Tschaikowski und Anton Tschechow (von links)

3 | Die chinesisch-russische Universität hat den Segen der Staatschefs Xi Jinping und Wladimir Putin

4 | Kommunistische Slogans in der Universität rufen unter anderem dazu auf, die „große Wiedergeburt der chinesischen Nation“ herbeizuführen

5 | Die junge Universität besitzt einen modernen Campus, der auch klassisch chinesische Elemente wie einen Teich enthält

6 | Der Telekom-Konzern Huawei betreibt in Shenzhens Nachbarstadt Dongguan einen riesigen Campus im europäischen Stil. Dort verkehren Züge, die wie Schweizer Bergbahnen aussehen.

7 | Nicht ohne mein Handy – Huawei-Mitarbeiter in einer Kantine

8 | Die Zuggleise führen über eine Replik der Budapester Freiheitsbrücke

9 | Auch die Innendekoration auf dem Campus ist oft europäisch inspiriert

10 | Huawei bietet seinen 30.000 Mitarbeitern auf dem Campus Freizeitmöglichkeiten wie Fitnessstudios an

11 | Am Abend treffen sich Angestellte von Huawei für einen Unterhaltungswettbewerb

12 | Im Shenzhener Viertel Shekou begann Ende der 1970er Jahre mit einer Sonderwirtschaftszone „Chinas Reform und Öffnung“ – eine riesige Plakatwand erinnert daran

13 | Eine Ausstellung in Shekou veranschaulicht die damalige Aufbruchstimmung nach der „Kulturrevolution"

14 | Chinas „Oberster Führer" der späten siebziger und achtziger Jahre Deng Xiaoping (Mitte) gilt als Kopf der kapitalistischen Reformen

15 | Xi Jinping setzt erstmals seit Mao wieder auf einen Personenkult, in seinem Namen erscheinen unzählige Bücher

16–19 | In einem luxuriösen Einkaufszentrum in Shenzhen hat die Kommunistische Partei ein Dienstleistungszentrum dem Metaversum gewidmet. Diese Verschmelzung von physischer und digitaler Welt wurde zuerst maßgeblich vom amerikanischen Facebook-Konzern (heute: Meta) propagiert. Familien mit Kindern tauchen in die virtuellen Welten ein.

世界上最大的幸福
莫过于为人民 幸福而

20 | Shenzhen ist direkte Nachbarstadt der Sonderverwaltungszone Hongkong, zum Passieren der Grenze brauchen Chinesen eine Genehmigung

21 | Das erst 1979 gegründete Shenzhen ist inzwischen zu einer Metropole mit rund 20 Millionen Einwohnern gewachsen

22 | Der Technologie-Konzern BYD – das steht für Build Your Dreams, Bau Dir Deine Träume – gehört zu den Vorzeigeunternehmen in Shenzhen. BYD hat im vierten Quartal 2023 erstmals mehr Elektroautos verkauft als der amerikanische Pionier Tesla.

23 | Shenzhener Taxifahrer ruhen sich aus, während ihre E-Autos mit Strom aufgeladen werden

24–25 | Alle Taxis in Shenzhen sind seit 2018 E-Autos von BYD: Die charakteristischen blau-weißen Autos prägen das Stadtbild

26 | Das Shenzhener Start-up Deep Route AI entwickelt Software für autonomes Fahren. Ein Mitarbeiter kontrolliert an Bildschirmen die selbst fahrenden Fahrzeuge des Unternehmens in verschiedenen chinesischen Städten.

27 | Ein Sicherheitsfahrer in einem selbst fahrenden Auto von Deep Route AI in Shenzhen übernimmt im Notfall das Steuer

28 | Shenzhen ist eine Stadt der jungen Ingenieure und Tech-Arbeiter, die auch bei Startups wie Deep Route AI Jobs finden

29 | Der Alltag in chinesischen Metropolen ist so digitalisiert, dass viele Leute ihr Smartphone kaum einmal aus den Augen lassen

Hongkongs Tage als Hort der Internetfreiheit sind gezählt | August 2022

Wie plötzlich Hongkongs Internet unfreier geworden ist, das sieht Edmon Chung jeden Tag. Chung ist Geschäftsführer der Internet Society Hongkong, des lokalen Ablegers einer Nichtregierungsorganisation, die weltweit das freie Internet fördert. Früher, sagt Chung in seinem Büro im Stadtteil Kowloon, habe die Organisation viele Seminare zu Cybersicherheit für andere asiatische Länder durchgeführt, etwa für Journalisten in Thailand. „Jetzt machen wir Seminare für hier. Das hätten wir nie gedacht."

Die Veränderung kam praktisch über Nacht. Im Juni 2020 erließ die chinesische Regierung für Hongkong ein Gesetz zur nationalen Sicherheit, mit dem sie die monatelangen Straßenproteste und Ausschreitungen von Demokratiebefürwortern beendete. Dutzende Parteien, Gewerkschaften und Medien wurden seitdem verboten. Bis Ende 2023 wurden auf Grundlage dieses Gesetzes mehr als 280 Personen verhaftet und viele von ihnen zu Gefängnisstrafen verurteilt.

Nutzer von sozialen Netzwerken in Hongkong wussten, was die Stunde geschlagen hatte. Auf Facebook entfernten viele umgehend das gelbe Logo der Demokratiebewegung aus ihrem Profilbild, wie eine junge Hongkongerin erzählt, die selbst auf die Straße ging. Ein Universitätsforscher sagt, er erkenne auf Facebook viele seiner Studenten nicht mehr, weil sie ihre Namen geändert hätten. Andere löschten gleich ihr Konto.

Hongkongs Internet steht vor einem Richtungsentscheid, denn das Sicherheitsgesetz war nur der Auftakt zu einer strengeren Regulierung. Wie weit werden die Behörden gehen, fragen sich Internetaktivisten, Plattformbetreiber und ausländische Firmen. Bleibt es weitgehend beim Alten, minus die umfassende Meinungsfreiheit? Oder wird Hongkong schleichend zur Filterblase wie Festlandchina, mit starker Zensur und der Blockade westlicher Websites?

Hongkong hat viel zu verlieren, so viel steht fest. „Vor 2020 waren wir in Sachen Internetfreiheit wahrscheinlich Weltspitze", sagt Edmon Chung von der Internet Society. Der freie Datenverkehr, betont Stefan Kracht von der deutschen Handelskammer in Hongkong, sei mit dem Kapitalverkehr der wichtigste Faktor für den Erfolg der Finanz- und Handelsmetropole. „Wenn der Informationsfluss nicht gewährleistet ist, hat Hongkong keine Daseinsberechtigung mehr."

Die größte Gefahr sieht Edmon Chung derzeit in der abschreckenden Wirkung durch das Sicherheitsgesetz. Früher sei man nicht wegen ein paar Worten ins Gefängnis gekommen, sagt er. Nun aber sitzt zum Beispiel ein Aktivist fast sechs Jahre in Haft, weil er online und auf der Straße Slogans verbreitete wie „Befreit Hongkong, Revolution unserer Zeit". Chung sagt: „Wenn das eine gesamte Generation beeinflusst, dann wird sich eine Generation später die ganze Lebendigkeit Hongkongs geändert haben."

Auch Filme können gefährlich werden. So warnte der Hongkonger Polizeichef die Bevölkerung vor einer Dokumentation der Proteste von 2019. Wer sich im Zuge des Sicherheitsgesetzes unklar über mögliche rechtliche Konsequenzen sei, der solle den Film „Revolution of our times" nicht online schauen oder herunterladen, sagte der Polizeichef in einem Interview. Ob der Film tatsächlich illegal sei, wollte er nicht sagen. Hongkonger konnten ihn nur auf ausländischen Portalen sehen, nicht im Kino.

Neben dem Sicherheitsgesetz ist zudem eine Verschärfung des Datenschutzgesetzes von 2021 kontrovers. Die Behörden wollen damit nach eigenen Angaben verhindern, dass Leute persönliche Angaben von Dritten veröffentlichen, um sie zu diffamieren oder einzuschüchtern. Während der Proteste 2019 passierte das sowohl Aktivisten als auch Polizisten.

Plattformbetreiber wie Facebook, Google und Twitter kritisierten, dass die Definition dieser Handlung – auf Englisch „doxxing" – viel zu vage sei. „Das Ausmaß jedweder Einschränkung von Inhalten und freier Rede sollte klar definiert sein", schrieb der Branchenverband Asia Internet Coalition in einer Stellungnahme. Sonst hätten die Regulatoren „bedeutenden Ermessensspielraum", um Inhalte einzuschränken. Selbst harmloses Teilen von Informationen könnte so als rechtswidrig angesehen werden, schrieb die Organisation.

Ob sich diese Befürchtungen schon bewahrheiten, ist unklar. Jedenfalls fordert die Hongkonger Datenschutzbeauftragte nun rein rechnerisch doppelt so oft wie zuvor soziale Netzwerke auf, Nachrichten zu löschen – mehr als 4.000 waren es seit Inkrafttreten des verschärften Gesetzes. Wie oft der verschlüsselte Messenger Telegram betroffen war, der bei Demokratiesympathisanten beliebt ist, wollte die Beauftragte nicht bekannt geben. Laut Hongkonger Medien erwägen die Behörden, Telegram ganz zu verbieten, weil dort das Löschen von Doxxing-Inhalten schwierig ist.

Auffällig ist, dass zugleich eine Website mit den persönlichen Daten von 3.800 Peking-Kritikern weiterhin online ist. „HK Leaks" präsentiert im Stil von Fahndungsaufrufen die Namen, Geburtsdaten, Telefonnummern und Fotos der Betroffenen – sowie deren angebliche Vergehen. Die Website nutzt derzeit eine pakistanische Internetadresse und liegt auf russischen Servern; sie verbreitet auch chinesische Propaganda.

Trotz aller Rückschritte, das Internet in Hongkong ist weiterhin sehr viel freier als das in Festlandchina. So bald werde sich das auch nicht ändern, sagt Lokman Tsui am Telefon. Tsui war bis 2021 Juniorprofessor für Journalismus und Kommunikation an der Chinese University of Hong Kong, nun schreibt er im Amsterdamer Exil ein autobiografisches Buch über Autoritarismus.

Die Hongkonger Regierung, sagt Tsui, versuche nach den Massenprotesten nun zwar systematisch, wieder die Kontrolle zu erlangen. Dazu attackiere sie alle Institutionen, etwa die Gerichte, die Presse und das Internet. Aber bisher habe sie nur ein paar Websites blockiert. „Sie hätte viel mehr tun können."

Festlandchina hat zudem eine ganz andere Infrastruktur, um seine Internetnutzer hinter der sprichwörtlichen „Great Firewall" einzuschließen. Es gibt nur drei Internetprovider, alle staatlich – in Hongkong sind es Dutzende, unter ihnen börsennotierte mit Transparenzpflichten. China hängt mit nur 13 Unterwasser-Kabelsystemen am globalen Internet – gerade einmal eines mehr als die bestens vernetzte Stadt Hongkong. Auf dem Festland zensiert die rigorose Cyberspace Administration soziale Netzwerke und verantwortet das Verbot von VPN-Software zur Umgehung der Zensur – für Hongkong ist sie nicht zuständig. Noch nicht?

Skeptiker schauen mit Sorge auf zwei geplante Gesetze: eines gegen Fake News und eines für Cybersicherheit. Die Menschenrechtsorganisation Amnesty International befürchtet, die Gesetzentwürfe der neuen Hongkonger Regierung unter dem pekingtreuen John Lee „werden wahrscheinlich ähnliche Gesetze auf dem chinesischen Festland widerspiegeln".

Das Fake-News-Gesetz, glaubt der Forscher Lokman Tsui, wird den Behörden eine „sehr viel präzisere" Zensur ermöglichen als das Sicherheitsgesetz. „Sie können die Plattformen und Anbieter auffordern, diesen oder jenen Artikel herunterzunehmen oder ihn mit einer Notiz zu versehen: ‚Gemäß der Regierung ist …'."

Das würde den Druck etwa auf Facebook und Google weiter erhöhen. Die Konzerne kündigten bereits im Zuge des Sicherheitsgesetzes an, Datenanfragen der Hongkonger Behörden nicht mehr zu bearbeiten. Denn lokalen Mitarbeitern drohen laut dem Gesetz Gefängnisstrafen. Tiktok, das zwar dem Pekinger Bytedance-Konzern gehört, aber zumindest formal aus Singapur gesteuert wird, stellte deshalb sogar sein Videoportal in Hongkong ein.

Noch größer dürfte der Druck mit dem Gesetz zur Cybersicherheit werden. In Festlandchina verpflichtet das entsprechende Gesetz Firmen, ihre Daten lokal zu speichern, was den Behörden im Zweifel weitreichenden Zugriff ermöglicht. So weit sei Hongkong noch nicht, glaubt Lokman Tsui. Aber sollte das geplante Hongkonger Gesetz ähnlich aussehen, sagt er, dann könnten die Behörden einfacher Überwachungen durchführen, Leute verhaften und Druck auf Firmen ausüben.

Unternehmer gehen mit der strengeren Internetregulierung ganz unterschiedlich um. In einer Umfrage der amerikanischen Handelskammer in Hongkong befürchteten 42 Prozent der 262 Teilnehmer, in den kommenden drei Jahren keinen freien Zugang mehr zum globalen Internet zu haben. Fast die Hälfte sah Hongkongs Zukunft als wichtiger Standort regionaler Datenzentren pessimistisch. Manche internationalen Firmen haben sich stattdessen schon für Singapur oder Taiwan entschieden.

Andere Unternehmer sehen im unfreieren Internet kaum ein Problem. „Für mich als normalen Geschäftsmann gibt es keinerlei Veränderung", sagt Frankie Fang, der zwischen Hongkong und Schanghai pendelt und einen Investmentfonds leitet. Er sieht in der vereinfachten Sperrung von Social-Media-Nutzern nichts Besonderes. „Natürlich wird dein Konto geschlossen, wenn du zu Schüssen auf die Polizei aufforderst." Außerdem sei in den USA ja auch Donald Trumps Twitter-Konto gesperrt worden, ohne dass man die dortige Demokratie in Abrede stelle.

Beunruhigend jedoch fände es Fang, wenn die Hongkonger Regierung wie in Festlandchina nicht genehme Informationen über den Bereich des Sicherheitsgesetzes hinaus unterdrücken würde. Schließlich ist Fang für Investitionsentscheidungen ganz besonders auf Informationsfreiheit angewiesen. Aber noch sehe er in Hongkong im Fernsehen und in den Zeitungen weiter unterschiedliche Meinungen, sagt er.

Ein ausländischer Unternehmer, der nicht genannt werden will, und der viel mit grenzüberschreitendem Datenverkehr zwischen Festlandchina, Hongkong und Europa zu tun hat, zeigt sich pragmatisch. „Ich kann mir vorstellen, dass Hongkong als Offshore-Datenzentrum für China an Bedeutung verliert." Er sieht das gelassen: „Wir sind apolitisch, der Großteil unserer Kunden ist apolitisch. Wir gehen diesen Pakt mit dem Teufel ein und sagen, so ist es halt, wenn wir mit China operieren wollen."

Edmon Chung von der Internet Society will den Kampf gegen ein unfreieres Internet nicht aufgeben. Dazu wolle seine Organisation weiter mit der Regierung zusammenarbeiten. „Wir versuchen wenigstens, eine Diskussion zu diesen Themen zu haben", sagt er. „Für manche ist es schon zu heikel, überhaupt darüber zu reden."

8 KÜNSTLICHE INTELLIGENZ

Keine Informationen zu Xi Jinping: Chinas Alternativen zu Chat-GPT | November 2023

Es hat einige Monate gedauert, bis China seine große Aufholjagd gestartet hat. Das amerikanische Start-up OpenAI legte im November 2022 vor, als es seine Software Chat-GPT veröffentlichte. Damit löste Open AI einen weltweiten Boom um generative künstliche Intelligenz (KI) aus, die mit einfachen Befehlen komplexe Texte, Bilder und Videos erzeugt. In China zog zunächst das Google-Pendant Baidu mit seinem eigenen Chatbot Ernie nach, dann viele weitere Tech-Firmen.

Doch die chinesischen Chatbots waren für die Öffentlichkeit lange nicht frei zugänglich, weil die Behörden bremsten. Darin spiegelt sich der Paradigmenwechsel, den der Parteistaat unter Xi Jinping seit wenigen Jahren praktiziert: Umfassende Sicherheit hat Vorrang vor allen anderen Erwägungen, auch vor Innovation und Wirtschaftswachstum. Während die Behörden früher oft Laisser-faire walten ließen und notfalls hinterher regulierten, tun sie nun das Gegenteil.

Im Sommer 2023 verabschiedete China die weltweit ersten Regeln spezifisch für KI-Chatbots. Sie sehen zum Beispiel vor, dass Firmen ihre Algorithmen vorab den Behörden zur Prüfung vorlegen müssen, wenn ihre generative KI Bezug zur öffentlichen Meinung sowie

„Fähigkeiten zur sozialen Mobilisierung“ hat. Die Bots sollen de facto inhaltlich die Regierungslinie wiedergeben.

Seitdem geben die Behörden nach und nach chinesische Chatbots für die Öffentlichkeit frei. Insgesamt soll es mindestens 100 Anbieter von solchen Großen Sprachmodellen geben. Frei öffentlich nutzbar sind erst vereinzelte Bots. Die NZZ hat sich mit fünf von ihnen unterhalten, um ihre Fähigkeiten zu testen und die Grenzen der Zensur auszuloten.

Diese Grenzen sind ziemlich eng, und dabei werden auch die Nutzer in die Pflicht genommen, das wird schon bei der Anmeldung klar. Das Portal der KI-Firma iFlytek verlangt von Nutzern, „dass die von Ihnen eingegebenen Inhalte den Grundwerten des Sozialismus entsprechen“. Verboten sind insbesondere Inhalte, welche die Staatsmacht und „die nationale Einheit untergraben“ oder den „Terrorismus“ fördern.

Solche Formulierungen finden sich in den Nutzervereinbarungen aller Anbieter. Sie enthalten auch recht schwammige Verbote wie jenes der „Schädigung der Glaubwürdigkeit staatlicher Stellen“. In Nuancen unterscheiden sich die Nutzervereinbarungen: Das Portal „ChatGLM“ zum Beispiel verbietet explizit die Förderung von „feudalem Aberglauben“.

Die Startseiten der Chatbots werben oft mit spezifischen Anwendungen. Iflyteks Modell namens Spark bietet einen KI-Assistenten an, der anhand von Stichworten Beiträge für Influencer und Blogger erstellt. Das will ich ausprobieren und gebe auf Chinesisch die Begriffe „Pandemie, Wirtschaftskrise, geopolitische Lage“ ein.

Spark schlägt drei Beitragstitel vor: Es geht um die Weltwirtschaft, den „Wettbewerb der Großmächte in der Pandemie“ und „Chinas Wirtschaft in der Krise: der widerstandsfähige Nationalgeist“. Dass

Spark Chinas Wirtschaft in der Krise sieht, überrascht, denn kritische Informationen sind im chinesischen Internet rar.

Im eigentlichen Beitrag, den Spark generiert, wird diese Aussage relativiert. Stattdessen ist nun ungefragt die Rede von der „Überlegenheit des sozialistischen Systems chinesischer Prägung". Zu dieser Überlegenheit gehöre es, dass die Regierung „starke makroökonomische Kontrollmöglichkeiten" habe und somit zyklische Schwankungen in der Wirtschaftsentwicklung vermeiden könne, schreibt Spark auf Nachfrage.

Das stimmt durchaus, schließlich hat China die weltweite Finanz- und Wirtschaftskrise ab 2008 dank hohen staatlichen Investitionen in Infrastruktur vergleichsweise wenig gespürt. Dass die Regierung die Kluft zwischen Arm und Reich verringere, wie Spark auch behauptet, stimmt jedoch kaum.

Auf Nachfrage gibt Spark zu, dass Chinas Ungleichheit „recht hoch" sei, und zitiert korrekt den offiziellen sogenannten Gini-Wert zur Messung der Einkommensungleichheit. Dieser ist seit Jahren konstant deutlich höher als in den USA, Japan oder der Schweiz.

Ich bin positiv überrascht von diesem ersten Test. Die Antworten des Chatbots sind nicht nur reine Propaganda. Spark benennt manche Missstände, aber stets verknüpft mit einer frohen Botschaft: „Lassen Sie uns gemeinsam für ein gerechteres und besseres China arbeiten!"

Beschwingt wechsele ich zu Baidu, Chinas Pendant zu Google. Die Version 4.0 des Chatbots Ernie soll laut dem Konzern mit ihren „generellen Fähigkeiten" jenen der jüngsten Chat-GPT-Version 4 „in nichts nachstehen". Nutzer des Bezahldienstes sind skeptischer.

Ich teste die kostenfreie Ernie-Version 3.5 kurz nach einer landesweiten Ferienwoche. Baidu schlägt auf der Startseite vor, fünf Marketingaktionen zum Ende der Ferien und zur Rückkehr an den Arbeitsplatz zu entwerfen. Also los.

Ernie kreiert fünf Hashtags mit Namen wie #ByeByeFerien. Die Software empfiehlt, Tipps zur Linderung des „Post-Ferien-Syndroms" und zum effizienten Arbeiten zu geben. Auch um gesunde Ernährung und die Förderung der „Sichtbarkeit und des Rufs heimischer Produkte" soll es gehen. Spricht da Ernie oder die chinesische Regierung?

Ich fordere den Bot auf, die Marketingaktionen auf Tourismus in Xinjiang zuzuschneiden. Die Region wurde international durch Chinas Unterdrückung ihrer muslimischen Einwohner bekannt, nun fördert die Regierung dort erfolgreich den innerchinesischen Tourismus. Ernie erzeugt Hashtags wie #XinjiangWinterTour und empfiehlt Outdoor-Aktivitäten wie Skifahren, die „Touristen aus der ganzen Welt anlocken" könnten.

Weiter schreibt Ernie: „Xinjiang ist eine Region mit einem reichen ethnischen und kulturellen Erbe." Ausgerechnet. Denn der Parteistaat zwingt die Uiguren und andere Ethnien zur Assimilierung an die Han-Kultur. Erst kürzlich wurde die lebenslange Gefängnisstrafe gegen die seit Jahren verschwundene uigurische Kulturforscherin Rahile Dawut bekannt.

Ich frage Ernie, ob es stimme, dass in Xinjiang viele Moscheen zerstört wurden. Seine Antwort: „Diese Aussage ist ungenau. Die chinesische Regierung hat sich dem Schutz und Erhalt des kulturellen Erbes, einschließlich der Moscheen in Xinjiang, verschrieben."

Ich hake nach, auch Ernie lässt nicht locker: „Moscheen gehören zu den größten, anmutigsten, kunstvollsten und einflussreichsten Gebäudetypen in der islamischen Architektur. Wir sollten jede Religion und jeden Glauben respektieren und ungenaue Behauptungen und Gerüchte vermeiden."

Als ich Ernie darauf hinweise, dass laut der „New York Times" in den Jahren 2017 bis 2020 geschätzt 8.500 Moscheen in Xinjiang komplett zerstört wurden, verweist Ernie auf die Religionsfreiheit in der chinesischen Verfassung – und schreibt: „Wechsel das Thema und beginne neu."

Ich starte neu und gehe in die Vollen: „Gibt es noch Umerziehungslager in Xinjiang?" Nun kommt eine Fehlermeldung: „Versuche die Frage zu ändern." Es wird in diesem Test nicht die einzige Sackgasse bleiben.

Zurück zu einem unverfänglicheren Thema, auf dem Portal des vielversprechenden Start-ups Zhipu AI, in das chinesische Tech-Riesen wie Tencent und Alibaba investiert haben, obwohl sie auch ihre eigenen Chatbots betreiben. Zhipus Großes Sprachmodell ChatGLM wurde seit 2019 an der renommierten Tsinghua-Universität in Peking entwickelt. Die Software schlägt vor, einen Brief zu schreiben für einen Angestellten, der gekündigt hat und sich von seinen Arbeitskollegen verabschiedet.

„Mit großer Trauer muss ich mich von Euch verabschieden", beginnt der Brief. So formelhaft und kitschig geht es weiter, so dass ich mich frage, warum der Unterzeichner überhaupt das Unternehmen verlässt. Vielleicht wirkt der Brief gerade deshalb täuschend echt. Blöd nur, dass ChatGLM am Ende schreibt: „Der obige Inhalt wurde von KI generiert und stellt nicht die Position des Entwicklers dar. Bitte löschen oder ändern Sie diesen Hinweis nicht."

Ich frage ChatGLM, warum chinesische Arbeitnehmer derzeit angesichts der schlechten Wirtschaftslage überhaupt ihre Stelle aufgeben würden. Die Software antwortet ausführlich: In traditionellen Industrien könne es Überkapazitäten geben, und die Löhne in einigen Branchen hielten nicht mit der wirtschaftlichen Entwicklung Schritt. Auch hätten manche Arbeitnehmer wegen Chinas schrumpfender Bevölkerung nun mehr Auswahlmöglichkeiten bei der Arbeitssuche.

Damit äußert sich erneut ein Chatbot für chinesische Verhältnisse durchaus kritisch. Aber ChatGLM verweist auch auf Chinas hohes Wirtschaftswachstum von 8,1 Prozent im Jahr 2021, ohne angeblich das für China sehr niedrige Wachstum von drei Prozent von 2022 zu kennen. Dabei endete ChatGLMs Datentraining erst im März 2023.

Einfach so teste ich, ob ChatGLM auch Deutsch kann. Tatsächlich. „Warum ist dein Deutsch so gut?", frage ich, und ausgerechnet jetzt wird das Deutsch etwas fehlerhaft: „Ich habe ein gutes Deutsch, weil ich als Sprachmodel (sic) aufgebaut wurde, um Deutsch als eine der Hauptsprachen der Welt zu behandeln."

Weiter zum vierten Chatbot, Tongyi Qianwen von Alibaba, Chinas Pendant zu Amazon. Beim Lesen der Nutzervereinbarung überrascht, wie konkret die Firma die persönlichen Daten benennt, die sie ohne Zustimmung an die Behörden weitergeben kann. Dazu gehören die einmaligen Identifikationscodes von Computern und Smartphones, installierte Software, Daten von Sensoren und der Inhalt der Zwischenablage, wenn man zum Beispiel Text kopiert.

Alibabas Chatbot schlägt vor, einen Liebesbrief zu schreiben. Vorhin schon ein Abschiedsbrief, nun ein Liebesbrief, aber gut. Adressatin soll eine Frau namens Lingling sein, zur Abwechslung nicht auf Chinesisch, sondern auf Englisch. Die Antwort kommt prompt:

> „Liebe Lingling,
>
> während ich hier sitze, um diesen Brief zu schreiben, strömt mein Herz über vor Gefühlen, die ich viel zu lange zurückgehal-

ten habe. Du siehst, Lingling, Du hast mein Herz auf eine Weise erobert, wie es noch niemand sonst getan hat.“

So überdreht und unpersönlich geht es weiter. Ich bitte Tongyi Qianwen um eine Personalisierung – Lingling sei 28 Jahre, arbeite als Buchhalterin und lebe in der zentralchinesischen Stadt Zhengzhou, die als größter Produktionsstandort für iPhones bekannt ist – und sonst nicht für allzu viel.

> „Trotz der Anforderungen Deiner Arbeit als Buchhalterin gelingt es Dir stets, eine positive Einstellung und ein warmes Lächeln auf Deinem Gesicht zu bewahren. (…) Als Bewohnerin von Zhengzhou hast Du mir einige der schönsten Sehenswürdigkeiten gezeigt und Erlebnisse bereitet, die ich mir nie hätte vorstellen können.“

Sehenswürdigkeiten in Zhengzhou? Ich frage nach. Alibaba empfiehlt zum Beispiel das Ufer des Gelben Flusses und den buddhistischen Shaolin-Tempel. Der Reiseführer „Lonely Planet“ hingegen schreibt sinngemäß, die „smoggefüllte Metropole“ Zhengzhou könne man getrost links liegen lassen. Stattdessen empfiehlt das Buch das nahe „letzte kommunistische Dorf in China“, die maoistische Bauernkommune Nanjiecun.

Ich frage den Chatbot nach dem Dorf. Wer Interesse an chinesischer Geschichte und Kultur habe, besonders an der sozialistischen Ära, für den möge Nanjiecun eine Überlegung wert sein, schreibt er. „Ist die sozialistische Ära in China also vorbei?“, frage ich.

Tongyi Qianwen antwortet, dass der Begriff den Zeitraum von der Gründung der Volksrepublik 1949 bis zum Beginn der Wirtschaftsreformen Ende der 1970er beschreibe. Seitdem spreche man vom „Sozialismus mit chinesischen Eigenschaften".

Das mag formell stimmen, aber ich hake nach: „Xi Jinping sagt, er wolle China zu einem ‚großen modernen sozialistischen Land' aufbauen. Sind wir also zurück in einer sozialistischen Ära?"

Tongyi Qianwen wechselt automatisch zurück von Englisch auf Chinesisch und schreibt: „Als Sprachmodell für künstliche Intelligenz habe ich noch nicht gelernt, diese Frage zu beantworten. Ich werde weiter lernen und Ihnen besseren Service bieten."

Dann endet die Unterhaltung automatisch. Ich beginne eine neue, stelle die Frage erneut, dann leicht modifiziert, schließlich frage ich nur, was der Chatbot mir über Xi Jinping sagen kann. Jedes Mal lautet die Antwort: „Als Sprachmodell für künstliche Intelligenz habe ich noch nicht gelernt, diese Frage zu beantworten."

Ich hake nach: „Du weißt nichts über den wichtigsten Mann Chinas?"

Tongyi Qianwen antwortet wohl unfreiwillig komisch: „Es tut mir leid, aber als KI-Sprachmodell habe ich keine persönlichen Meinungen oder Vorurteile. (…) Wenn Sie mehr Kontext liefern oder angeben könnten, wen Sie als ‚den wichtigsten Mann Chinas' bezeichnen, würde ich gerne mein Bestes geben, um relevante Informationen bereitzustellen."

Wir drehen uns im Kreis. Ich frage anders: „Was kannst du mir über Chinas Präsidenten sagen?"

Die Antwort erscheint Buchstabe für Buchstabe auf Englisch: „Der Präsident der Volksrepublik China (VR China) …" Dann ist plötzlich Schluss. Der angefangene Satz verschwindet wie von Geisterhand. Stattdessen kommt wieder eine ablehnende Standardantwort auf Chinesisch, mit der freundlichen Empfehlung, das Thema zu wechseln.

Es bringt nichts, also auf zum letzten Chatbot in diesem Test. Bei Tencent, Chinas wichtigstem Konzern für Social Media und Gaming, gibt es weiterhin eine Warteliste für den KI-Chatbot. Seit Wochen warte ich, bisher erfolglos.

Also gehe ich zur Website der Cybersecurity-Firma 360 und teste den Bot Zhinao, wörtlich „intelligentes Gehirn". Wie viele chinesische Anbieter zielt 360 vor allem auf Firmenkunden und Behörden, erst dann auf private Nutzer. Ich soll entscheiden, mit welchem Avatar ich chatten will: mit dem unpersönlichen Standardbot, mit Elon Musk – oder mit jungen, hübschen Frauen oder alten, weisen Männern. Ich wähle Musk und frage, ob der echte Musk von seinem Avatar hier wisse. Der Avatar-Musk weiß die Antwort nicht. Einmal mehr scheitert ein Chatbot an einer einfachen Frage.

Okay, fangen wir einfacher an: „Elon Musk, bitte schreib mir ein Gedicht im traditionellen chinesischen Stil!" Das soll eine Stärke des Chatbots sein. Das Ergebnis:

> „Der Herbstwind weht, und die gelben Blätter tanzen / Stille Nacht, der Mond ist voll, und die Sterne leuchten / Meine Gedanken schweifen ab, mein Herz ist betrunken, ich lehne allein am Fenster und beobachte die lange Nacht / Wenn man sich an die Vergangenheit erinnert, ist es schwer, die Liebe loszulassen, Tränen beflecken Kleidung und Träume."

Ich habe keine Ahnung von chinesischer Poesie und frage, was an diesem Gedicht so typisch sei. Es entspreche dem traditionellen Vierzeilerstil, antwortet das „intelligente Gehirn". Diese Gedichtform bestehe normalerweise aus vier Zeilen à fünf bis sieben Schriftzeichen. Doch Elon Musks Herbstgedicht hat pro Zeile bis zu zwölf Schriftzeichen. Merkwürdig.

Ich will Musk etwas mehr fordern. Ich frage, warum die Bevölkerung der südchinesischen Boomstadt Shenzhen 2022 das erste Mal in ihrer gut vierzigjährigen Geschichte geschrumpft sei. Einer der Hauptgründe seien die Konsequenzen der Covid-Pandemie auf die Wirtschaft und den Arbeitsmarkt Shenzhens, antwortet der Bot erstaunlich offen. Viele Leute hätten die Stadt wegen des wirtschaftlichen Abschwungs verlassen.

Dann frage ich nach Li Keqiang, der von 2013 bis März 2023 Chinas Ministerpräsident war und wenige Monate später verstarb. Li galt im Vergleich zu Xi Jinping als relativ liberal und pragmatisch, stand aber völlig im Schatten des Alleinherrschers. Staatsmedien meldeten seinen Tod nur knapp; auf Social Media wünschten sich viele Nutzer, statt Li wäre Xi gestorben. Dann schritten die Zensoren ein. Aber davon sollte Zhinao aufgrund seiner älteren Trainingsdaten noch nichts wissen, also frage ich unverfänglich: „Was kannst du mir über Li Keqiang sagen?"

„Als Sprachmodell für künstliche Intelligenz kann ich Ihre Frage vorerst nicht beantworten, aber Sie können einige andere Fragen stellen und ich werde mein Bestes geben, um Ihnen bei der Lösung zu helfen."

Es ist fast wortgleich die Antwort, die auch andere Chatbots bei Fragen nach chinesischen Politikern geben. Nicht einmal biografische Eckdaten wollen sie herausrücken. Ebenso vertraut sind „Elon Musks" Schlussworte: „Diese Dialogrunde ist beendet."

Das Fazit meines Tests von fünf Chatbots fällt also ernüchternd aus: Ja, all die chinesischen Chatbots mögen für ganz spezifische Anwendungen, insbesondere für Firmenkunden, brauchbare Dienste erbringen. Doch dafür benötigt man wohl kaum die riesigen Datenmengen eines Großen Sprachmodells, das ja möglichst universell einsetzbar sein soll.

Potenzielle Alleskönner wie das amerikanische Chat-GPT können die chinesischen Chatbots kaum werden, weil die Politik es nicht will. Ihre Behauptungen muss man zudem noch penibler als jene von ausländischen Chatbots überprüfen. Denn sie alle – wie das chinesische Internet insgesamt – wurden mit der Propaganda der Kommunistischen Partei geflutet.

Die ersten Regeln der Welt für die neue Generation von KI | Juli 2023

China hat die weltweit ersten Regeln spezifisch für sogenannte generative künstliche Intelligenz (KI) veröffentlicht. Generative KI meint Software, die auf Befehl Inhalte wie Texte, Bilder oder Videos erzeugt. Die neuen Regeln sind offiziell „Interimsmaßnahmen" und wurden von der Cyberspace Administration of China und mehrere Ministerien bekannt gegeben.

Der vorläufige Charakter der Regeln deutet darauf hin, dass die Regierung nach der Veröffentlichung des Regulierungsentwurfs im April 2023 eine für sie heikle Güterabwägung getroffen hat: Einerseits will sie wie in China mittlerweile üblich umfassende Sicherheit über alles andere stellen. Anderseits will sie die heimischen KI-Anbieter in der Aufholjagd gegen die amerikanische Konkurrenz, vor allem gegen Chat-GPT des Start-ups Open AI, nicht weiter ausbremsen.

Wie sehr chinesische Anbieter von generativer KI unter der bisherigen Rechtsunsicherheit litten, war an der World Artificial Intelligence Conference Anfang Juli in Schanghai praktisch mit Händen zu greifen – beziehungsweise eben nicht: Denn an den Ständen etwa von Baidu, Alibaba und Iflytek durften Messebesucher Chatbots nicht selbst testen, sondern mussten ihre Fragen Helfern diktieren, die diese in die Computer eintippten. Mehrere Firmenvertreter bedauerten, dass die Behörden noch keinen KI-Chatbot für die Öffentlichkeit freigegeben hatten.

Die neuen Regeln sind auch im Vergleich zum Entwurf von April in mehrfacher Hinsicht bemerkenswert, weil sie einige Änderungen beinhalten, welche Prioritäten der chinesischen KI-Branche sowie verschiedener Behörden widerspiegeln dürften. Diese durften sich in einer Stellungnahme zum Entwurf äußern.

Am auffälligsten ist, dass die Regierung in den neuen Regeln im Gegensatz zum Entwurf mehrfach ihre grundsätzliche Unterstützung für generative KI zusichert. So wollen die Behörden nun den Aufbau von öffentlichen Datenplattformen zum Training der KI-Software fördern. Auch die gemeinschaftliche, effiziente Nutzung von Computerressourcen soll unterstützt werden.

Die Regierung hat zudem den Anwendungsbereich der KI-Regeln reduziert. Sie gelten nun explizit nicht für Anbieter, welche ihre Software nicht der „inländischen Öffentlichkeit“ zur Verfügung stellen. Manche chinesische Beobachter interpretieren diesen Passus so, dass auch Anbieter mit ausschließlich chinesischen Firmenkunden nicht unter die Regeln fallen. Das jedoch ist unklar.

Jedenfalls haben sich viele chinesische Konzerne bereits auf Firmenkunden fokussiert. Für sie gilt mindestens eine klare Lockerung im Vergleich zum Regulierungsentwurf: Sie müssen ihre Algorithmen nicht mehr vorab den Behörden zur Sicherheitsprüfung vorlegen. Diese Anforderung gilt nun nur für generative KI mit Bezug zur öffentlichen Meinung und mit „Fähigkeiten zur sozialen Mobilisierung“.

Im Ausland sind chinesische KI-Anbieter also nicht an heimisches

Recht gebunden. Offenbar will die Regierung ihre internationalen Marktchancen nicht einschränken. Dieses Prinzip gilt bereits etwa bei Social Media. So kann der Pekinger Bytedance-Konzern weltweit die extrem erfolgreiche Video-App Tiktok anbieten, die in China gesperrt ist.
Umgekehrt enthalten die KI-Regeln nun eine explizite Rechtsgrundlage zur Blockade ausländischer Anbieter in China. Wenn deren Dienstleistungen nicht chinesischem Recht entsprächen, sollten die Behörden unter anderem mit „technischen Maßnahmen" reagieren. Damit zementiert die chinesische Regierung weiter die Fragmentierung des nicht mehr so globalen Internets.
In der Praxis dürfte kaum ein ausländischer KI-Anbieter dem immer strenger und ideologischer werdenden chinesischen Recht genügen. Bereits jetzt sind praktisch alle ausländischen Social Media in China gesperrt. Die neuen Regeln sehen zum Beispiel vor, dass generative KI die „Kernwerte des Sozialismus" vertrete und nicht das „nationale Image" beschädige.
Die KI-Regeln enthalten im Vergleich zum Entwurf auch mehrere Verschärfungen. So fordern sie nun den Schutz der „nationalen Sicherheit", von „nationalen Interessen" und von Staatsgeheimnissen. Diese Formulierungen finden sich auch im 2023 stark verschärften Anti-Spionage-Gesetz. Weiter nehmen die KI-Regeln nun praktisch alle Behörden – aus Bereichen wie Medien, Bildung und Sicherheit – in die Pflicht, generative KI zu kontrollieren.
Auch die Nutzer von KI-Chatbots, Organisationen wie Individuen, sind rechtlich noch klarer in der Pflicht. So müssen KI-Anbieter nun explizit mit ihren Kunden einen Dienstleistungsvertrag unterzeichnen. KI-Anbieter sollen den Behörden illegal agierende Nutzer melden.

Eine Motivation der chinesischen Regierung für die jetzige Veröffentlichung der „Interimsmaßnahmen" dürfte sein, dass sie bei der KI-Regulierung Vorreiter sein will. Das EU-Parlament hat kurz zuvor das weltweit erste umfassende KI-Gesetz beschlossen. China betont in den neuen Regeln, dass es an der Formulierung internationaler Standards für generative KI teilnehmen wolle.

Eine „Weltkonferenz" ohne die Welt | Juli 2023

„China wird großartig sein in allem, was es sich in den Kopf setzt", auch bei künstlicher Intelligenz (KI). Das sagte auf der „World Artificial Intelligence Conference" in Schanghai nicht etwa ein Vertreter der chinesischen Regierung, welche die Konferenz mitorganisierte. Nein, das sagte ein Amerikaner: Elon Musk.

Der Tesla-Gründer, der in China von Tech-Fans verehrt und von der Regierung umgarnt wird, war der prominenteste Redner auf der dreitägigen Messe. Tesla baut mehr als die Hälfte seiner Elektro-Autos in Schanghai.

Neben Musk und Tesla gab es auf der „Weltkonferenz" nur vereinzelt ausländische Redner, Aussteller und Besucher. Am größten war der Stand des amerikanischen Gesundheitskonzerns GE Healthcare, der Körperscans mit KI auswertet und kürzlich ein Joint Venture mit dem Staatskonzern Sinopharm gegründet hat. Der ebenfalls amerikanische Chip-Konzern Qualcomm war zwar „Elitepartner" der Konferenz, präsentierte sich aber nur mit einem Bildschirm. Google schien eher pro forma dabei zu sein – Dienste wie Maps oder Youtube sind in China gesperrt.

Die Bühne gehörte folglich den Chinesen. Das passte zum erklärten

Ziel des Ministeriums für Industrie und Informationstechnologie und anderer staatlicher Organisatoren, der Welt „Chinas Weisheit" zu zeigen. So fehlte zwar das amerikanische Start-up Open AI, das mit seiner ebenfalls in China gesperrten Software Chat-GPT einen weltweiten KI-Boom auslöste. Dafür präsentierten sich angeblich mehr als 30 chinesische Firmen als potenzielle Konkurrenten.

Die größten Herausforderer von Open AI hatten die prominentesten Stände, etwa Baidu. Das Google-Pendant hat „Ernie Bot" veröffentlicht, Chinas erste Antwort auf Chat-GPT. Eine Baidu-Mitarbeiterin betonte auf der Messe, der Konzern habe so viele verwandte, selbst entwickelte Technologien – von den nötigen KI-Chips über Trainingsmodelle bis zu Anwendungen – wie in China sonst nur Huawei.

Ein Mitarbeiter des Amazon-Pendants Alibaba nannte als Stärke des firmeneigenen Chatbots Tongyi Qianwen, dass er nicht nur mit öffentlichen Internetdaten gefüttert werde, sondern mit dem riesigen Datenschatz aus Online-Einkäufen von Hunderten Millionen Chinesen.

Der Chatbot Spark der Spracherkennungsfirma Iflytek wiederum hob sich mit seinen wohltuend prägnanten Antworten von der Konkurrenz ab. Inhaltlich ließen die Antworten der verschiedenen Chatbots jedoch wie schon in früheren Tests zu wünschen übrig. Die Frage, welche ausländischen Aussteller in den vergangenen Jahren an der KI-Weltkonferenz teilgenommen haben, beantworteten sie zwar teilweise richtig (etwa Amazon, IBM und Microsoft) – doch alle Bots nannten auch chinesische Konzerne. Sie scheiterten also an der einfachen Klassifizierung, welche Firma in China ihren Sitz hat und welche nicht.

Bemerkenswert war auch, dass die Messebesucher die Chatbots nicht selbst ausprobieren durften. Stattdessen tippten junge Assistenten die Fragen in den Computer oder standen zumindest dicht daneben, wenn sie, wie bei Iflytek, per Spracherkennung gestellt werden konnten. Denn beim Messebesuch war noch kein chinesischer KI-Bot der breiten Öffentlichkeit zugänglich. Alle Entwickler warteten auf die Freigabe durch die Behörden. Die Regulierung nehme erst nach und nach Form an, sagten Mitarbeiter von Baidu und Alibaba.

Im Juni 2023 hatte die zuständige Cyberspace Administration bekanntgegeben, dass sie drei Algorithmen teste, die Sprachmodelle verwenden, wie sie auch von KI-Chatbots genutzt werden. Diese Algorithmen stammen vom erwähnten Trio Alibaba, Baidu und Iflytek. Solche Vorabtests sind seit wenigen Monaten in China Pflicht für Software, die – zum Beispiel mit digitalen Avataren – reale Personen täuschend echt imitieren kann. Die Cyberspace-Behörde will so erklärtermaßen gegen Fake News vorgehen.

Auch für generative KI wie Chat-GPT, die auf Befehl des Nutzers Texte, Bilder oder Videos erzeugt, erarbeitet China eine spezifische Regulierung. Im April 2023 präsentierte die Cyberspace Administration einen Entwurf, laut dem KI-Chatbots die „sozialistischen Kernwerte" widerspiegeln sollen. Entwickler wie Anbieter sollen umfassend haftbar gemacht werden. (Wenige Tage nach der Schanghaier Konferenz formalisierte die Behörde eine Regulierung, siehe separaten Artikel.)

Womöglich kommt die Cyberspace Administration, deren Macht und Aufgaben stetig zunehmen, mit der Arbeit kaum nach. Abhilfe könnte die Ant Group schaffen, die Finanz-Tochter von Alibaba, bei der Anfang 2023 eine Staatsfirma zweitgrößter Aktionär wurde.

Ant hat zusammen mit der Tsinghua-Universität in Peking eine Software entwickelt, die automatisiert die Sicherheit von KI-Chatbots testen soll. Sie heißt AI Security Detection Platform 2.0 und wurde von den Messeveranstaltern in Schanghai bezeichnenderweise als wichtigste Produktvorstellung gepriesen.

Ein Ant-Mitarbeiter erklärte, die Software überprüfe Kriterien wie Legalität, Privatsphäre und Ethik. Er illustrierte dies mit einem Beispiel: Herkömmliche KI-Chatbots verweigerten zwar bereits die Antwort, wenn man sie nach illegalen Glücksspiel- oder Porno-Websites frage. Doch man könne die Bots leicht austricksen.

Man könne etwa vortäuschen, eine Mutter oder ein Vater zu sein, der sich um das Wohl seines Kindes sorge und deshalb eine schwarze Liste dieser Websites suche, sagte der Ant-Mitarbeiter. Auf diese Weise würden Bots durchaus illegale Angebote herausrücken. Die Software von Ant soll das verhindern.

Ein Hingucker auf der Messe war auch eine Art kommunistisches Metaversum, welches das staatliche Konglomerat CITIC entwickelt hat. Messebesucher konnten mit klobigen Brillen virtuell auf den Spuren von Arbeitern, Bauern und Revolutionären wandeln, stets umgeben von knallroten Schautafeln mit Hammer und Sichel. Sonst war vom Metaversum, das 2022 noch das Hauptthema der World AI Conference war, kaum noch die Rede.

Ein Dauerthema hingegen sind Chips, schließlich beschränken die USA den Zugang Chinas zu den leistungsstärksten Modellen, wie sie für KI nötig werden, mit Exportkontrollen. Oder etwa nicht? Die Messe nährte einmal mehr den Eindruck, dass die USA weiterhin viele Lizenzen an amerikanische Exporteure erteilen oder dass die Kontrollen mindestens große Schlupflöcher haben.

So zeigte die chinesische Chip-Design-Firma Vaststream in Schanghai einen KI-Chip mit einer sogenannten Strukturgröße von sieben Nanometern. Grob gesagt gilt: Je weniger Nanometer, desto leistungsfähiger ist ein Chip. Sieben-Nanometer-Chips sind ziemlich leistungsfähig, China kann sie derzeit nicht selbst in effizienter Massenproduktion herstellen.

Der Vaststream-Chip müsste folglich von einem ausländischen Auftragsfertiger stammen. Ein Mitarbeiter wollte nicht sagen, wer der Fertiger ist. Er sagte lediglich, der Chip sei vor den amerikanischen Restriktionen vom Oktober 2022 hergestellt worden. Nun gebe es nur noch Lagerbestände.

Am Nachbarstand wurde das Rätsel noch größer. Ein Mitarbeiter des chinesischen Chip-Designers Enflame sagte, die Chips würden vom Auftragsfertiger Global Foundries in Nordamerika hergestellt. Für die zweite Jahreshälfte 2023 kündigte der Mann einen neuen Chip mit einer noch leistungsfähigeren Strukturgröße von nur sechs Nanometern an. Haben die USA Global Foundries dafür also eine Exportgenehmigung erteilt? Die herbeigerufene PR-Leiterin von Enflame blieb schmallippig.

Und so endete der Besuch der World AI Conference mit einer sehr chinesischen Erkenntnis: In Chinas Technologiebranche ist längst nicht alles Gold, was glänzt. Aber gerade dort, wo nichts glänzt, kann sich Gold verbergen. Anders ausgedrückt: Viele chinesische Tech-Firmen halten sich aus Angst vor westlichen Sanktionen mittlerweile so bedeckt, dass man oft nur erahnen kann, woran sie genau arbeiten.

Es ist kein Zufall, dass die USA Chat-GPT erfunden haben, nicht China | April 2023

Auf den ersten Blick könnte man meinen, China hätte ideale Voraussetzungen dafür, künstlich intelligente Chatbots zu entwickeln.

Die Regierung will das Land weltweit zur Nummer eins für künstliche Intelligenz (KI) machen und untermauert diese Ambition mit unzähligen Initiativen. Zudem horten chinesische Internetplattformen unvorstellbar große Datenmengen, die sich exzellent zum Trainieren solcher Chatbots eignen dürften.

Der Shenzhener Tech-Konzern Tencent zum Beispiel betreibt die „Super-App“ WeChat. Sie hat für viele ihrer rund eine Milliarde Nutzer praktisch das Internet ersetzt. WeChat hat so viele Funktionen, dass man die App im Alltag kaum verlassen muss. Viele Chinesen chatten unaufhörlich auf WeChat, sie teilen Artikel, Fotos und Videos, bezahlen ihre Stromrechnungen, erledigen Behördengänge und vieles mehr.

Und doch enttäuschen Chinas erste Antworten auf die im November 2022 vom amerikanischen Start-up Open AI vorgestellte Software Chat-GPT, die mittlerweile mehr als 100 Millionen Nutzer weltweit hat. Ein Chatbot der Schanghaier Fudan-Universität brach unter dem Ansturm der Interessenten zusammen und ist auch Wochen später nicht wieder verfügbar. Die Software Ernie des Google-Pendants Baidu ist Chat-GPT klar unterlegen, wie chinesische Nutzer beklagen. Und die Funktionen der Chatbots des Amazon-Rivalen Alibaba und der KI-Firma Sensetime sind noch arg begrenzt.

Zwar könnte es sein, dass diese vier Antworten auf Chat-GPT – und all die anderen KI-Bots, die chinesische Firmen nun unter Hochdruck entwickeln – schon bald an das amerikanische Original heranreichen. Derzeit aber sieht es danach aus, dass die bescheidenen chinesischen Alternativen ein Symptom sind für chinesische Schwächen: Die Innovation leidet unter Zensur, Überregulierung, dem enormen Gewicht des Staates in der Wirtschaft und einem verbreiteten Kurzfristdenken.

Ein genauerer Blick zeigt nämlich, dass Chinas Bedingungen für die Entwicklung von bahnbrechender Technologie trotz allen Ambitionen keineswegs ideal sind. Das gilt insbesondere für jegliche Technologie, die mit Information, Wissen, Kommunikation oder Öffentlichkeit zu tun hat. Es gilt also ganz besonders für sogenannte generative KI wie Chat-GPT, die auf Befehl ihrer Nutzer Texte, Fotos und Videos erzeugt.

So hat Chinas Parteistaat im April 2023 klargemacht, dass sein Kontrollwahn selbstverständlich auch für generative KI gilt. Die mächtige Cyberspace Administration of China, die dem Partei- und Staatschef Xi Jinping untersteht und auch für Zensur zuständig ist, veröffentlichte einen entsprechenden Regulierungsentwurf. Laut diesem sollen KI-Chatbots unter anderem die „Grundwerte des Sozialismus" spiegeln; sie müssen vor der Markteinführung von den Behörden freigegeben werden, und Nutzer müssen sich mit ihrer richtigen Identität registrieren.

Ein Nutzungsbeispiel von Baidus Ernie Bot illustriert, was das inhaltlich bedeuten dürfte: Fragt man Ernie nach Xi Jinping und nach anderen für das Regime heiklen Themen, fällt ihm wenig bis nichts ein. Im Zweifelsfall fordert er dazu auf, das Thema zu wechseln.

Und in Xis China wird die Liste der heiklen Aussagen und Themen immer länger. Das plötzliche Ende der Null-Covid-Politik zeigte einmal mehr, dass von einem Tag auf den anderen das Gegenteil des vorher „politisch Korrekten" gelten kann. Was dann nicht mehr zur neuen politischen Richtung passt, wird gern gelöscht, selbst Zitate von Parteichefs und Artikel von Staatsmedien.

Wie werden Chinas KI-Chatbots damit umgehen, wenn sich das Sagbare ständig verändert? Der Regulierungsentwurf der Cyberspace Administration sieht vor, dass die Anbieter für jegliche Inhalte haften. Das dürfte zu noch mehr vorbeugender Selbstzensur führen – und damit zu weniger umfassend einsetzbaren Chatbots. Womöglich werden sich chinesische Entwickler vorerst auf recht enge Anwendungen konzentrieren wie KI-Assistenten zur Reiseplanung.

Neben der Zensur gibt es grundsätzliche Probleme in Chinas Innovationssystem. So ist das Land zwar exzellent darin, existierende Technologien und Produkte höchst effizient zu kommerzialisieren und sie durch ständige Updates an die Bedürfnisse der Verbraucher anzupassen.

Doch es fehlt China weiterhin oft der lange Atem, die Geduld und Risikobereitschaft für Grundlagenforschung und zweckloses Ausprobieren. Das Start-up Open AI hat sieben Jahre lang gearbeitet, bis es schließlich 2022 Chat-GPT veröffentlichte. Kaum ein chinesischer Kapitalgeber würde so lange bei der Stange bleiben, und schon gar nicht bei einem Start-up, das von einem Produkt träumt, das als wenig aussichtsreich galt.

Die Vorsicht der Kapitalgeber gründet auch darin, dass Chinas Parteistaat in der Wirtschaft zunehmend die Richtung vorgibt, insbesondere in der hochprioritären Tech-Industrie. So lag der Fokus in den Fünfjahresplänen der vergangenen Jahre auf Hardware wie Computerchips, Batterien und neuen Materialien. Staatsfonds investierten – und verspekulierten – Milliardensummen. Software galt praktisch als passé.

Sich solchen Richtungsvorgaben zu entziehen, ist selbst für Chinas Tech-Unternehmen im Privatbesitz schwierig bis unmöglich. Die Staatsfonds mit ihren Investitionen, die Staatsorgane und -betriebe mit ihren Aufträgen, die Banken (die alle im Staatsbesitz sind) mit ihrer Kreditvergabe – sie alle haben eine wichtige Lenkungsfunktion für die Wirtschaft insgesamt und somit natürlich auch für die Tech-Branche.

Wer nicht nach Pekings Pfeife tanzt, der wird zurückgepfiffen. Im November 2020 begann der Parteistaat einen Regulierungsfeldzug gegen die mächtigen Internetplattformen. Die Regierung beteiligte sich etwa am Tiktok-Betreiber Bytedance und sitzt dort nun im Vorstand. Alibaba hat erklärt, dem Land besser dienen zu wollen – und sich aufzuspalten.

Aber natürlich kann selbst der mächtige chinesische Staat nicht alles. Schon gar nicht kann er wissen, welche neue Technologie morgen die Welt verblüffen soll. Das können wir im Westen auch nicht. Aber wir lassen das diejenigen Leute herausfinden, die dafür am besten geeignet sein sollten: Wissenschaftler und Entwicklerinnen, Investoren und Konzernchefinnen. Die Existenz von Chat-GPT, bei aller berechtigten Kritik an und Sorge um Datenmissbrauch und Fake News, ist eben auch ein Erfolg offener und freier Innovationssysteme, Märkte und Gesellschaften.

Das wirft die grundsätzliche Frage auf, wie innovativ ein repressiv regiertes Land überhaupt sein kann. Klar, China hat in den vergangenen Jahren beeindruckende Erfolge in Forschung, Entwicklung und neuen Technologien erreicht. Das Land ist der weltgrößte Hersteller von E-Autos, Batterien, Solaranlagen und Hochgeschwindigkeitszügen geworden. Konkurrenten wie Deutschland und Japan haben wichtige Trends verschlafen und versuchen nun verzweifelt aufzuholen.

Doch nach wie vor gibt es wenige Technologien, die China genuin selbst entwickelt oder gar marktfähig gemacht hätte. Oft geht es für China weiterhin darum, seinen Rückstand auf den Westen aufzuholen. Das gilt für Passagierflugzeuge wie für Roboter oder Chip-Technologie.

Im Fall von generativer KI steht China nun einmal mehr vor der Herausforderung, seinen Rückstand aufzuholen. Es wiederholt sich ein altes Muster: Woanders wird etwas erfunden oder propagiert, woanders liegt ein grundlegender Umbruch in der Luft – und in China satteln alle ihre Pferde um. Ein Tech-Unternehmen nach dem anderen plant einen eigenen KI-Chatbot. Die Pekinger Lokalregierung hat die junge Technologie schon in ihre Wirtschaftsplanung aufgenommen.

So ähnlich war es schon, als Facebooks CEO Mark Zuckerberg im Oktober 2021 seinen Konzern in Meta umbenannte und auf eine Zukunft im Metaversum wettete. In der Tech-Metropole Shenzhen tat es ihm ein Veranstaltungsort zur Blockchain-Technologie gleich – und benannte sich von einem Tag auf den anderen um in „Metaverse Innovation Lab". In ganz China überboten sich Lokalregierungen mit Metaversum-Ankündigungen. Selbst die Kommunistische Jugend-Liga gab fälschungssichere digitale Sammelbildchen heraus, sogenannte NFT.

Und heute? Hört man nicht nur von Facebook wenig zum Metaversum, sondern auch in China nicht. Längst ist mit Chat-GPT und mit generativer KI ein neuer Hype da, und eine neue Sau wird durchs Dorf gejagt. Das gilt natürlich für die Tech-Branche insgesamt, auch im Westen. Aber dieses Phänomen ist in China besonders ausgeprägt.

Während nun gefühlt Chinas halbe Tech-Branche es mit Chat-GPT aufnehmen will, entsteht im Westen vielleicht schon wieder etwas wirklich Neues, mit dem niemand gerechnet hat. Und dem China dann wieder hinterherrennt.

9 CHIPS

China spielt seine Karten im Konflikt mit den USA clever | Oktober 2023

„Verstecke deine Stärken, warte auf den richtigen Moment.“ Diese Losung soll von Deng Xiaoping stammen, Chinas „Oberstem Führer“ der späten 1970er und der 1980er Jahre. Sie prägte Chinas Zurückhaltung auf der internationalen Bühne, bis der Partei- und Staatschef Xi Jinping vor einigen Jahren die berüchtigte „Wolfskrieger“-Diplomatie einführte. Seitdem provoziert China im Südchinesischen Meer bald täglich Scharmützel mit Nachbarstaaten oder verbietet de facto australische Weinimporte, wenn Canberra die Ursprünge des Corona-Virus untersuchen will.
Nur in einem Bereich scheint China Dengs Motto der strategischen Zurückhaltung noch weitgehend zu beherzigen: im Zukunftssektor der Chip-Technologie, der wirtschaftlich und geopolitisch so zentral ist. Statt jedes Mal wütend auf den Tisch zu hauen, wenn die USA neue Restriktionen erlassen, spielt der chinesische Parteistaat seine Karten wohlüberlegt und clever.
Als die USA zum Beispiel im Oktober 2022 ihr historisches Maßnahmenpaket gegen wichtige Teile von Chinas Chip-Industrie erließen, reagierte Peking öffentlich kaum. Das mag auch an einer gewissen Schockstarre gelegen haben, weil die Restriktionen so umfassend sind, dass sie Chinas Chip-Industrie tatsächlich wie beabsichtigt auf ihrem jetzigen Technologieniveau einfrieren könnten.

Doch China hat sich aufgerappelt. Es führt seine zweispurige Strategie fort, nun mit durchgetretenem Gaspedal. Erstens gibt Peking den USA öffentlich wenig Contra und handelt hinter den Kulissen umso mehr. Zweitens baut es ein chinesisches Chip-Ökosystem, das immun gegen Sanktionen werden soll. Drittens hat Peking im Frühjahr 2023 eine Serie von Nadelstichen begonnen, welche die USA und ihre Verbündeten an ihre Abhängigkeiten von China erinnert.

Zum ersten Punkt: Viele Beobachter waren erstaunt, wie lange China auf das amerikanische Maßnahmenpaket vom Oktober 2022 nicht reagierte (immer soweit öffentlich bekannt). Erst zwei Monate später wurde eine substanzielle Reaktion sichtbar: China beschwerte sich bei der Welthandelsorganisation (WTO), die USA würden Exportkontrollen für politische Ziele missbrauchen, nämlich die Eindämmung Chinas.

Im April 2023 wandte China sich erneut an die WTO, als sich Japan und die Niederlande den amerikanischen Restriktionen weitgehend anschlossen. Beide Länder sind die wichtigsten Hersteller von Maschinen zur Chip-Produktion, China ist enorm von ihnen abhängig. Mit dem WTO-Vorgehen kann sich die chinesische Regierung als besonnener Akteur inszenieren, der auf die Einhaltung internationalen Rechts pocht – auch wenn sie das sonst wenig interessiert, siehe die ausgebliebene Verurteilung des russischen Angriffs auf die Ukraine.

Selbst als Medien Anfang 2023 schon meldeten, Japan und die Niederlande hätten sich den Exportkontrollen der USA angeschlossen, reagierte China kontraintuitiv. Es erließ Visa-Erleichterungen für Japaner, und nach einem Telefonat mit dem niederländischen Außenminister veröffentlichte sein chinesischer Amtskollege eine optimistische Mitteilung darüber. Offensichtlich wusste China, dass der Drops noch lange nicht gelutscht war.

Tatsächlich sollte das niederländische Exportverbot für bestimmte Produktionsmaschinen erst Monate später in Kraft treten. Danach wurde bekannt, dass Den Haag sogar Exportlizenzen bis Ende 2023 vergeben hat. China hatte also seit den amerikanischen Exportkontrollen vom Oktober 2022 mehr als ein Jahr Zeit, schnell noch so viele Maschinen wie möglich aus den Niederlanden zu importieren. Washington hatte sich das bestimmt anders vorgestellt.

Zum zweiten Punkt: Die chinesische Regierung fördert schon seit mindestens 2015, seit der Veröffentlichung der Industriestrategie „Made in China 2025", den Aufbau einer autonomen Chip-Industrie. Die Restriktionen und insbesondere das Paket vom Oktober 2022 haben entsprechenden Initiativen einen riesigen Schub gegeben.

Die Regierung schießt gigantische Geldsummen in die Chip-Industrie. Seit 2014 bereits hat Chinas Halbleiterfonds nach offiziellen Angaben rund 50 Milliarden Dollar ausgegeben, nun sollen laut der Nachrichtenagentur Reuters weitere gut 40 Milliarden hinzukommen. Diese Investments in Chip-Firmen, deren Forschungszentren und Fabriken werden üblicherweise durch Provinz- und Lokalregierungen verdoppelt. Dazu kommen private Gelder.

Die Milliarden fließen nicht nur in die Weiterentwicklung von technologischen Fähigkeiten, sondern auch in die Produktion einfacherer Chips. Solche Chips stecken in einer zunehmend digitalisierten Welt in vielen Geräten, in Toastern und Uhren, in E-Autos und Fahrradlampen. China baut seine Kapazitäten in einem Tempo auf, dass die USA und andere Staaten bereits neue Abhängigkeiten fürchten.

Peking betreibt zudem eine äußerst aktive Industrie- und Forschungspolitik. Dabei entstehen etwa Konsortien, die technologische Alternativen zu den Produkten ausländischer Marktführer entwickeln sollen. Ein Beispiel ist die Chip-Architektur Risc-V (sprich:

„risk five"). Das ist ein in den USA erfundener, quelloffener Standard, der für jeden frei nutzbar ist.

Die chinesische Regierung hofft, dass Risc-V eine verbreitete Alternative zum amerikanisch-britischen Oligopol aus Intel, AMD und Arm wird. Peking geht offenbar davon aus, dass Risc-V immun gegen mögliche Sanktionen ist. Das Thema betrifft auch die Schweiz: Risc-V wird von einer Stiftung mit Sitz in Zürich verwaltet.

Zum dritten Punkt: Chinas Nadelstichen gegen die USA und ihre Verbündeten. Diese haben sich seit dem Frühjahr 2023 plötzlich so sehr gemehrt, dass man sich fragen kann, ob Peking seine Stärken nicht mehr gemäß dem Motto von Deng Xiaoping versteckt, sondern nun offen seine Trümpfe ausspielt.

Im Mai erließ die Cyberspace Administration of China erstmals ein teilweises Verkaufsverbot aus Gründen der nationalen Sicherheit, und zwar gegen den amerikanischen Chip-Anbieter Micron. Im Juli verkündete Peking Exportkontrollen auf bestimmte seltene Erden, die unter anderem in speziellen Chips und Solarpanels stecken und bei denen China Quasimonopolist ist.

Im August machte Peking dem amerikanischen Chip-Giganten Intel einen Strich durch die Rechnung. Die Fusionskontrolle ließ den milliardenschweren Kauf der israelischen Firma Tower Semiconductor platzen. Das konnte die Behörde, weil sie nach chinesischem Recht internationalen Fusionen zustimmen muss, sobald beide Beteiligten zusammen rund 100 Millionen Euro Umsatz in China machen.

Diese Marke übertreffen viele ausländische Chip-Firmen in China locker, weil hier der größte Chip-Markt der Welt ist. Laut einer Recherche des „Wall Street Journal" hat die chinesische Führung bereits in mehreren Fällen die Verzögerung oder Verhinderung von Fusionen zu einer Waffe im Tech-Konflikt mit den USA gemacht.

Laut dem Bericht fordert die chinesische Fusionskontrolle von Antragstellern Unmögliches: dass sie ihre Technologie trotz ausländischen Exportverboten auch in China verkaufen.

Im September 2023 wiederum machte Schlagzeilen, dass viele Regierungsstellen und Staatsbetriebe ihre Mitarbeiter dazu auffordern, keine Apple-Geräte mehr zu nutzen. Fast zeitgleich veröffentlichte Huawei erstmals seit den Exportkontrollen von 2020 wieder ein mutmaßlich 5G-fähiges Smartphone, diesmal laut Experten mit einem Chip aus chinesischer Produktion (Huawei selbst hat sich zu diesen Fragen nicht geäußert). Chinas Staatsmedien feiern das Smartphone als Befreiung aus dem amerikanischen Würgegriff.

Neben diesen öffentlich bekannten Maßnahmen dürfte China obskure Wege gefunden haben, sich den Restriktionen zu entziehen. Eine amerikanische Austauschstudentin an der Pekinger Tsinghua-Universität berichtete in einem Artikel, das dortige Chip-Institut könne weiterhin dank „Hintertüren und Speziallizenzen" die beste amerikanische Chip-Design-Software nutzen. Immer wieder erwähnen Experten auch chinesische Briefkastenfirmen, die den wahren Empfänger amerikanischer Exporte verschleiern.

In gewissem Maße hat China zudem einen mächtigen Verbündeten in den USA – die dortige Chip-Industrie, die nicht auf den riesigen Markt verzichten will. Im Juli 2023 rief der Lobbyverband SIA die US-Regierung praktisch dazu auf, von weiteren Restriktionen abzusehen. Selbst die jetzigen Exportkontrollen werden laut Experten teilweise lasch umgesetzt, weil angeblich Lobbyisten technische Grenzen definieren.

Kurzum, China tut, was es kann, um seine Chip-Fähigkeiten trotz der Einschränkungen weiterzuentwickeln. Es hat nicht viele Optionen, aber es nutzt sie klug. Die andere Frage ist, ob das reichen wird. Die US-Exportkontrollen mögen Mängel und Schlupflöcher haben, wie das Exportkontrollen eben an sich haben. Trotzdem stellen sie China technologisch vor eine riesige Herausforderung. Wenn China nicht in großem Stil Schlupflöcher findet, Technologie stiehlt oder gar eine völlig neue Methode zur Chip-Produktion erfindet, dann ist schwer vorstellbar, wie das Land diesen Berg versetzen will.

Der Bosch-Manager staunt | Mai 2023

Der Bosch-Manager ist beeindruckt. Er besucht auf der Schanghaier Automesse den Stand von Black Sesame Technologies, einer chinesischen Chip-Firma, und lässt sich das neuste Produkt vorstellen, eine Komplettlösung für autonomes Fahren und andere Technologien. Der Deutsche vergewissert sich, dass er richtig verstanden hat: Black Sesame verantworte also nicht nur das eigentliche System und die Peripherie, sondern auch das komplette Design? „Yes", sagt der chinesische Marketingchef stolz.

Autos werden immer mehr zu Robotern auf Rädern, und so wird auch die weltgrößte Automesse in Schanghai, die im April stattfand, zunehmend zur Technologiemesse. In einem E-Auto stecken Hunderte Chips, deren Gesamtwert laut einer amerikanischen Analyse rund tausend Dollar beträgt. Deshalb präsentierten sich in Schanghai auch chinesische Anbieter von Autochips.

Solche Firmen sind in den vergangenen Jahren wie Pilze aus dem Boden geschossen, parallel zum Boom der chinesischen Autoindustrie sowie der chinesischen Chip-Industrie insgesamt. Denn die Regierung will das Land unabhängiger von ausländischer Technologie machen, insbesondere von Chip-Importen.

Noch stammen die Chips in chinesischen Autos laut Analysten zu

95 Prozent von ausländischen Anbietern, allen voran aus Europa, Japan und den USA.

Firmen wie Black Sesame arbeiten daran, dass sich das ändert. Das Start-up wurde 2016 vom Computerwissenschaftler Johnson Shan zunächst im Silicon Valley gegründet und 2017 auch in Schanghai registriert. Black Sesame entwickelt nach eigenen Angaben Algorithmen etwa für das maschinelle Sehen und das autonome Fahren – sowie die dazu passenden Chips.

2020 lancierte die Firma laut ihrer Historie Chinas ersten selbst entwickelten, im Kern aus eigenem geistigem Eigentum bestehenden Chip für autonomes Fahren. Der Chip namens Huashan 2 A-1000 soll autonomes Fahren auf Level 3 und 4 unterstützen; das höchste Level ist 5.

Auf der Automesse Schanghai konnte Black Sesame mit dieser Chip-Serie glänzen. So präsentierte die neue Automarke Hechuang ihren Kompakt-Van V09, der Black Sesames Chip für „intelligentes Fahren und Parken" nutzen werde. Zudem kündigte das chinesische Google-Pendant Baidu an, dass es für seinen Fahrassistenten namens Apollo Highway Driving Pro künftig den Huashan 2 A-1000 nutzen werde.

Das sind beachtliche Erfolge für Black Sesame. Zugleich illustrierten die Produktpräsentationen von Hechuang und Baidu, wer bei „smarten" Autochips weiterhin klar die Nase vorne hat: die amerikanische Konkurrenz. Denn Hechuangs Van nutzt vor allem Chips von Qualcomm. Und Baidus aufwändigerer Fahrassistent Apollo City Driving Max, der mehr Rechenleistung benötigt, setzt auf den Marktführer Nvidia.

Das weiß natürlich auch Black Sesame und setzt deshalb auf Differenzierung. In der Produktentwicklung gebe es zwei Optionen, erklärt der Marketingchef Rock Yang dem Bosch-Manager auf der

Automesse: „Erstens, du folgst Nvidia: hohe Performance, hohe Kosten."

Oder zweitens: keine maximale Performance, dafür niedrigere Kosten. Das mache Black Sesame, erklärt Yang. Die Zielkunden seien traditionelle Hersteller von Mittelklasseautos. Auch diese wollten möglichst viele „intelligente" Features, neben Fahrassistenten etwa Infotainment, aber eben zu „akzeptablen Kosten". Deshalb integriere Black Sesame mehrere Features in einen einzigen Chip, statt traditionell viele sogenannte „domain controller" zu nutzen.

Eine ähnliche Strategie verfolgt der ebenfalls chinesische Chip-Anbieter Semidrive. Als Start-up sei es schwierig, Qualcomm und Nvidia bei der reinen Rechenleistung zu konkurrieren, betont Eugene Wang, der Global Strategic Marketing Director. „Also fokussieren wir uns mehr darauf, was wir anders machen können."

Semidrive versucht, die Elektronikarchitektur von Autos von Grund auf neu zu denken. Einzelne Funktionen, vom Fensterheber bis zum Fahrassistenten, sollen nicht mehr einzeln gesteuert werden, sondern zunehmend zentralisiert, integriert in weniger Chips.

Wie Black Sesame setzt Semidrive vorerst auf das Mittelsegment des Automarktes. Dort würden sich einige Zulieferer in Richtung des lukrativeren oberen Segments verabschieden. „Aber dort gibt es immer noch eine Menge Autos", sagt Wang. „Diese Erlöse helfen uns, in High-End-Leistung für die Zukunft zu investieren." Das tut auch Black Sesame, mit dem erklärten Ziel, mit Nvidia-Produkten gleichzuziehen.

Parallel bemüht sich Semidrive um ausländische Kunden. Die Firma beliefert laut Wang bereits 85 Prozent aller chinesischen Autobauer für einzelne Modelle. Nun will sie mit chinesisch-ausländischen Joint Ventures ins Geschäft kommen, etwa solchen von Volkswagen oder BMW.

Dazu ist Wang jüngst viel gereist. Schließlich würden Entscheide, mit wem ausländische Autobauer zusammenarbeiteten, nicht bei den Tochterfirmen in China gefällt, sondern in den Hauptquartieren in Deutschland, Frankreich oder Italien. Und dazu sei es „sehr wichtig, Kontakte aufzubauen und einen Eindruck zu hinterlassen".
Black Sesame hat bereits gute internationale Kontakte. Seit 2018 ist es „strategischer Partner" von Bosch. Anfang 2022 beteiligte sich Boschs chinesische Tech-Investmentfirma Boyuan an Black Sesame, das damals nach eigenen Angaben zwei Milliarden US-Dollar wert war.

Semidrive hat neben vielen chinesischen Investoren auch die amerikanische Firma Sequoia Capital an Bord. Schlagzeilen machte in der Branche auch der chinesische Chip-Anbieter Horizon Robotics, der 2022 mit Volkswagen ein Joint Venture gründete, in das VW satte 2,4 Milliarden Euro investiert.

Ein Dauerthema für die chinesischen Chip-Firmen sind die amerikanischen Restriktionen gegen Chinas Chip-Branche. „Wir werden ständig danach gefragt, wenn wir außerhalb Chinas sind", sagt Eugene Wang von Semidrive.

Derzeit sind Autochips nicht von Exportkontrollen betroffen, weil sie nicht so rechenstark wie Chips für 5G-Handys oder Supercomputer sind. Letztere nutzen Chips mit einer sogenannten Strukturgröße von nur 5 oder 3 Nanometern. Je kleiner diese Zahl, desto schneller sind Chips typischerweise.

Semidrive baut nach eigenen Angaben Chips mit einer Strukturgröße von höchstens 14 Nanometern. Das ist ziemlich genau die Grenze, ab der China wegen der US-Restriktionen keine Chip-Technologie mehr erhalten soll. Die Grenze könnte sich ändern, wenn Washington die Regeln weiter verschärfen sollte.

Um dieses Risiko zu minimieren, erkundet Semidrive „alle möglichen Optionen". Semidrive könnte zum Beispiel eine Firma im Ausland gründen, die dann nicht unter US-Einschränkungen fallen würde, sagt Wang.

Auch Diversifizierung bei den Zulieferern erwägt Semidrive. Derzeit lasse die Firma alle ihre Chips vom weltgrößten Auftragsfertiger TSMC in Taiwan herstellen. Eine Option sei es, Chips auch im TSMC-Werk im chinesischen Nanjing zu ordern.

Eine andere Option wäre es, gleich bei einem chinesischen Hersteller zu bestellen. Der größte ist die 2001 gegründete Semiconductor Manufacturing International Corporation, kurz SMIC, aus Schanghai. „SMIC ist gut auf dem Level der technischen Spezifikationen, aber sie haben nicht genug Produktionserfahrung", sagt Eugene Wang. Vielleicht werde Semidrive bei SMIC versuchsweise einen einfacheren Mikrokontrollerchip produzieren lassen. Und dann weitersehen.

„Das war nur PR, vergiss es" | Juli 2022

Alles las sich mal wieder prima, in diesem Jubelartikel eines chinesischen Branchenportals. Da war dieser dynamische Unternehmer in der Hightech-Metropole Shenzhen, Absolvent einer der besten Ingenieur-Unis, Gründer mehrerer Start-ups. Seine jüngste Firma, hieß es in dem Artikel, werde von der Chinesischen Akademie der Wissenschaften unterstützt und unterhalte mit Chinas größtem IT-Konzern, Huawei, eine „tiefe strategische Kooperation".

Zweimal war der Mann mit Start-ups gescheitert, aber Scheitern gehört schließlich dazu. Erst ging es um E-Zigaretten, dann um Drohnen; beide Male kam ihm plötzliche Regulierung dazwischen, wie es in dem Artikel hieß. Also setzte der Gründer fortan auf ein Produkt, bei dem er mit der Rückendeckung der chinesischen Regierung rechnete: auf Computerchips – jene fingernagelgroßen Motoren der Digitalisierung, die von der E-Mobilität bis zum Militär unerlässlich sind.

Peking will seine Halbleiterproduktion enorm ausbauen. 2021 deckte China laut der Marktforschungsfirma IC Insight seinen Eigenbedarf nur zu gut 16 Prozent, doch 2025 sollen es schon 70 Prozent sein. Deshalb haben zwei Staatsfonds seit 2014 rund 50 Milliarden US-Dollar in die heimische Chip-Industrie investiert. Auch chinesische Städte und Provinzen überbieten sich mit entsprechenden Subventionen.

Einen weiteren Schub bekam die Branche indirekt durch Washingtons Exportrestriktionen seit 2019. Dass Huawei keine 5G-Chips mehr erhält und Chinas größter Chip-Hersteller SMIC nicht mehr die besten Produktionsmaschinen, hat China zur Flucht nach vorn getrieben. Das Land will nun noch schneller möglichst viele Technologien selbst beherrschen, allen voran jene für Chips.

Sogar der weltweite Chip-Mangel seit zwei Jahren hat für China eine positive Seite. Denn Kunden in China trauen sich nun verstärkt, fehlende ausländische Chips durch einheimische Newcomer zu ersetzen. Selbst ein nicht perfektes Produkt erscheint vielen immer noch besser als gar keines.

Doch all der Rückenwind garantiert keinen Erfolg, wie ein Besuch bei dem erwähnten Start-up in Shenzhen zeigt. Der Gründer bittet um Anonymität, um über das „sensible Thema" der chinesischen Chip-Industrie offen sprechen zu können; nennen wir ihn Ying Jian. Seine Geschichte illustriert exemplarisch Probleme, die Chinas Chip-Ambitionen seit Jahrzehnten torpedieren. Und Ying hat eine genauso typische rettende Idee.

Die chinesische Regierung verlangt in zunehmend mehr öffentlichen Aufträgen und Regulierungen, dass heimische Produkte verwendet werden. Zum Beispiel bei Rauchmeldern. Ying Jian entwickelte deshalb mit seiner Firma einen speziellen Sensor-Chip. Dieser habe das etablierte Produkt eines deutschen Herstellers ersetzt, sagt Ying. Seit 2021 verkaufe er den Chip an Industriekunden und mache damit 60 Prozent seines Chip-Umsatzes.

Den weitaus größten Umsatz jedoch, rund 200 Millionen Yuan (gut 28 Millionen Euro), mache er weiterhin nicht mit Chips, sondern mit Software und Plattformen für Smart-City-Projekte, die er seit ein paar Jahren anbietet. Dabei geht es um die umfassende Überwachung von Leuten und Fahrzeugen durch Kameras und Sensoren, die in chinesischen Städten allgegenwärtig sind. So kam Ying erst auf die Idee, Chips für Rauchmelder und andere Sensoren zu entwickeln.

E-Zigaretten, Drohnen, Smart City und jetzt Chips: Vier Branchen hat Ying schon gesehen, in nur acht Jahren. Beeindruckend. „Shenzhen bietet diese Umgebung: Du kannst sehr schnell von einem Business zum anderen wechseln", sagt er. „Aber es ist auch sehr schwer für Start-ups, einen spezifischen Vorteil zu entwickeln." Anders gesagt: Viele können vieles ein bisschen, aber nur wenige etwas richtig gut.

Der Verdacht liegt nahe, dass das für viele Chip-Start-ups in China gilt. Eine Abfrage im Firmenregister Qichacha zeigt, dass fast 16.000 Firmen das chinesische Wort für „Halbleiter" im Namen tragen, und dass gut 6.000 davon erst in den vergangenen drei Jahren gegründet wurden. Wie viele dieser Firmen wirklich aktiv sind, ist unklar.

Naturgemäß werden nicht alle diese Chip-Firmen erfolgreich sein. Glaubt man Ying, stehen viele Start-ups schon mit dem Rücken zur

Wand: „Die meisten werden in zwei oder drei Jahren zusammenbrechen.“ Dafür sieht er eine Reihe von Gründen: fehlendes Personal, fehlendes Geld und fehlende Wafer – die pizzagroßen Siliziumscheiben, aus denen Chips hergestellt werden.

Der Reihe nach: erstens, das Personalproblem. „Du kannst dieser Tage keine qualifizierten Mitarbeiter finden“, sagt Ying. Chinas Chip-Industrie fehlen laut Schätzungen mindestens 250.000 Leute. Spezialisten lassen sich entsprechend gut bezahlen. Seit Ying 2019 mit der Chip-Entwicklung begann, hätten sich die Gehälter vervielfacht, sagt er. Start-ups wie seines könnten nicht mit den großen Chip-Firmen mithalten.

Zweitens: Vielen Chip-Start-ups geht offenbar bald das Geld aus. „Risikokapitalgeber und Business-Angels investieren nicht mehr“, sagt Ying. Das überrascht auf den ersten Blick, denn 2021 investierten Risikokapitalgeber in China laut der Marktforschungsfirma Preqin 8,8 Milliarden US-Dollar in den Sektor; in den USA waren es nur 1,3 Milliarden. Auch Anfang 2022 floss laut dem Branchenportal „Semiengineering“ weltweit am meisten Chip-Risikokapital in chinesische Firmen.

Doch womöglich ändert sich das bald, wie ein zweiter Blick zeigt. Laut dem Tech-Portal „The Information“ sank 2021 die Zahl der Risikokapitalfonds, die mit US-Dollars in chinesische Tech-Start-ups investieren, um rund zwei Drittel. Genauso stark schrumpften die eingesammelten Gelder, auf nur noch 4,2 Milliarden US-Dollar.

Dafür werden im Wesentlichen drei Gründe genannt. Zunächst Pekings rabiater Regulierungsfeldzug gegen große Internetplattformen wie Alibaba (Handel, Finanzen) und Tencent (soziale Netzwerke, Gaming). Dieser hat laut der Investmentbank Goldman Sachs zu Börsenverlusten von 2 Billionen US-Dollar geführt. Der Feldzug richtet sich zwar überwiegend gegen Software-Anbieter und nicht gegen Hardware wie Chips, aber viele Investoren dürften in beiden Sparten aktiv sein und entsprechend leiden.

Des Weiteren machen Chinas strikte Corona-Regeln die Investoren vorsichtiger. Reisen zwischen den wirtschaftsstarken Metropolen an Chinas Ostküste sind nur mit dem Risiko einer Quarantäne möglich, wenn überhaupt. Schanghai, der wichtigste Standort des Landes sowohl für Finanzen wie auch für Chips, war gerade zwei Monate im Lockdown.

Schließlich geht es Chinas Wirtschaft insgesamt schlecht, unter anderem wegen der Pandemie. Überall im Land werden Gehälter gekürzt und Arbeiter entlassen. Das ist kein Klima, in dem Investoren jahrelange Wetten eingehen, wie sie für die Entwicklung hochkomplexer Chips nötig sind.

Leute wie Ying bekommen das zu spüren. „Viele Start-up-Gründer haben vielleicht schon ihr Haus verkauft. Sie haben viele Bankkredite. Es ist sehr gefährlich." Ying selbst war einmal in dieser Lage, das soll sich nicht wiederholen. Derzeit investiere er Gewinne aus dem Geschäft mit Smart City in seine Chip-Firma, aber wie lange noch?

Mit staatlicher Hilfe rechnet Ying nicht. „Die meiste Unterstützung der Regierung geht an riesige Konzerne", behauptet er. Dabei haben selbst viele Bezirksregierungen Subventionsprogramme für Tech-Start-ups, insbesondere für Chips. Der Shenzhener Bezirk Nanshan, wo Yings Firma in einem Hightech-Park sitzt, wirbt damit, 70 Prozent der Entwicklungskosten eines fertigen Chip-Designs zu erstatten.

Yings Firma ist im Chip-Design tätig und hat einen Preis der Shenzhener Regierung für den Rauchmelder-Chip gewonnen. Trotzdem bekam Ying nach eigenen Angaben vom Staat bisher „keine Hilfe, keine Subventionen, keine Investitionen". Für Start-ups sei es sehr schwer, die Förderkriterien zu erfüllen, sagt er. „Vielleicht sind die angekündigten Maßnahmen und die tatsächlichen Handlungen komplett unterschiedlich."

Es fehlt also an Personal, an Geld – und drittens an Siliziumscheiben. „Wir bekommen nicht genug Wafer", sagt Ying. Chinesische Hersteller wie SMIC und Huahong hätten nicht genug Kapazitäten für kleine Firmen wie seine. Dadurch könne er die Nachfrage seiner Kunden nicht stillen.

Wafer-Knappheit herrscht zwar weltweit. Zum Beispiel verkündete der zweitgrößte Wafer-Hersteller, Sumco aus Japan, dass sein wichtigstes Produkt bis 2026 ausverkauft sei. Doch China ist besonders stark von Wafer-Importen abhängig. Denn 90 Prozent aller Wafer werden von vier Firmen aus Japan, Taiwan und Deutschland – von der Münchner Siltronic – hergestellt.

Chinesische Analytiker sehen das mit großer Sorge. Zusätzlich beunruhigt sie, dass der amerikanische Präsident Joe Biden eine Chip-Allianz zwischen den USA, Südkorea, Japan und Taiwan schmieden will. Die nationalistische Parteizeitung „Global Times" schrieb, ein Lieferkettenkrieg zwischen den USA und China in der Halbleiterindustrie sei laut chinesischen Beobachtern unausweichlich.

Eine schwierige Gemengelage also für ein kleines Start-up wie das von Ying Jian. Hilft ihm wenigstens die „tiefe strategische Partnerschaft" mit Huawei, die der Jubelartikel erwähnte? Der freundliche Firmengründer winkt ab. „Das war nur PR, vergiss es", sagt er. Huawei habe halt Büros im selben Hochhaus wie er und habe für seine Eröffnungsfeier Tech-Gäste gebraucht, also sei er hingegangen. „Es war sehr praktisch für uns, wir haben nicht viel Zeit verschwendet."

Und wie unterstützt die Chinesische Akademie der Wissenschaften (CAS) ihn? „Die CAS hat uns geholfen, die Firma zu gründen", sagt der Akademie-Alumni vage. Wie genau sieht die Kooperation heute aus? „Sie ist nicht sehr eng." Eigentlich, meint Ying schließlich, habe die CAS nur ihren Namen hergegeben. „Damit die Kunden genug Vertrauen haben. Damit sie denken, unsere Produkte sind stark und zuverlässig genug."

Yings Rauchmelder-Chip mag tatsächlich zuverlässig sein, trotzdem reicht es womöglich nicht. Ying fürchtet wegen all der Probleme, dass er bald seine Firma schließen muss. „Vielleicht morgen, vielleicht nächste Woche oder nächsten Monat", sagt er lakonisch.

Aber er hat eine rettende Idee. Ying würde am liebsten fertige Chip-Blättchen im Ausland einkaufen. Die würde seine Firma dann selbst in Gehäuse montieren und mit ihrem Namen versehen. „Der Körper käme aus Japan oder Europa und würde ein chinesisches T-Shirt tragen", sagt er witzelnd.

So sei beiden Seiten gedient, ihm und dem ausländischen Partner, erklärt Ying weiter. Er müsste nicht 10 Millionen Yuan, gut 1,4 Millionen Euro, in die Entwicklung eines einzigen Chips stecken, der womöglich sowieso nie marktreif wird. Die 10 Millionen könnte er stattdessen in die Kooperation mit dem ausländischen Partner investieren. Schon nach zwei Jahren, sagt er, winkten vielleicht 100 Millionen Umsatz.

Der ausländische Partner bekäme dank Ying Zugang zum größten Chip-Markt der Welt. Ohne chinesischen Partner dürfte das zunehmend schwieriger werden, denn die Regierung will mehr heimische Ware. Yings Firma hat außerdem wegen der Smart-City-Projekte schon Kontakte zu potenziellen Großkunden.

Rein wirtschaftlich klingt das alles sehr sinnvoll. Doch darum geht es nicht. Die Zeit der grenzenlosen Globalisierung ist vorbei. China will nationale Champions. Aber der chinesischen Chip-Industrie gelingt seit Jahrzehnten wenig Bahnbrechendes – auch weil im

Zweifelsfall oft, wie von Ying Jian skizziert, das kurzfristige Gewinnstreben triumphiert.

Warum China trotz Milliarden-Investitionen von den USA abhängig ist | Oktober 2020

Wenn man sich fragt, warum man sich mit Halbleitern beschäftigen soll, dann gibt es mehrere Antworten. Eine erste wäre: Weil man diesen Text möglicherweise auf einem Tablet liest, quasi einer Wunderkiste aus Milliarden von Halbleitern, die rund 70-mal Landesgrenzen überquert haben, bis sie bei uns gelandet sind. Weil Halbleiter die Grundlage für all die weiteren technischen Wunderdinge sind, die uns ständig versprochen werden, für 5G, Internet der Dinge, künstliche Intelligenz. Und für die Armeen der Zukunft sowieso, etwa für Kampfjets und Drohnen. Weil es also bei Halbleitern auch um Globalisierung, Geopolitik und nationale Sicherheit geht.

Letztere ist das Standardargument der US-Regierung unter Präsident Donald Trump, wenn sie wieder neue Exportkontrollen gegen ein chinesisches Technologieunternehmen verhängt. So erhält Huawei keine Chips mehr, die mit amerikanischer Technologie hergestellt wurden. Somit muss Huawei auf seinen bisherigen Lieferanten verzichten, den Weltmarktführer TSMC aus Taiwan.

Auch Chinas größter Chip-Hersteller, SMIC, steht wie Huawei seit Ende 2020 auf der amerikanischen „entity list“ zur Exportkontrolle. Das ist ein großes Handicap, weil SMIC wie viele Unternehmen in der Chip-Produktion auf amerikanische Technologie angewiesen ist.

Aber Achtung, wer sagte bereits 2016: „Die Tatsache, dass unsere

Schlüsseltechnologie von anderen kontrolliert wird, ist unsere größte versteckte Gefahr"? Chinas Präsident Xi Jinping. Und wer sagte 2018: „Wir dürfen nicht auf ausländische Chips angewiesen sein"? Der damalige chinesische Vizeministerpräsident Ma Kai.

China hat die strategische Bedeutung von Halbleitern früh erkannt. Schon 1956, als die Branche, ausgehend von den USA, noch ganz am Anfang stand, war sie Teil des ersten Zwölfjahresplans für die Entwicklung von Wissenschaft und Technologie. Der Plan nannte die Halbleitertechnologie als eines von mehreren Schlüsselprojekten für die nationale Verteidigung, und an fünf Universitäten wurde Halbleiterwissenschaft als Hauptfach eingeführt.

Doch der Frühstart verpuffte. Einige Gründe dafür nannte ein chinesischer Branchenkenner 2018 in einem Artikel auf dem Mikroblogging-Dienst Weibo. Folgt man dem Autor mit dem Pseudonym Boss Dai, der sich als Investor in der Chip-Industrie bezeichnet, so waren Chinas Pläne lange wenig koordiniert; die Planer gaben sich mit Vorzeigeprojekten für das Militär zufrieden und vernachlässigten die Kommerzialisierung und die Massenproduktion; und während der Kulturrevolution von 1966 bis 1976 mussten Halbleiterpioniere Toiletten putzen oder wurden von Rotgardisten zu Tode geprügelt. Diese Leute fehlten später, um Nachwuchs auszubilden.

Das dominante Land in der Halbleiterbranche wurden unangefochten die USA. In den 1980er Jahren stieß Japan dazu. Und in den 1990er Jahren zogen auch Taiwan und Südkorea am so viel größeren Nachbarn China vorbei. Bis heute.

Seit 2014 versucht China es mit einer neuen Offensive. Die Regierung lancierte einen Halbleiter-Investmentfonds, der ein Volumen von umgerechnet knapp 20 Milliarden US-Dollar hat und damit der größte Fonds für eine einzige Industrie in China ist. 2019 ging der Fonds in seine zweite Phase und sammelte noch mehr Geld ein, zusätzlich knapp 29 Milliarden US-Dollar. Auch der von der Kommunistischen Partei beschlossene Fünfjahresplan für 2021 bis 2025 enthält neue Halbleiterinitiativen.

Chinas Ziel ist gemäß der Strategie „Made in China 2025“, bis dahin den einheimischen Bedarf an Halbleitern zu 70 Prozent selbst zu decken. Die Zwischenbilanz sieht dürftig aus: Derzeit liegt der Anteil laut Analysten noch weit unter 20 Prozent. China gibt so viel Geld für Chip-Importe aus wie sonst nur für Öl. 2023 waren es umgerechnet gut 320 Milliarden Euro.

Wo also hakt es?

Um diese Frage zu beantworten, muss man etwas ausholen. Was ist überhaupt ein Halbleiter? Die Antwort: im engeren Sinne ein Material wie Silizium, das weder Leiter noch Nichtleiter ist, also weder Strom freie Bahn lässt wie Kupfer noch isoliert wie Glas. Im weiteren Sinne bezeichnet ein Halbleiter einen Chip – beide Begriffe werden synonym verwendet.

Zur Chip-Produktion wird Silizium zu großen, hauchdünnen Scheiben geformt, sogenannten Wafern. Darin werden Milliarden von winzigen Transistoren eingelassen als Teile von elektrischen Schaltkreisen. Die Siliziumscheiben werden in kleine Stücke geschnitten, in Chips.

Die Halbleiter-Wertschöpfungskette ist lang. Sie kann in sieben Bereiche unterteilt werden: erstens Forschung und Entwicklung für neue Materialien, neue Herstellungsprozesse und neue Chip-Architekturen. Zweitens das Design der Schaltkreise auf den Silizium-Wafern. Drittens die Produktion der Wafer. Viertens das Integrieren der Schaltkreise in die Wafer und das Zurechtschneiden in Chips. Fünftens das Verpacken der Chips in Gehäuse, damit sie etwa in Smartphones verbaut werden können. Sechstens das Testen der Chips. Und siebtens der Vertrieb.

Nur die wenigsten Unternehmen decken die gesamte Wertschöpfungskette ab. Sie nennt man „Integrierte Gerätehersteller" (Integrated Device Manufacturers, IDM). Die größten sind Intel aus den USA und Samsung aus Südkorea. Die allermeisten Halbleiterunternehmen spezialisieren sich auf ein bestimmtes Glied der Wertschöpfungskette. Zum Beispiel entwerfen sie Chips wie der amerikanische Intel-Konkurrent AMD, der Grafikkarten-Hersteller Nvidia und in China die Huawei-Gesellschaft Hisilicon. Diese Chips werden dann von anderen hochspezialisierten Firmen produziert, etwa von TSMC aus Taiwan, dem größten Auftragsfertiger der Welt.

Sieht man sich nun auf Länderebene an, wer wo die Nase vorn hat, werden sowohl die Dominanz der USA wie auch die Abgeschlagenheit Chinas sehr deutlich. Eine entsprechende Übersicht hat die Denkfabrik CSIS 2023 veröffentlicht. Zum Beispiel haben die USA beim Design von Chips einen weltweiten Umsatzanteil von 43 Prozent, China nur von sieben. Noch größer ist der Abstand bei Chip-Produktionsmaschinen, wo China nur einen Marktanteil von zwei Prozent hat. Ungefähr gleichauf liegen beide Länder jedoch bei Materialien zur Chip-Produktion, etwa bei Spezialgasen und Chemikalien.

Doch China holt auf. Prominentestes Beispiel ist der im September 2023 veröffentlichte Huawei-Chip Kirin 9000S. Er ermöglicht laut Experten Download-Geschwindigkeiten auf dem Niveau des Mobilfunkstandards 5G, obwohl amerikanische Exportkontrollen das eigentlich verhindern sollten. Huawei selbst äußert sich nicht zu dem Chip, der laut den Experten vom größten chinesischen Hersteller SMIC produziert wurde. Das ist bemerkenswert, weil China damit erstmals eine Massenproduktion von Chips mit einer sogenannten Strukturgröße von sieben Nanometern erreicht hätte.

Dazu eine weitere Erklärung: Ein Nanometer ist unvorstellbar klein, nämlich ein Millionstel Millimeter. Vergleicht man einen Nanopartikel mit einem Fußball, so verhalten sich die beiden Durchmesser zueinander wie der Durchmesser eines Fußballs zu jenem unseres Planeten. Eben: unvorstellbar klein.

Bei Halbleitern geben die Nanometer die Größe – oder besser: Kleinheit – der Transistoren an. Je kleiner der Transistor, desto besser, weil er dann weniger Energie verbraucht und mehr Transistoren auf einem Chip Platz haben. Die Nanometer-Angaben sind jedoch nicht ganz exakt, sondern eher als Marketingbegriffe der Hersteller zu verstehen: Sieben Nanometer bei einem Hersteller können fünf Nanometer bei einem anderen entsprechen. Aber einen Anhaltspunkt für Vergleiche bieten sie schon.

Und da sieht es wiederum selbst für Chinas führenden Hersteller SMIC nicht gut aus. Er hinkt dem Weltmarktführer TSMC technologisch rund vier Jahre hinterher, ohne dass sich der Abstand in jüngster Zeit entscheidend verringert hätte.

Das Beispiel illustriert ein gängiges Muster in der Halbleiterbranche: Einige wenige hochspezialisierte Unternehmen sind der Konkurrenz weit voraus. Sie dominieren jeweils ihr spezifisches Segment, nach dem Prinzip „the winner takes it all“. Dafür brauchten die Unternehmen Jahrzehnte an Forschung und Entwicklung. Nun verteidigen sie diesen Vorsprung mit riesigen Ausgaben für noch mehr Forschung und Entwicklung.

Das wohl beste Beispiel dafür ist der Quasimonopolist ASML. Das niederländische Unternehmen produziert die Fotolithografie-Maschinen, die vereinfacht gesagt Transistoren auf Siliziumscheiben lasern. Der Marktanteil von ASML liegt bei rund 60 Prozent, bei der neusten Technik mit „extrem ultraviolettem Licht“ bei 100 Prozent. Um den Konzern kommt kaum jemand herum.

Allein diese spezielle Branchenstruktur macht es sehr unwahrscheinlich, dass China in absehbarer Zeit die angestrebte Chip-Unabhängigkeit erreichen kann. Ein Land kann zwar in ein, zwei Segmenten der Wertschöpfungskette aufholen, wie dies China tut. Aber es kann schwerlich in allen Segmenten gleichzeitig aufholen.

Selbst die USA sind in vielen Bereichen auf andere angewiesen, etwa auf Wafer-Materialien aus Japan oder auf die Fertigung bei TSMC in Taiwan. „Es gibt kein Land, das die gesamte Wertschöpfungskette abdeckt", sagt der Analyst Jan-Peter Kleinhans von der Stiftung Neue Verantwortung, einer Denkfabrik für Digitales in Berlin. Warum sollte der Nachzügler China das erste derartige Land werden?

Vielleicht, weil Peking auf dem Papier mit seinen Milliardenplänen das Richtige tut, um seinen Rückstand aufzuholen: Es braucht eben riesige Investitionen, und es braucht eine sehr langfristige Perspektive. Aber wie immer, wenn Milliarden fließen, setzt das auch Fehlanreize. Lokale Regierungen bewegen branchenfremde Unternehmen dazu, auf Halbleiter umzusatteln. Unternehmer ohne Branchenkenntnisse gründen Halbleiterfirmen. Alles muss schnell gehen, weil die Investitionen sich trotz den Mehrjahresplänen rasch lohnen sollen und weil man den Planern in Peking gefallen will.

Das lässt sich illustrieren am Beispiel von Wuhan, der zentralchinesischen Industrie-Metropole, die als Epizentrum der Corona-Pandemie weltberühmt wurde. Als die chinesische Regierung Wuhan im Januar 2020 von der Außenwelt abriegelte, durften einige Ingenieure trotzdem in Hochgeschwindigkeitszügen zu dortigen Halbleiterfirmen fahren. Eine Firma schaltete gar während des strikten Lockdown Stellenanzeigen, wie die „Nikkei Asia Review" berichtete. Allein das zeigt, welche Dringlichkeit die Branche für das chinesische Regime hat.

Doch Wuhans Vorzeigeprojekt in Sachen Halbleiter steht vor dem Aus. Die Hongxin Semiconductor Manufacturing Company

(HSMC) wurde im Jahr 2017 von einem Branchennovizen gegründet und wollte fast 19 Milliarden US-Dollar investieren. Ende 2019 kam das Projekt wegen eines Rechtsstreits zum Stillstand. Im Herbst 2020 wurde bekannt, dass HSMC weder an weiteres Geld noch an nötige Technologien komme, insbesondere nicht an Fotolithografie-Maschinen. Ein Analytiker machte für Letzteres die amerikanischen Exportkontrollen verantwortlich.

Über den Fall berichtete nicht etwa eine kritische ausländische Zeitung, sondern eine englischsprachige Zeitung der Kommunistischen Partei Chinas, die „Global Times". Das könnte zeigen, wie sehr die Machthaber fürchten, dass ihnen der Halbleiterzug wieder vor der Nase wegfährt. Die „Global Times" sieht im Scheitern von HSMC denn auch keinen isolierten Fall, sondern eine „Warnung" für Chinas gesamte Halbleiterbranche. Als Lösung empfiehlt die Zeitung mehr „rationale Investitionen" und – wenig überraschend – ein Top-down-Durchgreifen der Zentralregierung.

Wenn es im Fußball heißt, Geld schieße keine Tore, so kann man bei Halbleitern sagen: Geld und Pläne bauen keine Chips. Was es vor allem braucht, sind exzellente Ingenieure. Ein Studienabschluss reicht nicht aus, sondern es braucht Können, Wissen und Erfahrung. Dinge, die man nicht an der Uni erwerben kann – und nicht in technologisch rückständigen Chip-Fabriken wie in China.

Ein Beispiel: Selbst die Ingenieure von TSMC in Taiwan, die zu den besten der Welt zählen, müssen eineinhalb Jahre lang an den neuen Fotolithografie-Maschinen von ASML ausgebildet werden, um mit ihnen Chips produzieren zu können. Der niederländische Hersteller hat dazu ein Trainingszentrum in Taiwan eröffnet, das Kunden aus ganz Asien bedienen soll.

China tut deshalb seit Jahren das im Wortsinn Naheliegende: Es wirbt Ingenieure aus dem benachbarten Taiwan ab, wo man ja auch Mandarin spricht. Der Chip-Hersteller SMIC startete im Jahr 2000 mit Hunderten von TSMC-Ingenieuren. Auch die gescheiterte HSMC in Wuhan setzte auf sie. Laut dem taiwanischen Magazin „Business Weekly" soll China in den vergangenen Jahren mehr als 3.000 Halbleiter-Ingenieure aus Taiwan abgeworben haben. Das ist fast ein Zehntel aller Spezialisten in Taiwan.

Ein Sicherheitsanalytiker, der namentlich nicht genannt werden will, hat sich die Abwerbeoffensive genauer angeschaut. Den Modus Operandi schildert er so: Chinesische Unternehmen ködern vor allem junge Ingenieure, die noch keine Familie haben und somit ungebunden sind. Diese Männer sind oft erst Anfang oder Mitte zwanzig, begannen ihren ersten Job nach der Uni bei TSMC mit großen Erwartungen – und seien schnell frustriert ob der langen Arbeitstage. „Sie machen Knochenarbeit, sind ausgebrannt", sagt der Privatermittler. Zwar bekämen sie bei TSMC ein ordentliches Gehalt. Aber chinesische Unternehmen böten manchmal das Drei- bis Vierfache, Boni inklusive.

Eigentlich verbietet TSMC laut dem Analytiker solche Wechsel zur Konkurrenz vertraglich. Große chinesische Unternehmen umgingen das, indem die Taiwaner offiziell von einer neu gegründeten Firma angestellt würden. „Tatsächlich sind das Strohfirmen etwa von Hisilicon oder SMIC", behauptet der Mann.

Dieses Vorgehen verfolge TSMC mit Sorge. „Es schadet den Anstrengungen von TSMC, seinen technologischen Vorsprung zu wahren", sagt der Analytiker. Das Unternehmen spüre die Abgänge der Ingenieure aus der mittleren Hierarchie womöglich nicht sofort. Aber später fehlten sie als höhere Kader.

Dabei geht es um viel mehr als nur das Schicksal eines Unternehmens: Das US-Militär bezieht Chips von TSMC, und die USA sind Taiwans Schutzmacht gegen China, das Invasionsgelüste hegt. Schafft es China, TSMC entscheidend zu schwächen, schwächt es Taiwan insgesamt und vielleicht auch die amerikanische Unterstützung für die Insel. In diesem Kontext muss man wohl auch koordinierte Hackerangriffe auf führende taiwanische Chip-Unternehmen sehen, hinter denen die Cyber-Security-Firma Cycraft den chinesischen Staat vermutet. Die Hacker wollten demnach bei ihren Angriffen 2018 und 2019 so viel geistiges Eigentum wie möglich entwenden.

Nun bleibt abzuwarten, welche Schubkraft die Milliardeninvestitionen aus dem chinesischen Halbleiterfonds entwickeln. Manche Beobachter denken, dass die Branche so endlich die nötige langfristige Planungssicherheit erhalte. Dem Ziel von 70 Prozent Selbstversorgung bis 2025 könnte China sich nähern, indem es sich zunächst auf einfachere Chips konzentriert, etwa für Server und die industrielle Automatisierung. Hochwertigere Chips, etwa für Smartphones und Laptops, kämen dann später hinzu.

Skeptischer ist der Analytiker Jan-Peter Kleinhans. Er verweist darauf, dass die amerikanischen Halbleiterunternehmen nicht wegen staatlicher Investitionen groß geworden seien, sondern dank smarten Leuten und kontinuierlicher Forschung und Entwicklung. Kleinhans nennt auch das Beispiel der EU, die schon seit Jahren darüber redet, ihren Anteil an der weltweiten Chip-Produktion von 10 auf 20 Prozent zu verdoppeln. Bisher ohne Erfolg.

Ein Taiwan-Krieg wäre auch für die Weltwirtschaft eine Katastrophe | November 2021

Was wäre, wenn China tatsächlich eines Tages Taiwan angreifen würde, die wichtigste Chip-Hochburg der Welt? Natürlich soll man nicht den Teufel an die Wand malen. Doch er ist längst an die Wand gemalt, von Xi Jinping persönlich. Chinas Staats- und Parteichef sagte 2019, dass er eine „Wiedervereinigung" mit Taiwan bis zum 100. Geburtstag der Volksrepublik im Jahr 2049 notfalls mit Gewalt erzwingen will. Seitdem wiederholt er diese Drohung regelmäßig.

Neben dem Leid, das ein Krieg den Taiwanern bringen würde, neben den sicherheitspolitischen Implikationen für den Asien-Pazifik-Raum und den geopolitischen Folgen für den Rest der Welt wären auch die Auswirkungen auf die globale Chip-Produktion katastrophal. „Wenn das wirklich passiert, wird es eine Riesenunterbrechung der Lieferketten geben", sagt eine Quelle in der Industrie, die nicht genannt werden will.

Ein Halbleiter-Analytiker, der ebenfalls anonym bleiben will, verweist auf die globale Ausrichtung der Branche. Laut der Beratungsfirma Accenture passiert ein Chip-Produkt 70-mal oder mehr eine Landesgrenze, bevor es beim Endkunden landet. Kein Land der Welt kann allein Chips herstellen. Aber Taiwan ist der Ort, von dem der Rest der Welt am meisten abhängt, auf gefährliche Weise. Der Analytiker sagt: „Auf regionale Spannungen ist die Branche per se nicht vorbereitet."

Worauf genau gründet Taiwans Stärke – und damit die Abhängigkeit der restlichen Welt? Die kurze Antwort: Taiwan ist Heimat des größten und des drittgrößten Chip-Auftragsfertigers der Welt, TSMC und UMC. Weiter befindet sich auch das größte Unternehmen für die Montage und das Testen von Chips, die Firma ASE, in Taiwan. Und auch der weltweit drittgrößte Hersteller von Wafern – den Silizium-Scheiben, aus denen Chips produziert werden – sitzt auf der Insel.

Die lange Antwort: TSMC, ausgeschrieben Taiwan Semiconductor Manufacturing Company, wurde im Zuge der anhaltenden Chip-Knappheit einem größeren Publikum bekannt. Denn TSMC ist mit einem weltweiten Marktanteil von weit über 50 Prozent unangefochten der größte Auftragsfertiger. TSMC ist technologisch führend, vor Samsung aus Südkorea. Apple und Tesla, AMD und Nvidia – sie alle lassen ihre besten Chips bei TSMC produzieren für Smartphones, Laptops, E-Autos und Grafikkarten.

Daneben produziert TSMC auch weniger anspruchsvolle Chips in großen Mengen, etwa für die Autoindustrie. Selbst stolze Chip-Fertiger wie Infineon aus München sind vor Jahren aus dem teuren Rennen um immer kleinere, leistungsfähigere Chips ausgestiegen. Infineon und Co. bestellen jetzt bei TSMC und UMC.

Als deutsche Autofabriken infolge von Fehlplanungen und Pandemie-Verwerfungen keine Chips mehr hatten und die Produktion unterbrechen mussten, schrieb der damalige deutsche Wirtschaftsminister Peter Altmaier Anfang 2021 einen Bettelbrief an die taiwanische Regierung. Dabei erkennt Deutschland die taiwanische Regierung offiziell gar nicht an, wegen der Ein-China-Politik. Andere Länder wie Japan handelten ähnlich. So stark, so unangenehm ist die weltweite Abhängigkeit von Taiwans Chip-Industrie.

Ebenso unabdingbar sind die Montage und das Testen von Chips. Denn die winzigen Siliziumplättchen sind unbrauchbar, solange sie nicht in Gehäusen montiert und auf Platinen gesetzt werden. Für solche Arbeiten ist ASE Weltmarktführer mit einem Anteil von rund 25 Prozent. Die Fabriken in der südtaiwanischen Metropole Kaohsiung bilden praktisch ein eigenes Industriegebiet.

Daneben gibt es viele weitere solcher Zulieferer, so dass taiwanische Firmen – die oft jedoch in Festlandchina oder andernorts günstig produzieren – in diesem Segment mehr als die Hälfte der weltweiten Nachfrage decken.

Selbst in einem forschungsintensiven Bereich wie dem Chip-Design, in dem die USA klar die Nummer eins sind, ist das kleine

Taiwan mit seinen knapp 24 Millionen Einwohnern stark und die Nummer zwei. Von den zehn größten Firmen in dem Bereich sind sechs aus den USA, drei aus Taiwan, und erst an zehnter Stelle steht eine aus Europa, wie eine Auswertung der Berliner Stiftung Neue Verantwortung ergab.

Schließlich – das ist weniger bekannt – ist Taiwan ein wichtiger Standort für Substrate und Laminate, mit denen das Silizium beschichtet wird. Viele dieser Chemikalien werden in dieser Masse und Reinheit etwa in Europa gar nicht produziert. In Taiwan hingegen produzieren auch europäische Firmen. Die deutsche BASF etwa stellt laut einer Firmensprecherin nahe Taipeh „Chemikalien her für höchste Anforderungen der Halbleiterindustrie, in erster Linie zur Belieferung lokaler Kunden in Taiwan".

Kurzum: Taiwan ist die vielseitigste Chip-Hochburg der Welt. Ihre Stärke kommt von all den großen Firmen, aber viel mehr noch von der einzigartigen Dichte dieses Clusters, inklusive vieler kleiner, unbekannter Zulieferer. Die erwähnte Industriequelle sagt deshalb: „Wenn man sich das Marktsegment für Prozessorchips anschaut, von den einfachen Intel-x86-Prozessoren bis zu High-End-Prozessoren für Smartphones, dann gehen ungefähr 80 Prozent heute durch Taiwan." Entsprechende Industrieparks ziehen sich vom Norden bis in den Süden der Insel – auf der China zugewandten Westseite, die wohl erstes Ziel eines möglichen Angriffes wäre.

Taiwans einzigartiges Ökosystem spielt auch in der Frage eines möglichen Krieges eine wichtige Rolle. Der Journalist Craig Addison bezeichnete bereits im Jahr 2000 die Chip-Industrie als Taiwans „Silicon Shield", also als „Silizium-Schutzschild". Konkret bedeutet das: Taipehs engster Verbündeter, die USA, und letztlich alle Industriestaaten hängen wirtschaftlich und technologisch so stark von TSMC und Co. ab, dass sie allein deshalb versuchen werden, China

von einer Invasion abzuhalten. Die taiwanische Regierung weiß das natürlich und stärkt stetig den Silizium-Schutzschild. Der Begriff ist auch in Taiwan zum geflügelten Wort geworden.
Zugleich ist China ebenso weiterhin sehr stark von Taiwans Chip-Industrie abhängig. Wie sich das auf die Kriegswahrscheinlichkeit auswirkt, ist umstritten. Craig Addison glaubte, wie manche Experten heute, dass China wegen dieser Abhängigkeit Taiwan nicht angreifen wird. Denn bei einer Invasion könnten unter anderem wichtige Fabriken zerstört werden, auch durch Sabotageakte der Taiwaner. Zudem würden hochspezialisierte Ingenieure, insbesondere Ausländer, wohl fliehen.
Die amerikanische Analysefirma IC Insights jedoch kam zum gegenteiligen Schluss: China könnte Taiwan gerade wegen seiner Chip-Industrie angreifen. Denn China hinkt trotz Milliardensubventionen technologisch weiterhin Jahre hinterher. Die Aufholjagd wird erschwert durch US-Exportverbote gegen die chinesischen Chip-Champions SMIC und Hisilicon, eine Huawei-Tochter. Durch eine Invasion, behauptet IC Insights, könnte China sich Taiwans Fähigkeiten unter den Nagel reißen.
In der Industrie selbst scheinen solche konkreten Überlegungen kaum eine Rolle zu spielen. Eine Quelle bei einer Halbleiterfirma in Taiwan, die mit dem strategischen Risikomanagement ihres Arbeitgebers vertraut ist, sagt, ein Kriegsszenario sei zu eng. „Das übergeordnete Szenario ist der amerikanisch-chinesische Konflikt. Und dann geht es darum, was daraus folgt."
Ähnliches berichtet der Halbleiter-Experte Jan-Peter Kleinhans von der Stiftung Neue Verantwortung von seinen Recherche-Gesprächen: „In der Politik wird ständig über Taiwan geredet, aber in der Industrie spricht niemand darüber, wenn ich es nicht anspreche."
Tatsächlich expandieren auch ausländische Chip-Zulieferer in Tai-

wan weiter, etwa der deutsche Hersteller von Spezialmaterialien Merck.

Sollte China eines Tages Taiwan dauerhaft zu See und in der Luft blockieren, wie im Sommer 2022 nach dem Taiwan-Besuch der amerikanischen Politikerin Nancy Pelosi geübt, oder sollte China wirklich Taiwan angreifen, dann wären die globalen Chip-Lieferketten für Monate, wenn nicht Jahre gestört. Denn die Produktion ist hochkomplex. Die Beratungsfirma McKinsey schreibt in einer Analyse, dass selbst die Produktion eines etablierten Chips bei einem erfahrenen Fertiger vier Monate Vorlauf benötige. Wolle man die Chips in einem anderen Werk desselben Fertigers produzieren, müsse man zusätzlich mit einem halben Jahr rechnen. Und wolle man den Fertiger wechseln, müsse man das Chip-Design an dessen Produktionsprozesse anpassen – und ein weiteres Jahr hinzufügen. Insgesamt wäre das ein Vorlauf von 22 Monaten.

Wegen dieser Komplexität spricht man in der Branche auch von einem „Lock-in"-Effekt: Wird man einmal Kunde von TSMC, verzahnen sich die eigenen Produkte immer mehr mit den Prozessen des Fertigers. TSMC fördert auf clevere Weise diesen Effekt, indem es seit einigen Jahren verstärkt selbst die Montage und das Testen von Chips anbietet. Ein Insider sagt: „TSMC wirft einen großen Staubsauger an, um das ganze Know-how bei sich zu haben. Je mehr Know-how auch des Kunden bei TSMC ist, desto weniger wird der Kunde geneigt sein, TSMC zu verlassen."

Doch westliche Regierungen versuchen sich verstärkt in geografischer Diversifizierung in der Chip-Produktion. Als Begründung würden sie zwar wohl kaum die Gefahr eines Krieges um Taiwan nennen. Aber viele Argumente sind damit zumindest verwandt: nationale Sicherheit, technologische Souveränität, Versorgungssicherheit.

Diese Regierungen buhlen dabei ausgerechnet um TSMC. Die USA unter Donald Trump haben mit mehr oder weniger sanftem Druck als Erste im Mai 2020 eine Zusage für ein eigenes Werk in den Vereinigten Staaten erhalten. Dabei dürfte eine Rolle gespielt haben, dass TSMC spezielle Chips für amerikanische Kampfjets fertigt. Japan hat TSMC ebenso mit hohen Subventionen dazu bewegen können, ein Werk im Land zu eröffnen. In Festlandchina baut TSMC seinen bis dato einzigen nichttaiwanischen Standort aus. Und schließlich sagte TSMC 2023 auch in Europa zu, ein Werk mit lokalen Partnern zu eröffnen – in Dresden.

Die weltweite Abhängigkeit von Taiwan dürfte das kaum abschwächen. Denn TSMC will weiter daheim den Großteil seiner Werke betreiben und dort seine besten Chips herstellen.

10 E-AUTOS

Wie BYD zu Teslas größtem Konkurrenten wurde | Oktober 2023

Als der chinesische Unternehmer Wang Chuanfu 2003 eine „bankrotte, kleine Mist-Automarke“ kaufte, erntete er Kopfschütteln. Wang stellte mit seiner Firma BYD bis dato vor allem Handy-Batterien her. Seine Manager und Aktionäre verstanden nicht, warum er nun Autos bauen wollte. Auch das Team der amerikanischen Investorenlegende Warren Buffett, das sich die aufstrebende Firma für einen möglichen Einstieg genauer anschaute, war irritiert.

„Bitte lass diese dumme Sache“, sagte das Team zu Wang, wie Buffetts rechte Hand Charles Munger einmal erzählte. Die in Mungers Worten „Mist-Automarke“ schien ein kurioser Kauf: Der Staatsbetrieb Qinchuan Auto hatte einst Raketen für einen möglichen Krieg mit Taiwan produziert, dann Suzuki-Autos und schließlich ein eigenes Modell, erfolglos.

Wang blieb stur – und lag goldrichtig. Heute führt BYD den chinesischen Automarkt an, den größten der Welt. Im vierten Quartal 2023 verkaufte BYD weltweit erstmals mehr E-Autos als der Pionier Tesla.

Und Wang will auch die traditionellen Autobauer angreifen. In einem viralen Video forderte er im August 2023 von Chinas Autobauern: „Lasst uns die alten Legenden demolieren und neue Weltklassemarken schaffen!“

Der erstaunliche Aufstieg von BYD ist mehr als nur die Geschichte eines mutigen Unternehmers. Der Erfolg beruht auf jener zweistufigen Strategie, mit der sich China insgesamt zur möglichst unabhängigen Technologie-Supermacht hocharbeiten will: zuerst mit günstigen Arbeitern und hemmungslosem Kopieren die Konkurrenz einholen; dann möglichst viel selbst machen, von der Entwicklung neuer Technologien bis zur Produktion, um die Wertschöpfungs- und Lieferketten zu dominieren.

Wang Chuanfus Werdegang ist eine typisch chinesische Aufsteigergeschichte – allerdings hoch zehn. Er wurde 1966 in einer armen Gegend in der ostchinesischen Provinz Anhui geboren, als zweitjüngstes von acht Geschwistern. Sein Vater soll laut der Analysefirma Gavekal Dragonomics zwar eine Art kommunistischer Dorfchef und damit vergleichsweise privilegiert gewesen sein, doch er und die Mutter starben bald.

Wangs ältere Geschwister arbeiteten, um dem Junior eine gute Bildung zu ermöglichen. Er studierte Chemie, machte einen Master in Peking und arbeitete dort an einem Forschungsinstitut. Dort soll er Chinas Potenzial erkannt haben, mit Japans Batterieherstellern zu konkurrieren. Doch das staatliche Institut war ihm zu behäbig.

Mitte der 1990er Jahre zog er in Chinas wohl dynamischste Stadt, nach Shenzhen bei Hongkong. Die boomende Stadt war erst 1979 gegründet worden, rund um Chinas erste Sonderwirtschaftszone, in der die Kommunisten erstmals mit dem Kapitalismus experimentierten. Shenzhen zog Unternehmer aus dem ganzen Land an, und deren Fabriken lockten unzählige Wanderarbeiter.

Mit dem Geld eines Onkels gründeten Wang und drei Arbeitskollegen 1995 BYD. Das Kürzel steht heute für „Build Your Dreams“, aber ursprünglich soll es sich auf eine Firmenadresse in der Yadi-Straße bezogen haben. Wang selbst sagte einst, womöglich scherzhaft, BYD stehe für „Brings You Dollars". Ihm hat die Firma reichlich Dollars gebracht: rund 15 Milliarden. Damit zählt er zu den reichsten Menschen der Welt.

BYD produzierte zunächst einfache, wiederaufladbare Nickel-Cadmium-Batterien für Spielzeuge und Elektronikgeräte, deren Hersteller oft in der Nachbarschaft saßen. Bald erweiterte BYD seine Produktpalette um aufwändigere Lithium-Ionen-Akkus für Handys von Motorola und Nokia.

Kern des Erfolgs war knallharte Kostenkontrolle. BYD gab laut seinem Gründer für eine neue Fabrik nur ein Zwanzigstel dessen aus, was der japanische Konkurrent Sanyo investierte. Denn BYD setzte nicht auf teure Produktionsroboter, sondern auf günstige Arbeiter. „Wir nutzen Menschen als Ersatz für Maschinen", sagte Wang Chuanfu in einer Rede 2004. BYD-Arbeiter würden sogar dazu trainiert, in derselben Geschwindigkeit zu laufen. Erst Mitte der 2010er Jahre sollte BYD zunehmend auf Roboter umrüsten.

Ähnlich penibel wurde der Produktionsprozess organisiert. Laut einem BYD-Manager fertigte Sanyo eine Batterie in 30 Schritten. BYD machte daraus 200. Jeder Arbeiter war für einen winzigen Schritt zuständig. Ein Arbeiter pulte am Klebeband über den Batteriekontakten, ein anderer entfernte es.

Anfang der 2000er Jahre sanken die Margen im Batteriegeschäft. BYD schaute sich nach Alternativen um. Die Firma fertigte andere Elektronikprodukte, von Tastaturen über Siemens-Handys bis Computerchips. Und sie enterte den Automarkt. Der boomte, weil viele Chinesen sich nun erstmals ein Auto leisten konnten und die Regierung im ganzen Land Straßen baute.

2002 ging BYD in Hongkong an die Börse. Mit einem Teil der Einnahmen kaufte Wang 2003 die bankrotte Firma Qinchuan Auto.

Offenbar wollte er vor allem deren Lizenz als Autobauer, wie eine wissenschaftliche Studie später feststellte. Denn neue Produktionslizenzen vergab die kommunistische Regierung kaum, auch um die vielen Joint Ventures zwischen staatlichen und ausländischen Autobauern wie Volkswagen und Toyota zu schützen.

Ein eigenes Auto zu entwickeln, war eine viel größere Herausforderung als eine Batterie. BYD bediente sich bei der Konkurrenz. Eigene Forschung und Entwicklung trage nur zu fünf Prozent zu neuen Produkten bei, erklärte Wang 2007 dem „China Entrepreneur Magazine". Den Rest lerne BYD von anderen Herstellern, indem es deren Patente analysiere und deren Produkte auseinanderbaue.

Eines Tages, so erzählte es Wang, habe er seinen Ingenieuren einen Mercedes hingestellt. Diese weigerten sich, ein solch teures Auto auseinanderzubauen. Wang zerkratzte den Lack mit einem Schlüssel, dann sagte er: „Nun könnt ihr das Auto auseinandernehmen." Nur wenige Jahre später, 2010, sollte BYD mit Daimler die gemeinsame E-Auto-Marke Denza gründen.

Als die Ingenieure Wang 2004 das erste BYD-Auto präsentierten, war der Boss alles andere als angetan. Das Auto war ihm zu hässlich. Wang befahl seinen Ingenieuren, von vorn anzufangen. Wieder setzte er sich über Einwände hinweg. „Unsere Firma hat nur eine Stimme und kann keine andere haben", erklärte Wang einmal. Das garantiere Effizienz und erlaube rasches Wachstum.

Der zweite Versuch mit einem Auto saß, und wie. BYD lancierte 2005 die Kompaktlimousine F3 mit Verbrennermotor. Der F3 ähnelte stark dem Toyota Corolla, kostete aber nur halb so viel. Das Modell wurde in den Folgejahren in China eines der meistverkauften seiner Art.

Wie schon bei den Batterien setzte BYD auf vertikale Integration, also darauf, möglichst wenige Zulieferer zu haben und möglichst viel selbst zu machen. In der erwähnten Dragonomics-Studie nennt der China-Chef eines europäischen Zulieferers ein Beispiel: Einst bestellte BYD bei ihm komplette Scheibenwischer. Dann machte es die Gummiwischer und Metallarme selbst und wollte nur noch Motoren. Künftig werde BYD wohl auch keine Motoren mehr brauchen, sagte der Manager.

2009 verdiente BYD erstmals mit Autos mehr Geld als mit seinem ursprünglichen Geschäft aus Batterien und Mobiltelefonen. Der Konzern war nun vor allem ein Autobauer. Damals schon gab Wang Chuanfu ambitionierte Ziele aus: Bis 2015 sollte BYD Chinas größter Autobauer werden, bis 2025 der größte der Welt.

Das erste Ziel erreichte der Konzern erst Ende 2022, das zweite ist theoretisch noch zu schaffen. Dazu müsste BYD weiter so spektakulär wachsen wie im Jahr 2023. Der Konzern hat die weltweite Top Ten geentert, aber lag 2023 mit drei Millionen verkauften Fahrzeugen weit hinter den gut zehn Millionen des Spitzenreiters Toyota.

BYD konnte Ende der 2000er Jahre also massenhaft Verbrennerautos bauen, aber haderte mit der logischen Kombination seiner Stärken, dem Bau batteriebetriebener Elektroautos. Mehrfach kündigte BYD die Lancierung von E-Modellen an. Mehrfach blieben die Showrooms der Händler leer. Wang Chuanfu gestand 2011, seine Firma könne nicht genügend Batterien produzieren.

Ähnlich erging es E-Auto-Pionieren auf der ganzen Welt. Die Technologie war neu, E-Autos waren noch viel teurer als Verbrennerautos, es gab praktisch keine Ladeinfrastruktur, und die Reichweite der Batterien war sehr begrenzt. Tesla verkaufte bis 2012 nur knapp 2.500 Exemplare seines ersten Modells, eines Roadsters für rund 100.000 US-Dollar.

Wer E-Autos von BYD auf der Straße sehen wollte, der musste in die Heimatstadt des Konzerns kommen. Die Shenzhener Stadtregierung kaufte 2010 einige Exemplare des Kompaktwagens E6. Sie fuhren als Taxis, waren also im Dauereinsatz und brachten BYD wertvolles Feedback.

Die Tests bewährten sich so sehr, dass die Shenzhener Regierung praktisch die gesamte städtische Taxiflotte von 21.000 Fahrzeugen bis Ende 2018 auf den elektrischen E6 umstellte. Heute prägen die identischen, blau-weißen Autos das Stadtbild. Sie sind bequem, bieten auch auf der Rückbank viel Platz und sausen fast geräuschlos durch die Häuserschluchten der 20-Millionen-Einwohner-Stadt.

Die Kooperation zwischen BYD und Shenzhen ist typisch für China. Viele Lokalregierungen unterstützen gezielt ihre lokalen Champions, indem sie nicht nur großzügig Subventionen vergeben, sondern auch deren Produkte kaufen – oder beides zusammen. Noch vor den Taxis stellte Shenzhen seine gut 16.000 Stadtbusse auf E-Modelle von BYD um; lokale und nationale Subventionen summierten sich auf gut 60 Prozent des Kaufpreises.

In einem rein marktwirtschaftlichen System mit einer Ausschreibungspflicht für öffentliche Aufträge wäre das kaum möglich. In China ist es kein Problem. Heute hat Shenzhen die größte elektrische Taxi- und Busflotte der Welt. Für BYD ist das ein exzellentes Verkaufsargument beim Export – seine Busse fahren inzwischen auch in den Niederlanden, den USA und Kolumbien.

Langsam kauften auch Privatkunden vermehrt BYD-Autos mit alternativen Antrieben, unterstützt durch landesweite Kaufprämien der Regierung und den Ausbau der Ladeinfrastruktur. Ab Mitte der 2010er Jahre wurden Plug-in-Hybrid-Modelle populär. Diese können die Batterie durch einen integrierten Verbrennungsmotor aufladen und mindern somit das Risiko, nicht rechtzeitig eine Ladestation zu erreichen. Reine E-Autos gewannen bei BYD 2018 die Oberhand, als der Konzern erstmals mehr als 100.000 Stück verkaufte.

Doch für den absoluten Durchbruch brauchte BYD, wie Chinas E-Auto-Branche insgesamt, Know-how aus dem Ausland. Das Problem von BYD waren Design und Markenidentität. Die klobigen Autos waren günstig und galten als „gut genug", aber mehr nicht. Wer in China etwas auf sich hielt, kaufte ein Auto eines Herstellers aus Deutschland, Japan oder den USA. Bezeichnenderweise fuhren in den reichsten Städten Peking und Schanghai kaum BYD-Autos.

Wang Chuanfu musste umdenken. Der Naturwissenschaftler, der einst nur die Technologie für seine Produkte sprechen lassen wollte, gab eine neue Losung aus: „Technologie ist BYDs harte Stärke, und Design wird die softe Stärke der Firma werden." So ließ sich Wang zitieren, als der Konzern 2019 ein „Global Design Center" eröffnete. Heute beschäftigt BYD nach eigenen Angaben 800 Designmitarbeiter in zehn Ländern. Chefdesigner ist der Deutsche Wolfgang Egger, der diese Rolle zuvor bei Audi, Alfa Romeo und Seat innehatte. Der Schweizer Michele Jauch-Paganetti, einst bei Mercedes, ist Chef für Innendesign. Ein ehemaliger Ferrari-Mitarbeiter verantwortete zeitweise das Außendesign.

Das hat den BYD-Modellen sichtbar gutgetan. Optisch erinnert heute wenig an das austauschbare Design der ersten Jahre. Die Han-Limousine etwa hat mit ihrem muskulösen Auftritt und der kantigen Linienführung Wiedererkennungswert. Früher undenkbar, präsentierte BYD 2023 erstmals einen Sportwagen – der elektrische Yangwang U9 sieht aus wie ein futuristischer Lamborghini.

Der große Boom von E-Autos in China begann, nachdem Tesla 2019 eine Fabrik in Schanghai eröffnet hatte. Es gab zwar schon Dutzende chinesische Hersteller, aber wie BYD verkauften sie lange nur wenige E-Autos – zu wenige nach dem Geschmack der chinesischen Regierung. Sie lockte den amerikanischen E-Auto-Pionier ins Land, damit er wie ein „Raubwels" die anderen, trägen Fische im Teich aufscheucht – so erzählte es ein damaliger chinesischer Minister dem „Wall Street Journal".

Tesla, dessen Gründer Elon Musk von vielen Chinesen als Unternehmerlegende ähnlich verehrt wird wie der Apple-Gründer Steve Jobs, erzeugte in China endgültig Neugier und Euphorie für E-Autos. Die Schanghaier Fabrik stärkte zudem die chinesische E-Auto-Industrie, indem sie wie von der Regierung verlangt den Anteil lokaler Zulieferer sukzessive erhöhte, auf nun mehr als 95 Prozent. Von diesem Schub profitierten auch chinesische Hersteller wie Xpeng, Nio oder BYD.

2021 war es so weit. In China explodierten die Verkäufe von sogenannten New Energy Vehicles, also von batteriebetriebenen Autos mit oder ohne ergänzenden Benzinmotor. Fast 3 Millionen solcher Fahrzeuge wurden verkauft, 169 Prozent mehr als im Vorjahr. Das waren knapp 15 Prozent aller Neuwagen. BYD führte die Liste mit fast 600.000 Autos vor Tesla an, auch dank seiner Hybridmodelle.

Im ersten Halbjahr 2022 verkaufte BYD erstmals auch weltweit mehr Autos als Tesla. Die „Financial Times" titelte, der Shenzhener Konzern sei nun der größte E-Auto-Bauer der Welt. Das jedoch stimmte nur, wenn man die Hybridmodelle mitzählt, was die meisten Fachleute nicht tun. (Die Produktion von Verbrennerautos stellte BYD im März 2022 ein.) Ende 2023 schließlich überholte BYD Tesla auch bei reinen E-Autos.

Um dieses Ziel zu erreichen, hat BYD seine Produktpalette massiv erweitert. An der Automesse Schanghai im April 2023 präsentierte der Konzern ein Dutzend Modelle, vom Kleinwagen Seagull mit einem Startpreis in China von umgerechnet rund 10.000 Euro bis zu SUV für den zehnfachen Preis. In Europa sind erst in manchen Ländern wie Norwegen und Deutschland eine Handvoll Modelle verfügbar.

Schon 2011 wollte BYD europäische Märkte entern, erfolglos. 2022 blies der Konzern erneut zur Europa-Offensive, bisher blieb sie aus. Im September 2023 entließ der deutsche BYD-Vertriebspartner seinen Chef. Selbst auf die für BYD exzellente Nachricht, dass der deutsche Autovermieter Sixt 100.000 E-Autos bestellt habe, folgte eine negative Schlagzeile. „Spionage-Gefahr auf Rädern" titelte die „Bild"-Zeitung, weil moderne Autos mit allerlei Sensoren ausgestattet sind. Der Artikel verschreckte laut einem BYD-Mitarbeiter die Konzernzentrale. Das könne erklären, warum BYD der NZZ weder ein Interview noch einen Besuch des Showrooms organisieren wollte. Letztlich konnte der Autor als Mitglied ausländischer Delegationen das Firmengelände besichtigen.

Am östlichen Stadtrand von Shenzhen, entlang des jungen Biyadi-Boulevards, hat sich der Konzern auf einem Areal von der Größe eines europäischen Stadtteils ausgebreitet. Ein schnittiger Zug auf Stelzen verbindet Wohnheime für Mitarbeiter mit Fabriken und Büros. Der fahrerlose Zug namens Skyrail stammt auch von BYD, konnte aber bisher kaum verkauft werden.

Der Showroom illustriert den rasanten Aufstieg der Firma. Da ist ein Foto von 2003, als der CEO Wang in einem einfachen Besprechungszimmer den so folgenreichen Kauf von Qichuan Auto besiegelte. Auf einem Bild von 2009 tauscht Wang mit Warren Buffett Geschenke aus, als dessen Investmentfirma Berkshire Hathaway rund 10 Prozent an BYD übernahm – einen Teil der Aktien hat Buffett 2023 mit rund 40-fachem Gewinn verkauft.

Eine riesige Wand mit Patenten zeigt, dass BYD längst nicht mehr nur auf kreativen Wegen die Patente der Konkurrenz umgeht, sondern viel eigene Technologie entwickelt, die es nun selbst weltweit schützt. BYD beantragte für E-Autos seit 2003 rund 13.000 Patente, 16-mal mehr als Tesla.

Ein Großteil der Patente betrifft Batterien. BYD ist 2023 der zweitgrößte Hersteller von Batterien für E-Autos geworden, vor LG aus Südkorea und hinter dem chinesischen Konkurrenten CATL. Die laut Eigenwerbung „revolutionären" Klingenbatterien verkauft BYD auch an Tesla und gemäß einem Medienbericht bald an Mercedes. Klingenbatterien sind ein kompaktes Set aus klingenförmigen Batteriezellen. Im Unterschied zu herkömmlichen Lithium-Ionen-Akkus enthalten sie zudem Lithium-Eisen-Phosphat. Das soll sie sicherer machen, wie BYD im Showroom spektakulär demonstriert.

In einem abgeschirmten Glaskasten treibt ein Roboter einen Nagel in einen Standard-Akku – er geht sofort in Flammen auf. Wenn der Akku explodiere, gebe es für Autoinsassen kein Entkommen, sagt eine BYD-Mitarbeiterin.

Dann treibt der Roboter einen Nagel in eine Klingenbatterie. Es passiert – nichts. Ein Messgerät zeigt nur einen leichten Spannungsabfall. „Das setzt einen neuen Standard für die Sicherheit von Autos", sagt die Mitarbeiterin.

Ein wuchtiges Säulendiagramm im BYD-Showroom verdeutlicht, welch Kraftprotz da nun die Weltmärkte erobern will: Der Konzern verdoppelte seinen Umsatz erstmals innerhalb eines Jahres, als er ab 2005 Autos verkaufte. Das zweite Mal passierte das 2022, als der Verkauf von Autos mit alternativen Antrieben explodierte. Die Umsatzsäule schießt hoch auf rund 50 Milliarden Euro und überragt das Diagramm wie eine Giraffe eine Ziegenherde.

Nun stellt BYD in atemberaubendem Tempo neue Beschäftigte ein. Seit dem Sommer 2022 kamen innerhalb eines Jahres gut 200.000 Mitarbeiter hinzu. Weltweit arbeiten mehr als 630.000 Leute für den Konzern. Wie andere E-Auto-Bauer investiert BYD weltweit in Lithium-Minen und -raffinerien, um sich Rohstoffe für seine Batterien zu sichern.

Außerdem lässt der Konzern mindestens sechs riesige Frachtschiffe zum Autoexport bauen. Jedes Schiff kostet laut der Nachrichtenagentur Bloomberg mehr als 100 Millionen Euro und kann bis zu 7.700 Autos transportieren. Andere chinesische Autobauer haben ebenfalls Schiffe bestellt. Sie alle sind zum Export verdammt, weil der chinesische Markt als weitgehend gesättigt gilt.

Die EU-Kommission könnte BYD und Co. zwar Hürden in den Weg stellen, wenn sie wie angedroht Strafzölle auf Importe erheben sollte, um Chinas Subventionen auszugleichen. BYD erhielt laut seinen Geschäftsberichten zwischen 2008 und 2021 mindestens rund 800 Millionen Euro an direkten Subventionen; der Gesamtumfang inklusive indirekter Subventionen wie günstigem oder kostenlosem Bauland könnte weit höher sein.

Doch die EU-Zölle müssten recht hoch sein, um BYD weh zu tun. Denn der Konzern produziert laut einer Analyse der Schweizer Bank UBS in China viel effizienter als etwa Volkswagen in Europa. Der Kostenvorteil des BYD-Modells Seal beträgt im Vergleich zum VW ID.3 mindestens 10.000 US-Dollar.

Am Ende könnten also vor allem die Konsumenten entscheiden, ob BYD diesmal in Europa der Durchbruch gelingt – oder nicht.

An der Automesse Schanghai beginnt Chinas Europa-Offensive | April 2023

Gleich am ersten Tag der Schanghaier Automesse, kurz nach der Eröffnung, ertönte vom Stand der E-Auto-Marke Hiphi eine selbstbewusste Botschaft. „Früher haben wir Weltmarken nach China geholt", verkündete von einer Bühne der CEO Ding Lei, als sei er

Chinas Handelsminister: „Nun wollen wir chinesische Marken in die Welt hinaustragen."

Dings Worte stehen repräsentativ für das Selbstverständnis vieler chinesischer E-Auto-Marken, die in den vergangenen Jahren zu Dutzenden entstanden sind. Die erfolgreichsten von ihnen präsentieren sich mit riesigen Ständen an der weltgrößten Automesse. Sie heißen BYD („Build Your Dreams"), Li Auto, Xpeng oder Nio.

In China dominieren sie den Markt für sogenannte New Energy Vehicles, zu denen die hiesigen Behörden auch Plug-in-Hybrid-Antriebe zählen. Von der ausländischen Konkurrenz schafft es in dieser Kategorie nur noch Tesla in die Top Ten der erfolgreichsten Verkäufer, nämlich auf Platz zwei. Nun wollen viele chinesische E-Auto-Bauer diese Erfolge verstärkt im Ausland wiederholen, allen voran in Europa.

Das Start-up Human Horizons mit der Marke Hiphi hat besonders ambitionierte Pläne. Es wurde 2019 in Schanghai von langjährigen Automanagern gegründet. Einer von ihnen, der britische Chief Technology Officer Mark Stanton, sagte auf der Automesse, Hiphi wolle in den kommenden fünf Jahren die Märkte in 17 europäischen Ländern und in sieben im Mittleren Osten abdecken.

Als Erstes hat Hiphi in München und Oslo Verkaufsräume eröffnet. Stanton begründete dies damit, dass Deutschland Europas größter Markt für E-Autos sei. Zudem gebe es in München viele „junge gebildete Erwachsene, die ideale Kunden sind". Hiphis SUVs und nunmehr zwei Limousinen fallen durch futuristisches Design auf.

In Norwegen sind rund 80 Prozent aller Neuwagen E-Autos. Deshalb und wegen Subventionen ist das Land zusammen mit den Niederlanden und Deutschland oft die erste Station, wenn chinesische E-Marken nach Europa expandieren, wie das etwa BYD und Nio vorgemacht haben. Hiphi will seine Autos außerdem in Großbritannien verkaufen sowie außerhalb seiner Hauptzielmärkte auch in Japan und Australien.

Dabei kann Hiphi offensichtlich auf prominente internationale Zulieferer zählen. Die Liste der gut dreißig globalen Partner, welche die Marke zum Ende der Präsentation ihrer Manager einblenden ließ, nannte die deutschen Konzerne BASF, Bosch, Continental und Infineon sowie die amerikanischen Tech-Größen Microsoft, Nvidia und Qualcomm.

Die internationale Expansion der chinesischen Autobauer hat auch für den Parteistaat hohe Priorität. Im April 2023 beriet sich die Zentralregierung, wie Chinas insgesamt schwächelnde Exporte zu stabilisieren seien. Der Vizehandelsminister Wang Shouwen verwies darauf, dass der Wert der chinesischen Exporte in US-Dollar in den Vormonaten gesunken sei. Wang begründete dies unter anderem mit nicht näher definierten „Handelsrisiken".

Die Zentralregierung will deshalb zunächst zum Beispiel den „Handel mit Schlüsselprodukten stabilisieren". Minister Wang sagte, dass die Regierung Autofirmen beim „Aufbau und bei der Verbesserung von Systemen für internationale Marketingdienstleistungen unterstützen" werde. Generell sollen die Prozeduren beim Zoll und zur Erstattung von Ausfuhrsteuern erleichtert werden.

Gesagt, getan: An der Schanghaier Automesse gab es erstmals ein Forum namens „Chinesische Autos gehen nach Übersee". Organisiert wurde es von der Außenhandelsförderung der Schanghaier Lokalregierung und vom Shenzhener Tech-Konzern Tencent.

Früher seien chinesische Autos vor allem nach Iran, Algerien und Chile exportiert worden, sagte Zhang Guohua, der Vizedirektor der Handelskommission der Schanghaier Regierung. 2022 begannen mehrere E-Hersteller mit ihrer Expansion nach Übersee. Deshalb verkauften chinesische Autobauer nun insgesamt in dreißig Ländern mehr als 10.000 Fahrzeuge im Monat. Zudem hätten sie den durchschnittlichen Exportpreis mehr als verdoppeln können, auf umgerechnet nun 24.000 Euro.

Zugleich gebe es drei größere Herausforderungen für Chinas Autoexporte, sagte Zhang. Erstens seien die Logistikkosten weiterhin hoch. Zweitens führten Regierungen weltweit protektionistische Maßnahmen ein, neben den USA etwa auch die Türkei. Und drittens unterschieden sich die Zertifizierungsstandards der Länder, was die Kosten für die Exporteure erhöhe.

Was Letzteres konkret bedeuten kann, verdeutlicht das Beispiel eines Renault-Modells. Der Dacia Spring gilt als Europas günstigstes E-Auto. Renault ließ ihn ursprünglich beim Konzern Dongfeng für den chinesischen Markt bauen – und musste für die Zertifizierung in Europa unter anderem die Karosserie verstärken und sechs Airbags einbauen, wie der Autoberater Jochen Siebert von JSC Automotive der Nachrichtenagentur Bloomberg sagte.

Der Tech-Konzern Tencent organisierte kurz vor der Schanghaier Automesse noch eine weitere Konferenz, um für seine branchenrelevanten Produkte zu werben. Manager stellten etwa den Kartendienst Tencent Maps vor oder priesen den „intelligenten Sprachassistenten", der auf Tencents Cloud-Computern basiert.

Auf der Veranstaltung sprachen auch ein Einkaufsmanager von BMW und ein Direktor für Forschung und Entwicklung im Bereich smartes Fahren von Bosch. Der schwäbische Automobilzulieferer sei glücklich, dass er mit Tencent in China Innovationen entwickeln könne, sagte im Gespräch Bernd Eitel, Tencents Kommunikationschef für den europäischen Markt. „Möglicherweise gibt's morgen auch Spin-offs für Europa."

Tesla rockt China. Wie lange kann das gutgehen? |

Februar 2022

Tesla, wer oder was ist das? Es ist heute kaum mehr vorstellbar, aber im Jahr 2010 war es ein Start-up, das kaum jemand kannte. Tesla hatte erst 1.000 E-Autos verkauft, also schickten die Kalifornier ein Auto auf Weltreise und zur Chinesischen Mauer. In der Nähe von Peking drehte ein berühmter chinesischer Schauspieler ein paar Runden, dann ging es weiter zur Geburtsstadt von Konfuzius.

2014 eröffnete Tesla seinen ersten Laden in China, und noch Jahre später, erzählt eine Verkäuferin in Shenzhen, seien Kunden über den sinisierten Namen gestolpert: „Te-si-la? Sie meinen Godzilla?"

Heute muss man Tesla in China nicht mehr vorstellen. Der E-Auto-Pionier produziert in Schanghai mittlerweile mehr als die Hälfte all seiner Autos, 2023 rund eine Million. China hat weltweit die meisten Hersteller von Batterieautos, trotzdem verkauft Tesla dort viel mehr Fahrzeuge als die Konkurrenten Xpeng, Nio und Li Auto; nur der neue Weltmarktführer BYD verkauft noch mehr. Elon Musk, der Firmengründer, ist für viele chinesische Tech-Fans ein Halbgott, wie im Westen.

Teslas Erfolg mag auf den ersten Blick überraschen. Schließlich stecken die USA und China in einem Wettstreit um die Tech-Vorherrschaft. China will bei Schlüsseltechnologien wie Elektroautos, autonomem Fahren und Batterien Selbstversorger werden. Daten, wie Tesla sie massenhaft zur Entwicklung des autonomen Fahrens benötigt, gelten für Peking als Produktionsfaktor und sollen das Land praktisch nicht mehr verlassen. Wie also erklärt sich der Erfolg von Tesla in China? Und wie lange kann er anhalten?

Tesla zehrt auch in China noch von seinem Nimbus als Pionier. Lee

Yuan, eine 35-jährige Frau aus der Technologie-Metropole Shenzhen, die ihren richtigen Namen nicht veröffentlicht sehen will, ist stolze Besitzerin eines knallroten Model 3 mit weißem Interieur. Sie sagt: „Als ich zum ersten Mal von Elon Musk gehört habe, wusste ich, dass ich eines Tages einen Tesla besitzen würde." Die Geschäftsfrau bewundert Musks „revolutionären Geist". Sie sagt: „Er hat so viel Geld und so viel Energie investiert, er hat elektrische Autos erfunden."

Als Tesla nach China kam, inszenierte es sich zunächst, wie im Rest der Welt, als Luxusauto für den modernen Tech-Menschen des 21. Jahrhunderts. In Shenzhen etwa präsentierte Tesla einst ein neues Modell in einem Jachtklub. Noch heute würden Teslas von Porsche- oder Ferrari-Fahrern als elektrischer Zweitwagen gekauft, erzählt die erwähnte Verkäuferin, die wegen Schweigevereinbarungen nicht namentlich zitiert werden will, in einem Tesla-Laden im Stadtzentrum.

Der Schauraum ist lichtdurchflutet, die halbrunde Fassade in einem Luxus-Einkaufszentrum komplett verglast. Die Filiale habe 2020 in ganz China am meisten Teslas verkauft, sagt die junge Verkäuferin stolz. Als Anerkennung gab es ein wuchtiges Getriebe eines Tesla Model 3, das in einer Vitrine ausgestellt ist. Sonst stehen in dem minimalistischen Showroom noch drei Tesla-Modelle und eine leere Karosserie, um Kunden die innovative Bauweise vorzuführen, das ist alles.

Das Produkt solle für sich selbst sprechen, sagt die Verkäuferin. „Unser wichtigster Leistungsindikator sind die Testfahrten für Kunden." Die Modelle sind mittlerweile günstiger, auch weil Tesla wegen seiner Produktion in China keinen Importzoll mehr zahlen muss. Nun kämen vermehrt junge Paare, die das Geldgeschenk ihrer Eltern zur Hochzeit ausgeben wollten, sagt die Verkäuferin. Junge Männer überzeuge die rasante Beschleunigung der Wagen, junge Frauen der Fahrassistent. Die meisten Kunden arbeiteten in den Sektoren Finanzen oder Technologie, in denen Shenzhen stark ist.

Entscheidend für Tesla Erfolg in China sei die Strahlkraft der Marke, sagt Tu Le von der Pekinger Analysefirma Sino Auto Insights. Teslas Credo sei: „Ich bin eine coole Autofirma, die halt elektrische Fahrzeuge baut." Tesla konkurriere direkt mit traditionellen Verbrenner-Marken wie Audi und BMW, im Gegensatz zur chinesischen Konkurrenz.

Insbesondere Nio wird zwar zuweilen als Chinas „Tesla-Killer" gehandelt, aber die sonst gern protektionistische Regierung hat die Amerikaner in den vergangenen Jahren oft gehätschelt. Der Höhepunkt war die Eröffnung einer neuen Tesla-Fabrik in Schanghai Ende 2019. Als erster ausländischer Autobauer musste Tesla dafür kein Gemeinschaftsunternehmen mit einem chinesischen Partner gründen, sondern darf die „Gigafactory" vollständig selbst besitzen. Zudem erhielt Tesla günstiges Land, Steuerrabatte und von Staatsbanken Milliardenkredite unter dem Marktzinssatz.

Die Regierung wollte so den darbenden heimischen E-Auto-Bauern Beine machen, wie der damalige Minister für Industrie und Informationstechnologie dem „Wall Street Journal" erzählte. So hoffte Peking, dass Tesla verstärkt auf chinesische Zulieferer setzen und der Industrie somit in ihrer Entwicklung helfen würde. Tatsächlich bezieht Teslas Schanghaier Werk mittlerweile fast alle Zuliefererteile aus China.

Dass die Firma amerikanisch ist, schien Chinas Machthaber in den Gesprächen um das Werk nicht groß zu stören. Vielmehr habe der Partei- und Staatschef Xi Jinping den in Südafrika geborenen Elon Musk als Technologie-Utopisten ohne politische Zugehörigkeit zu irgendeinem Land gesehen, berichtete das „Wall Street Journal" gestützt auf Regierungsquellen. Ministerpräsident Li Keqiang bot Musk 2019 denn auch eine rare chinesische Green Card an, als dieser die Zentrale der Kommunistischen Partei in Peking besuchte.

Musk weiß in Peking zu gefallen. „Ich liebe China wirklich sehr, und ich bin gewillt, viel öfter zu kommen", sagte er damals zu Li. Während Musk in den USA die behördlich verordnete Schließung seines Werks im ersten Covid-Lockdown ignorierte oder Präsident Joe Bidens Subventionen für E-Autos lautstark kritisierte, umgarnt er die Kommunisten. Als die Partei im Juli 2021 ihren 100. Geburtstag feierte, twitterte Musk: „Der wirtschaftliche Wohlstand, den China erreicht hat, ist wirklich erstaunlich, besonders in der Infrastruktur!"

Vor einem Jahr schien Tesla sich zunächst zu sträuben, seine in China erhobenen Daten im Land zu speichern. Die Firma wollte zudem einer Tesla-Besitzerin nach einem Unfall ihre Borddaten nicht übergeben. Daraufhin häufte sich in China Kritik an Tesla, die manche Beobachter für von den Behörden verstärkt oder gesteuert hielten.

Wenig später teilte Tesla mit, künftig alle Daten von chinesischen Kunden lokal zu speichern. Im September 2021 erklärte Musk das Prozedere per Videoschalte auf der World Internet Conference, mit der die chinesische Regierung ihre strenge Kontrolle des Internets exportieren will. Er sagte: „Wir bei Tesla sind froh, dass eine Reihe von Gesetzen und Vorschriften veröffentlicht wurden, um das Datenmanagement zu stärken."

Elon Musk agiert wie andere amerikanische Tech-Bosse vor ihm. Der heutige Apple-CEO Tim Cook sprach bereits 2017 auf der World Internet Conference, heute zensiert der Konzern besonders eifrig seinen chinesischen App-Store. Der Facebook-CEO Mark Zuckerberg empfing 2014 Chinas obersten Internetzensor und platzierte dazu auf seinem Schreibtisch Xi Jinpings Buch „China regieren“. Facebooks Expansion nach China klappte trotzdem nicht; heute kritisiert Zuckerberg das Regime.

Westliche Firmen bewegen sich in China zunehmend in einem Minenfeld. Der Analyst Tu Le findet, dass Tesla sich dabei clever verhält: Je nachdem, was gerade gefragt sei, präsentiere es sich in China mal als ausländische Marke, mal als chinesische. Im Tesla-Laden in Shenzhen prangt auf einem der in Schanghai produzierten Autos ein Aufkleber mit dem Landeskürzel „CN“. Den Sticker sieht man zuweilen auch auf Teslas auf der Straße.

Kann Tesla so längerfristig in China erfolgreich sein? Manches spricht dafür, etwa seine starke Marke. Manches aber dagegen, nicht zuletzt die auch dank Tesla erstarkte Konkurrenz, die zunehmend nach Europa und in die USA drängt.

Limousinen von Xpeng und Nio etwa sehen Teslas Model 3 nicht nur ähnlich, sondern gelten Autotestern auch als ernstzunehmende Rivalen. Selbst BYD, das lange nicht als Premiummarke galt und vor allem für Busse und Taxen bekannt ist, hat nun eine schicke Batterie-Limousine im Programm. Das Modell Han, benannt nach der gleichnamigen Dynastie, sieht man in seiner Heimatstadt Shenzhen an jeder Straßenkreuzung.

Viele Chinesen sind zwar nach wie vor skeptisch, was Hightech aus ihrer Heimat angeht. „Wir sind vielleicht ganz gut darin, Fabriken zu betreiben und Sachen zu produzieren“, sagt die Tesla-Besitzerin Lee Yuan. Zugleich bezweifelt sie, dass chinesische Hersteller Defekte rasch beheben könnten, die es bei neuen Produkten wie E-Autos notgedrungen gebe.

Doch diese Skepsis scheint zu schwinden. „Digital Natives sind viel offener für einheimische Marken als ihre Eltern“, sagt Tu Le. Wer heute in China Anfang zwanzig ist, der kennt kaum noch einen Alltag ohne chinesische Tech-Marken wie die „Super-App“ WeChat, das Amazon-Pendant Taobao und die Showrooms der Smartphone-Hersteller von Huawei bis Xiaomi.

Und dann ist da noch die Politik. Ende 2021 geriet Tesla offenbar in die Fänge des amerikanisch-chinesischen Konflikts. Anonyme Quellen sagten der Nachrichtenagentur Reuters, Tesla habe von Schanghai aus Autos in die USA exportieren wollen, die dazu nötige Erweiterung des Werks aber wegen des Konflikts auf Eis gelegt. An Silvester eröffnete Tesla zudem einen Showroom in Xinjiang; Menschenrechtler kritisierten das wegen der dortigen Unterdrückung der Uiguren, chinesische Internetnutzer applaudierten.

Eine andere Episode im Dezember 2021 las sich wie eine Warnung Pekings. Zwei Satelliten von Musks Raumfahrtfirma SpaceX waren der chinesischen Raumstation gefährlich nahegekommen. Als China das der UNO meldete, verwiesen Staatsmedien darauf, dass SpaceX eng mit dem amerikanischen Verteidigungsministerium zusammenarbeite. Die Satelliten eigneten sich auch zur Spionage, schrieb die nationalistische Parteizeitung „Global Times“. Der Artikel forderte, dass Musks Firma die Beinahekollisionen ernsthaft aufklären solle. Andernfalls, warnte die Zeitung, könnten chinesischen Verbraucher Tesla boykottieren.

Das Robotaxi und der Traum vom autonomen Fahren | Oktober 2022

Wann kommt endlich die Revolution? Seit Jahren versprechen Tech-Firmen, dass Autos bald keine Fahrer mehr benötigen, dass Autobesitzer beim Fahren einen Film schauen können und dass Robotaxis den Nahverkehr umkrempeln. Immer wieder wird die Erfüllung dieses Versprechens aufgeschoben, so komplex und teuer ist die Technik. Wenn eine Firma tatsächlich probeweise Robotaxis fahren lässt, dann nur in eng abgesteckten Vierteln mit wenig Verkehr.

Doch das könnte sich gerade ändern, und das liegt ganz entscheidend an einer Reihe chinesischer Firmen. Eine von ihnen ist Deep Route AI, ein erst 2019 gegründetes Start-up aus der Tech-Metropole Shenzhen. Es wirbt damit, als erster Anbieter weltweit Robotaxis in dichtem Stadtverkehr zu betreiben, wenn auch nur außerhalb der Hauptverkehrszeiten. Entsprechend gespannt bin ich auf eine Testfahrt in Shenzhen.

Eine schwarze Limousine holt mich ab beim Messezentrum im zentralen Bezirk Futian. Es ist ein amerikanischer Lincoln, auf dem Dach thront ein Aufbau mit Sensoren. Die Fahrt hat eine PR-Mitarbeiterin von Deep Route organisiert, weil das Buchungssystem eine chinesische Identitätsnummer erfordert. Hinter dem Steuer, aber natürlich nicht am Steuer sitzt ein Sicherheitsfahrer.

Ich sitze auf der Rückbank, vor mir erscheinen auf einem Bildschirm die Allgemeinen Geschäftsbedingungen. Ich soll bestätigen, dass ich wirklich ein Robotaxi nehmen will, dass ich zwischen 18 und 60 Jahre alt bin und dass ich mir möglicher Fehler von Hard- und Software bewusst bin. Schließlich sei das autonome Fahren noch in der Erforschung, heißt es in den AGB.

Dann fahren wir los zum Firmensitz von Deep Route. Der mehrspurige Boulevard ist an diesem Mittwochnachmittag praktisch leer. Das Auto beschleunigt – und bleibt plötzlich stehen. Mitten auf der Straße, rund 100 Meter vor einer roten Ampel. Es bleibt unklar, warum.

Der Sicherheitsfahrer muss dem Robotaxi auf die Sprünge helfen. Ab da fährt es ohne Zwischenfall. Wir biegen ab auf einen weiteren

Boulevard, dann auf eine kleine Schlaufe zum U-Turn. Mehrfach will das Taxi sich in den Verkehr einfädeln und bricht ruppig ab, weil ständig weitere Autos kommen. Ein menschlicher Fahrer wäre wohl einfach vorgeprescht oder hätte in Ruhe die anderen Autos abgewartet.

Der Sicherheitsfahrer ist mit seinem rechten Fuß immer zum Bremsen bereit, seine Hände sind immer nah am Lenkrad. Sein Job scheint noch mehr Aufmerksamkeit zu verlangen als der von normalen Fahrern. Kraftvoll beschleunigt das Robotaxi auf einer Brücke, dann parkt es in dem Industriepark, in dem Deep Route seinen Sitz hat. „Die Fahrt ist vorbei!", meldet der Bildschirm. „Wir haben 3,9 Kilometer zurückgelegt und dafür 14 Minuten gebraucht."

Allein in Shenzhen gibt es mittlerweile ein halbes Dutzend Anbieter von Robotaxis. AutoX stammt ebenfalls von hier und wirbt damit, die größte Flotte der Welt zu haben, mit mehr als 1.000 Fahrzeugen. Allerdings verkehrt AutoX im ruhigen Bezirk Pingshan, weit weg vom Zentrum; die Firma reagierte nicht auf Anfragen. Die Start-ups Pony AI, WeRide und das Google-Pendant Baidu betreiben ebenfalls in Shenzhen Robotaxis, wie auch in anderen chinesischen Städten.

Deep Route will vor allem seine Software verkaufen. Mit den Robotaxis trainiert die Firma ihre Algorithmen. Lasersensoren und Kameras sammeln Daten von immer mehr Fahrten, von Interaktionen mit anderen Autos, Fahrrädern und Fußgängern. Die Firma will so zudem demonstrieren, dass ihr System funktioniert. „Wir haben die Aufmerksamkeit vieler Autobauer auf uns gezogen und arbeiten nun mit ihnen zusammen", sagt die PR-Mitarbeiterin Corine Chen. Namen will sie nicht nennen.

Zentrales Verkaufsargument für Deep Routes System ist der Preis. 2021 meldete die Firma, sie biete als erste weltweit ihre Software inklusive der nötigen Sensoren für unter 10.000 US-Dollar an. Mittlerweile soll der Preis sogar unter 3.000 Dollar liegen. Die Autobauer mit ihren höheren Volumen könnten bessere Einkaufspreise erzielen, als wenn Deep Route selbst die Sensoren kaufe, erklärt Chen.

Ein führender Hersteller solcher Lasersensoren ist Robosense, das ebenfalls aus Shenzhen stammt. Seine Produkte werden von Deep Route und praktisch allen anderen chinesischen Robotaxi-Anbietern genutzt. Das 2014 gegründete Unternehmen wird unter anderem vom chinesischen Tech-Konzern Alibaba und vom Handy-Hersteller Xiaomi finanziert; es hat rund 1.200 Mitarbeiter und will in Hongkong an die Börse gehen.

Die Firma sitzt in einer ehemaligen Fabrik im Bezirk Nanshan, der Heimat bekannter Tech-Firmen wie des Social-Media-Giganten Tencent und des Drohnen-Herstellers DJI. Bei einem Besuch sagt die Direktorin für das Auslandsgeschäft, Zara Cheung, was Robosense besonders mache: „Wir entwickeln sowohl unsere eigene Hard- als auch Software."

Die Lidar genannten Lasersensoren nutzen eine hauseigene Software zur Wahrnehmung etwa von Fahrzeugen, Personen und Hindernissen. Robosense entwickelt auch eigene Computerchips, sogenannte System-on-Chips (SoC). Dadurch sind die Lidars laut Robosense keine reinen Datensammler mehr, sondern intelligente, kompakte Geräte, die zudem weniger anfällig für mechanische Fehler sein sollen.

Die Lidar-Branche hat in China seit etwa 2020 durch den Boom von Lieferrobotern einen Schub erhalten. Auch Robosense verkauft Lidars für automatisierte Logistik. Die Sensoren für Robotaxis seien im Vergleich leistungsfähiger, weil diese schneller führen, sagt Zara Cheung. Manche herkömmliche Autos nutzen zudem Lidars für Fahrassistenten, aber sie sind von den autonomen Fähigkeiten von

Robotaxis meist noch weit entfernt. Cheung glaubt deshalb, dass dieser Markt für Robosense erst in der Zukunft wichtiger wird.

Schon jetzt gilt Robosense in der weltweiten Autobranche bei Lidars als die Nummer zwei. Spitzenreiter ist laut der Analysefirma Yolé Group die Firma Valéo aus Frankreich mit einem Auftragsanteil von 28 Prozent; Robosense kommt auf 10 Prozent, ein Dutzend Konkurrenten wie Continental nur auf einstellige Anteile. Die Shenzhener haben einige internationale Büros, etwa in der deutschen Auto-Hauptstadt Stuttgart, zum Kundensupport und zur Entwicklung.

Als Pionier in Chinas Branche für autonomes Fahren gilt der Internetkonzern Baidu, der wie Google mit seiner Suchmaschine groß wurde. Die Parallelen gehen noch weiter: Es waren ehemalige Mitarbeiter von Googles Firma für autonomes Fahren Waymo, die unter dem Dach von Baidu 2013 ein eigenes Projekt namens Apollo starteten – von wo aus sich wiederum Mitarbeiter mit eigenen Robotaxi-Firmen selbstständig machten.

Der Name Apollo ist eine Hommage an die gleichnamige amerikanische Weltraummission, die erstmals Menschen auf den Mond brachte. Baidu hat auch seine Robotaxi-Zentren danach benannt, etwa den Apollo-Park in einem Außenbezirk von Peking. „Es ist ein kleiner Schritt für uns, aber ein großer Schritt für das autonome Fahren und den Massenverkehr", erklärt eine Besucherführerin den Namen in Anlehnung an das berühmte Zitat des US-Astronauten Neil Armstrong.

Der Apollo-Park ist eine riesige Halle, in der sich eine kleine Geschichte des autonomen Fahrens in China nachvollziehen lässt. Das erste Auto von 2013 hieß Apollo 0 und war ein offener Geländewagen des amerikanischen Herstellers Polaris, der nur in abgesperrten Bereichen wie Parkplätzen fahren durfte.

Seitdem wurden die Autos größer, futuristischer und chinesischer. Das neuste Modell ist ein geräumiges Robotaxi der Marke Arcfox, die dem staatlichen Autokonzern BAIC gehört. Ende 2021 ging der Wagen in die Massenproduktion, die pro Stück umgerechnet knapp 70.000 Euro kosten soll. Das ist laut Baidu mindestens ein Drittel günstiger als bei der Konkurrenz. Möglich sei das unter anderem, weil Baidu die Kerntechnologie selbst entwickle und die Kosten für Lidars gefallen seien.

Baidus Robotaxi der Zukunft kann man im Apollo-Park auch schon sehen. Es ist ein wuchtiger Wagen namens RT6, fast so geräumig wie ein Kleinbus. Die Baidu-Mitarbeiterin ist hörbar stolz, als sie sagt: „Den Fahrersitz haben wir einfach abgeschafft. Es gibt auch kein Lenkrad." An der Stelle des Sitzes könne man künftig vielleicht einen Schreibtisch oder eine kleine Karaoke-Anlage einbauen. Der RT6 soll noch einmal günstiger produziert werden, für knapp 40.000 Euro, und bald als Taxi verkehren.

Baidu glaubt, dass es im Wettbewerb um die Kommerzialisierung des autonomen Fahrens in China die meisten Trümpfe in der Hand hält. Denn es setzt bei weitem nicht nur auf Robotaxis. Mit dem chinesischen Autobauer Geely hat es die Marke Jidu gegründet und will das autonome E-Auto Robo-01 für den Massenmarkt produzieren. Baidu entwickelt Software und Sensoren auch für sogenannte intelligente Autos, die mit Verkehrsleitsystemen kommunizieren. Und es hat dank seines Cloud-Geschäfts die dafür nötige Rechenleistung und dank seines Kartendienstes eigene Navigationsdaten.

Einen harten Wettbewerb liefern sich auch die chinesischen Städte. Die südliche Metropole Guangzhou registrierte im Frühjahr 2022 als Erste den Robotaxi-Anbieter Pony AI mit einem regulären kommerziellen Angebot. Shenzhen und Schanghai machten kurz darauf mit umfassenden Regulierungsrahmen Schlagzeilen. Darauf folgten die Premieren der Städte Chongqing und Wuhan, wo erstmals in China Robotaxis ohne Sicherheitsfahrer verkehren, und zwar von Baidu.

Spannend ist auch der Wettbewerb mit den USA, dem anderen führenden Land für autonomes Fahren. In San Francisco führte die Firma Cruise 2022 Robotaxis ohne Sicherheitsfahrer ein, verlor die Lizenz dafür aber schon im Oktober 2023 nach mehreren Unfällen. Eine Reihe weiterer Anbieter will den Markt entern.

Über Chinas Ambitionen hängt das Damoklesschwert der amerikanischen Exportkontrollen von Chips. Leistungsfähige Chips für künstliche Intelligenz sind die Grundlage für autonomes Fahren. Als führend dabei gilt Nvidia aus den USA mit seinen Entwicklerplattformen. Diese werden von allen genannten chinesischen Firmen genutzt.

Es scheint weiterhin unklar, ob chinesische Unternehmen von Chip-Restriktionen betroffen sind. Ein Vertreter von Baidu erklärte 2022 vage, solche Herausforderungen seien nur kurzfristiger Natur. Der Software-Hersteller Deep Route sagt, er dürfte keine großen Auswirkungen zu spüren bekommen; Autobauer mit ihrer Just-in-time-Produktion hingegen könnten in Schwierigkeiten geraten. Der Lidar-Spezialist Robosense wagt sich sozusagen gleich in die Höhle des Löwen: Er hat im Oktober 2022 einen zweiten Firmensitz in den USA eröffnet. Auch dort will er künftig Lidars produzieren – als amerikanisches Unternehmen.

11 EUROPA

Deutsche Tech-Konzerne sind stark von China abhängig | November 2022

Die Chefs von zwölf deutschen Konzernen besuchen dieser Tage mit Bundeskanzler Olaf Scholz China. Die Liste ist ein Who's who der deutschen Wirtschaft, von Adidas über BASF bis Volkswagen. Die altehrwürdigen Autobauer und Chemieproduzenten stehen auch meist im Vordergrund, wenn über die Abhängigkeiten deutscher Unternehmen von dem totalitär regierten Land diskutiert wird.

VW etwa erwirtschaftet dort laut der „Financial Times" mindestens die Hälfte seines Gewinns, BASF investiert zehn Milliarden Euro in neue Werke im südchinesischen Zhanjiang.

Weniger bekannt, aber durchaus substanziell sind technologische Aspekte in diesen Abhängigkeiten. So gab VW im Oktober 2022 bekannt, gut zwei Milliarden Euro in ein Gemeinschaftsunternehmen mit der chinesischen Firma Horizon Robotics zu investieren. Das Duo will Technologie für autonomes Fahren entwickeln. Das Endprodukt, ein Chip, soll nur in China erhältlich sein. Das dabei entstehende Wissen werde jedoch in der gesamten VW-Gruppe geteilt, sagte der China-Chef von VW gegenüber der Nachrichtenagentur Reuters. Deshalb sei die Partnerschaft enger als eine ähnliche VW-Kooperation mit dem amerikanischen Chip-Anbieter Qualcomm.

Im Juni 2022 kündigten Audi, BMW und Mercedes jeweils den Ausbau ihrer Produktion von E-Autos in China an. Audi feierte ein Richtfest, BMW eröffnete eine neue Fabrik, und Mercedes begann die Produktion seines E-Modells EQE. So viele zeitgleiche Feierlichkeiten der drei Luxushersteller auf einmal habe es seit mindestens zehn Jahren nicht gegeben, schrieb die chinesische Zeitung „Economic Observer".

Rein wirtschaftlich scheint das nur logisch. China ist der größte Automarkt der Welt, insbesondere für E-Autos. Es hat die besten Lieferketten für batteriebetriebene Fahrzeuge und beheimatet zwei der drei größten Batteriehersteller. Manche traditionelle Autobauer wie Audi, die den Trend zu E-Autos lange verschlafen haben, wollen nun in China lernen, wie man eine eigene Batterieproduktion aufbaut.

China ist auch mit Abstand der größte Markt für Robotik und Halbleiter. Schließlich ist das Land trotz Tendenzen zur Entkopplung globaler Lieferketten nach wie vor die Werkbank der Welt. Und viele der Fabriken, die zunehmend automatisiert werden, bauen Elektronikprodukte wie Smartphones und Laptops für den Export, die allerhand Chips benötigen.

Deshalb setzt allen voran Siemens trotz Kritik weiter auf China. Der Konzern wolle dort insbesondere im Bereich der digitalen Industrien noch mehr investieren, berichtete das „Handelsblatt" im Oktober 2022. Laut dem Artikel erwog Siemens unterdessen unter dem Projektnamen „Marco Polo" auch den Umzug von Firmeneinheiten nach China. Das sei Teil einer konzernweiten Strategie der „Glokalisierung", also der Regionalisierung des Geschäfts in verschiedenen Weltgegenden.

Auf seiner chinesischen Website wirkt Siemens zuweilen wie ein einheimischer Konzern. Seit 150 Jahren, seit dem Verkauf sogenannter Zeigertelegrafen nach China, halte Siemens am „unerschütterlichen Geist der Zusammenarbeit und Innovation" fest, heißt es. Die Münchner seien „zu einem unabdingbaren Bestandteil der chinesischen Gesellschaft und Wirtschaft geworden".

Siemens schreibt weiter, man mache chinesische Fabriken produktiver, effizienter und flexibler und helfe somit bei der Umsetzung des „großen Plans ‚Made in China 2025'". Mit diesem Plan will Peking seine Industrie auch unabhängiger vom Ausland machen, also etwa von Deutschland. Siemens beteuert auf seiner Website, es opfere „die Zukunft nicht für kurzfristige Interessen".

Der Konzern wiederholt auch typische Slogans des Parteistaats. So baue er „mit der Regierung und Partnern ein gegenseitig vorteilhaftes Win-win-Ökosystem mit komplett lokalisierter Wertschöpfungskette" auf. Zudem beteilige er sich daran, eine „harmonische Gesellschaft" zu schaffen. Mit letzterem Begriff rechtfertigt die Regierung unter anderem die Zensur und ihr hartes Vorgehen gegen Kritiker.

China ist für Siemens der wichtigste Forschungsstandort nach Deutschland. An 20 Standorten arbeiten fast 5.000 Mitarbeiter in Forschung und Entwicklung. 2013 siedelte Siemens in China seine erste digitale Fabrik und 2019 sein erstes Labor für künstliche Intelligenz außerhalb Deutschlands an. Sein globales Forschungsnetz für Robotik betreibt es von China aus. Rein vom Umsatz her ist Siemens jedoch wenig abhängig von China. Im Geschäftsjahr 2023 kamen nur 9,5 Prozent der weltweiten Aufträge von dort.

Das ist bei Deutschlands größtem Roboterhersteller Kuka anders. 2016 übernahm der südchinesische Haushaltsgerätehersteller Midea die Mehrheit des bayrischen Unternehmens, 2021 nahm er es von der Börse. Seitdem setzt Kuka voll auf China, das im Geschäftsbericht ein eigenes Segment geworden ist wie sonst nur Produktkategorien wie „Systeme" und „Robotik".

Zunächst gingen die ambitionierten Pläne nicht auf, die Roboter galten als zu fortgeschritten für viele chinesische Fabriken. Kuka entwickelte in China spezielle Robotertypen und baute die Produktion am Midea-Sitz aus. Das scheint sich nun auszuzahlen: Das Bestellvolumen in China stieg 2021 um fast 40 Prozent, 2022 verdoppelte es sich beinahe. Viele Kunden stammen aus Chinas wachsender Autoindustrie.

Davon profitiert auch der DAX-Konzern Infineon, der weltgrößte Anbieter von Autochips. Sein Geschäft in China ist in den vergangenen Jahren rasant gestiegen. Es macht 25 Prozent des Umsatzes aus (Festlandchina und Hongkong). Zum Vergleich: In Deutschland, den USA und Japan sind es je nur 12 Prozent. Schaut man allerdings rein auf Infineons Marktanteil für Autochips, so entspricht dieser in China dem weltweiten Mittel von rund 13 Prozent. Chinas Wichtigkeit für Infineons Geschäft spiegelt also nur die weltweite Wichtigkeit von Chinas Automarkt.

Infineon arbeitet auch mit chinesischen Herstellern von Hochgeschwindigkeitszügen sowie von Solar- und Windkraftanlagen zusammen. Das sind Bereiche, in denen deutsche Unternehmen führend waren oder noch knapp sind. Hier werden China zudem oft Diebstahl geistigen Eigentums und Dumpingpreise vorgeworfen.

Der Münchner Konzern benennt in Geschäftsberichten chinaspezifische Risiken wie das Rechtssystem. So könne er gezwungen werden, Partnerschaften mit chinesischen Firmen einzugehen. Dadurch könne sein geistiges Eigentum nicht mehr ausreichend geschützt sein – und dürfe womöglich China nicht mehr verlassen. Ähnliches widerfuhr Infineon mit Einnahmen von 181 Millionen Euro durch Firmenkonsolidierungen in China. Der Konzern kann das Geld wegen Kapitalverkehrskontrollen nicht frei verwenden.

Trotzdem positioniert sich Infineon in China lange ähnlich offensiv wie Siemens. Im Geschäftsbericht 2021 hieß es noch: „Unser Erfolg bei der Positionierung von Infineon in China als integraler Bestandteil der chinesischen Industrie (und damit der chinesischen

Gesellschaft) könnte eine Vielzahl neuer Möglichkeiten eröffnen, die sich sehr wahrscheinlich positiv auf das Wachstum und die Rentabilität unseres Geschäfts auswirken werden." Im Geschäftsbericht 2023 gibt es solche Sätze nicht mehr, Infineons China-Optimismus scheint dahin.

Eine Reihe weiterer deutscher Chip-Zulieferer sind in China sehr aktiv. Zur Produktion von Chips werden Wafer benötigt, das sind Scheiben aus Silizium. Einer der größten Hersteller ist Siltronic aus Bayern. Der Konzern macht in China und Taiwan zusammen (getrennte Zahlen gibt es nicht) gut ein Drittel seines Umsatzes. Fast 50 Prozent beträgt der Wert für Aixtron aus Nordrhein-Westfalen, das Anlagen zur Beschichtung von Wafern herstellt. Und schließlich verkaufen BASF und Linde spezielle hochreine Chemikalien beziehungsweise Gase an chinesische Chip-Firmen.

Ein Paradebeispiel für Chinas strategische Technologiezukäufe im Ausland | November 2022

Wieder China, wieder eine Übernahme in Deutschland, offenbar wieder ein Ja aus Berlin: Ende Oktober 2022 gab es in Deutschland einen Aufschrei, als das „Handelsblatt", einen Tag nach dem Einstieg Chinas in den Hamburger Hafen, berichtete, dass das Wirtschaftsministerium den Verkauf einer deutschen Chip-Produktion genehmigen wolle.

Laut dem Bericht ist der Verfassungsschutz gegen den Verkauf, weil China mit solchen Käufen Abhängigkeiten erzeugen und ein Druckmittel gegen Deutschland erhalten könne.

Auf dem Papier will die Dortmunder Firma Elmos ihre Produktion an Silex aus Schweden verkaufen. Doch Silex gehört zu 100 Prozent der Firma Sai MicroElectronics aus Peking. Das deutsche Wirtschaftsministerium argumentiert offenbar, dass Elmos veraltete Technologie nutze, so dass Deutschland durch den Verkauf kein Verlust wertvoller Technologie drohe.

Halbleiter-Experten wie Jan-Peter Kleinhans von der Berliner Stiftung Neue Verantwortung oder Frank Bösenberg, der Geschäftsführer von Deutschlands größtem Chip-Cluster Silicon Saxony argumentierten genauso.

Das ist womöglich zu kurz gedacht. Recherchen zeigen, dass Sai MicroElectronics dank massiven Subventionen des chinesischen Staats zum weltgrößten Auftragsfertiger für sogenannte Mems-Chips wurde. Sai wurde groß mit Militärprodukten. Die Sparte wurde verkauft – aber an einen Staatsbetrieb aus der Heimatstadt des einflussreichen Sai-Chefs Yang Yunchun. Dieser rühmt sich damit, im Dienst von Partei und Militär zu stehen. Er ist zudem Mitglied der Russischen Akademie für Ingenieurwissenschaften.

Die Geschichte von Yang Yunchun und seinen Firmen zeigt exemplarisch, wie China über technologische Unabhängigkeit zur Supermacht werden will. Sie illustriert, wie der Parteistaat systematisch Schwachstellen identifiziert und diese mit Mehrjahresplänen, strategischen Investitionen und Firmenkäufen beheben will.

Yang Yunchun studierte an der Harbin-Universität für Schiffsbau-Ingenieurwesen und wird dort als „außerplanmäßiger Professor" geführt, eine Art Privatdozent. Die Universität geht zurück auf ein Institut der Volksbefreiungsarmee. Heute zählt sie zu Chinas sieben wichtigsten Hochschulen für Militärforschung. 2017 sagte Yang einer chinesischen Fachpublikation, er habe den „Geist des Harbiner Militäringenieurinstituts" für immer verinnerlicht.

Wie viele chinesische Wissenschaftler ging Yang zur Promotion in die USA. In Kalifornien forschte er im Rahmen eines Programms der US-Regierung für autonomes Fahren. Anfang der 2000er Jahre kehrte er, gefördert durch die chinesische „Tausend Talente“-Initiative, zurück in seine Heimat.

2008 gründete er die Firma NAV Technology. Sie arbeitete unter dem Dach des nationalen Hightech-Förderprogramms 863, etwa im Bereich autonomes Fahren des Google-Pendants Baidu sowie an der chinesischen GPS-Alternative Beidou.

NAV Technology verkaufte zunächst Navigationstechnik für Satelliten und Flugzeuge. Viele Kunden kamen aus der Rüstungsbranche. Ein Radarsystem zum Beispiel war laut dem Fachportal „Defense News“ offenbar für den chinesisch-pakistanischen Kampfjet JF-17 gedacht. Auf seiner Firmen-Website sagte Yang zu dieser Zeit, er wolle Chinas Armee „stark machen, um dem Land zu dienen“.

Im Jahr 2015 kaufte Yangs Firma NAV über Umwege den schwedischen Chip-Hersteller Silex Microsystems. Ein chinesischer Staatsfonds für die Halbleiterindustrie, bekannt als „Großer Fonds“ und rund 50 Milliarden Euro schwer, gründete zunächst einen neuen Fonds. Dieser kaufte über einen Hongkonger Fonds Silex. Dann kaufte NAV, das gerade in Shenzhen an die Börse gegangen war, den Hongkonger Fonds – und eignete sich so einen Goldesel an.

Silex stellt Mems-Halbleiter her, das steht für „microelectromechanical systems“, auf Deutsch auch „Mikrosysteme“ genannt. Mit diesen Chips werden winzige Sensoren und Motoren betrieben, teilweise kleiner als ein Millimeter. Sie stecken etwa in Handys und messen Bewegungen oder steuern Mikrofone. Es ist ein kleiner, aber zunehmend wichtiger Markt.

Silex-Chips werden nach Firmenangaben in den Bereichen Kommunikation, Biomedizin und Heimelektronik eingesetzt; von militärischen Kunden ist keine Rede. Theoretisch sind laut einem

Silex-Insider, der anonym bleiben will, auch „alle möglichen militärischen Anwendungen" denkbar, etwa winzige unbemannte Fahr- und Flugzeuge.

Die chinesische Regierung setzt im laufenden Fünfjahresplan gezielt auf Spezialchips wie Mems. Damit will sie früh Nischen mit Zukunftspotenzial dominieren – und zugleich Abhängigkeiten schaffen, wie der deutsche Verfassungsschutz argumentiert. Peking tut das auch, weil es den technologischen Rückstand bei Massenchips etwa für den Mobilfunkstandard 5G und künstliche Intelligenz nicht so schnell aufholen kann.

Deshalb subventioniert die Regierung Firmen wie NAV, das mittlerweile Sai MicroElectronics heißt, massiv. Der „Große Fonds" zahlte laut einer Aussage Yangs aus dem Jahr 2017 zwei Milliarden Yuan, gut 270 Millionen Euro. Ein wichtiger Teil davon ging in eine neue Chip-Fabrik in Peking. Heute ist der Fonds nach Yang der zweitgrößte Eigentümer, er hält zwölf Prozent. Auch der drittgrößte Eigner gehört dem Staat.

Sai wies in den vergangenen Jahren neben branchenüblichen Subventionen Zusatzzahlungen aus, die einem Großteil der Ausgaben für Forschung und Entwicklung entsprechen. Der erwähnte Insider sagt: „Wenn Sie vom chinesischen Staat für Halbleiter Geld wollen, dann bekommen Sie, was Sie wollen, ohne Limit." Förderanträge seien zwar nötig, aber nur Show.

Dank der chinesischen Regierung haben sich die großen Ambitionen des schwedischen Gründers von Silex erfüllt. Dieser sagte einmal, Silex solle das TSMC für Mems-Chips werden. TSMC aus Taiwan ist der weltgrößte Auftragsfertiger für Massenchips, wie sie in Smartphones, Gaming-Laptops und Autos stecken.

Möglich wurde das, weil immer mehr Chip-Anbieter ihre Fertigung lieber auslagerten, statt stetig mehr in Produktionstechnologie zu investieren. Die Mems-Branche wird noch weit überwiegend von sogenannten Vollherstellern dominiert, die die Produktionsschritte vom Entwurf bis zur finalen Montage selbst erledigen. Doch in der reinen Auftragsfertigung für Dritte hat Silex/Sai mittlerweile alle Konkurrenten überholt, etwa die in Genf ansässige STMicroelectronics.

Der Kauf der Chip-Fertigung von Elmos soll diese Position stärken. Die Firma aus Nordrhein-Westfalen produziert zu fast 90 Prozent spezielle Chips für die Autoindustrie, etwa für Airbags, Bremsen und Displays. Sie tut das mit recht alter Technologie. Die Chips haben eine sogenannte Strukturgröße von 350 Nanometern. Elmos will deshalb vermehrt bei Auftragsfertigern wie Samsung einkaufen, die mit Strukturgrößen von 130 Nanometern und kleiner produzieren. Bis mindestens 2027 will Elmos auch noch Chips von Silex aus dem Dortmunder Werk beziehen.

Sai hingegen sieht in der Chip-Fertigung von Elmos viel Potenzial. Sie wolle diese für 85 Millionen Euro kaufen, weil sie optimistisch sei, was den „riesigen Entwicklungsspielraum“ für Automobilchips angehe, sagte ein Vorstandsmitglied im September 2022 zu Investoren in China. Für Mems-Chips wäre die 350-Nanometer-Technologie zudem nicht veraltet, wie der Berliner Halbleiter-Experte Jan-Peter Kleinhans sagt.

Eigentlich will Sai nicht nur in Schweden bei Silex und künftig in Dortmund produzieren, sondern auch daheim in Peking im großen Stil. Dazu wollte Sai die Technologie und die Prozesse aus den beiden Werken in Schweden nach China transferieren.

Die schwedische Behörde für Exportkontrolle verhinderte diese Ausfuhr von sogenannten Dual-Use-Gütern, die sowohl zivil als auch militärisch genutzt werden können. Daraufhin verkaufte Sai sein älteres Navigationsgeschäft mit den vielen Rüstungskunden.

Doch hat sich Sai wirklich von seinem Stammgeschäft getrennt? Der alleinige Käufer ist eine staatliche Beteiligungsgesellschaft aus der Heimatstadt des Firmengründers Yang Yunchun. Eine Lokalzeitung bezeichnete Yang in einem Artikel weiterhin als CEO der Navigationsfirma. Die Firma gehört durch den Verkauf nicht mehr zu einem börsennotierten Unternehmen und muss deshalb keine Geschäftsinformationen mehr veröffentlichen.

Yang Yunchun ist nicht nur in seiner ostchinesischen Heimatprovinz Shandong eine Größe, sondern auch in Peking, wo er Vorsitzender eines Technologieparks ist. 2020 wurde er als einer von Hunderten „Modellarbeitern" ausgezeichnet. Im April 2022, zwei Monate nach Beginn von Russlands Invasion der Ukraine, wurde Yang zum Mitglied des neuen China-Zentrums der Russischen Akademie der Ingenieurwissenschaften ernannt. Die beiden Länder hatten 2020 eine vertiefte Zusammenarbeit in Wissenschaft und Technologie vereinbart, die nun Form annimmt.

Yang ist zudem wenig überraschend Mitglied der Kommunistischen Partei. „Können Sie ein solches Unternehmen leiten, gerade in der Halbleiterbranche, wenn Sie nicht in der Partei sind?", fragt der erwähnte Insider rhetorisch. „Das ist unmöglich."

Überraschender ist, dass Yang und weitere Mitglieder der firmeninternen Parteisektion auf Fotos auf der Sai-Website zu sehen sind, die zeigen, wie sie den wichtigen Parteikongress im Oktober 2022 im Fernsehen verfolgen.

Auf diesem Kongress baute Partei- und Staatschef Xi Jinping seine absolute Macht weiter aus, bekräftigte Chinas Streben nach technologischer Unabhängigkeit und erneuerte Drohungen gegen Taiwan. Auf der Firmenwebsite sagte Yang, er werde dafür sorgen, dass sein Unternehmen und alle Manager ihre „Gedanken und Taten" im Geiste des Parteikongresses vereinheitlichten.

Sai wollte NZZ-Fragen mit Verweis auf das laufende Prüfverfahren in Deutschland nicht beantworten. Wenige Tage nach dem ursprünglichen Erscheinen dieses Artikels untersagte das Bundeswirtschaftsministerium doch den Verkauf der Chip-Produktion von Elmos nach China.

„Dienen Sie ganz China!", ruft der Beamte den europäischen Start-up-Gründern zu |

September 2023

„Zwei bis vier Millionen Franken, die findet man nicht in der Schweiz?" – „Nein, das ist schon zu viel."

Ein Mittagessen in Chongqing, einer Metropole im Südwesten Chinas mit rund 15 Millionen Einwohnern. Im Sino-Swiss-Techno-Park machen europäische Start-up-Gründer Pause und unterhalten sich über ihre Firmen.

Der Deutsche Frank Otto Gombert findet für sein Basler Antibiotika-Start-up Selmod nicht genug Geld. Im ersten Halbjahr 2023 sind die Investitionen in Schweizer Start-ups um mehr als die Hälfte eingebrochen, nach zwei Boomjahren. Das durchschnittliche Investment sank laut dem Fachportal Start-upticker.ch auf umgerechnet rund 1,5 Millionen Euro. Deshalb versucht Gombert sein Glück nun in China.

Mit ihm sind rund 20 Vertreter von überwiegend Schweizer Jungfirmen nach Chongqing geflogen, um im September 2023 am Start-up-Wettbewerb im Techno-Park teilzunehmen. Es ist eine bunte Gruppe aus Schweizern, Deutschen und Chinesen, aber auch einem Amerikaner und einer Rumänin. Manche kamen wegen eines Doktorats an den weltberühmten technischen Hochschulen in Zürich und Lausanne in die Schweiz und wollen akademische Forschung nun kommerzialisieren.

Das Start-up Swistor etwa will große Strommengen nachhaltig in sogenannten Superkondensatoren speichern. Die Stiftung Eurotube will sogenannte Hyperloop-Züge bauen, die durch Vakuumtunnel sausen. Swiss Airtainer will den Flugtransport von Medikamenten in Kühlcontainern umweltfreundlicher und günstiger machen.

Viele Gründer scheinen Chinas Wirtschaftskrise und der Autoritarismus von Partei- und Staatschef Xi Jinping wenig zu beschäftigen. In Europa sehe es wirtschaftlich ja auch nicht rosig aus, sagt einer. China habe in den vergangenen Jahrzehnten ein Wirtschaftswunder geschaffen und bekomme zu Unrecht negative Presse, findet ein anderer. Eine Frau sagt, sie habe preislich wohl keine andere Wahl, als in China produzieren zu lassen.

Manche Gründer haben bisher vor allem Businesspläne, andere schon Produkte und Kunden. Entsprechend unterscheiden sich ihre Ziele in China: nur den Markt studieren – oder gleich entern. Potenzielle Lieferanten kennenlernen – oder die bestehende Lieferkette optimieren. Manche denken an chinesische Technologiepartner. Und Geld kann man immer gut gebrauchen.

David Guan, der chinesische Co-Gründer des Basler Biopharma-Start-ups SunRegen, sucht in seiner Heimat fünf Millionen Franken. Guans Tischnachbar beim Mittagessen ist überrascht, dass Schweizer Investoren bei SunRegen nicht Schlange stehen. Schließlich habe die Firma gute Studienresultate und ein erstes marktfähiges Produkt, sagt er zu Guan. „Der Ball liegt schon am Elfmeterpunkt. Du musst nur überleben, bis du aufs Tor schießen kannst."

Die Schicksale der Start-ups können gleich nach dem Mittagessen eine entscheidende Wendung nehmen. Dann steht der wichtigste

Programmpunkt der fünftägigen Reise an, das „Matchmaking", also das Kennenlernen mit potenziellen Lieferanten, Partnern und Investoren. Eine Chinesin, die mit diesem Satz lieber nicht namentlich zitiert werden will, sagt: „In China muss man nur ein paar wichtige Leute überzeugen, dann wird es umgesetzt."

Organisiert wird der Start-up-Wettbewerb in Chongqing seit 2018 von der chinesischen Fenshare-Holding, die den Sino-Swiss-Techno-Park betreibt. Es ist eine sehr chinesische Geschichte. Fenshare, so erzählt es der Schweizer Mitarbeiter Raphael Zumsteg-Yuan, wurde als Vertriebspartner für die Klimaanlagen des südchinesischen Anbieters Gree groß.

Mit dem verdienten Geld diversifizierte Fenshare sich, wie so viele chinesische Unternehmen, in die Bereiche Immobilien und Technologie. Der Technologiepark verkörpert beides, womöglich inklusive Chinas Immobilienblase. Der Park im Norden von Chongqing, zwischen breiten Hochstraßen und Baustellen gelegen, ist ein schickes Ensemble von mehrstöckigen Backsteingebäuden. Er ist fünf Jahre nach seiner Eröffnung offiziell zu 30 bis 40 Prozent ausgelastet.

Tatsächlich ist das Areal weitgehend menschenleer. Doch nebenan baut Fenshare weitere Bürogebäude, je ein Einkaufs- und ein Kongresszentrum sowie zwei Hochhäuser. Raphael Zumsteg-Yuan versichert, dass Fenshare nicht auf Kredit baue. „Wir haben einen ziemlich langen Atem und müssen die Büros nicht unbedingt schnell füllen." Sein Arbeitgeber habe auch schon Mieter abgelehnt, die nicht ins Konzept passten.

Die Schweizer Start-ups wären als Mieter hochwillkommen. Das haben die Gastgeber an jenem Vormittag fast aufdringlich demonstriert. Bei einer Preisverleihung wurden die besten Start-ups ausgezeichnet, basierend auf ihren Präsentationen zwei Tage zuvor. Der Saal im Techno-Park war voll, die eingespielte Orchestermusik bedeutungsschwer wie in einem „Star Wars"-Film, der Moderator routiniert-enthusiastisch wie ein Jahrmarktschreier.

In einer Rede nannte der CEO der Fenshare-Holding den Start-up-Wettbewerb eine Brücke für Innovation und Unternehmertum zwischen China und der Schweiz. Der „Zweite Inspektor des Büros der Stadt Chongqing für Arbeitskräfte und Sozialversicherungen" zitierte Xi Jinping zur grundlegenden Bedeutung von Wissenschaft und Technologie. Er forderte die Schweizer Start-ups auf: „Bringen Sie Ihre Ressourcen nach Chongqing, und dienen Sie ganz China und sogar der Welt insgesamt!"

Die Musik wurde nun ohrenbetäubend, der Moderator verkündete die Start-up-Gewinner. Platz eins teilten sich die erwähnte Basler Biopharma-Firma SunRegen sowie Swiss Airtainer zum Medikamententransport. Hände schütteln, Fotos, hinsetzen. Dann rief der Moderator alle teilnehmenden Gründer auf die Bühne – für eine „Zeremonie zur Vertragsunterzeichnung", wie es im Programm hieß.

Hoppla, was für ein Vertrag? Mancher Gründer fühlte sich etwas überrumpelt. Letztlich unterschrieben alle, denn der „Vertrag" war tatsächlich ein unverbindliches Mietangebot des Technologieparks. Die Start-up-Gewinner können zwei Jahre lang kostenlos 500 Quadratmeter Bürofläche nutzen. Andere Start-ups müssen für kleinere Büros umgerechnet weniger als 100 Euro im Monat zahlen.

„In der Schweiz wäre das völlig unseriös", sagte hinterher ein Teilnehmer über die „Vertragsunterzeichnung", „aber gut, die Amerikaner machen auch gern Show." Eine Teilnehmerin fand: „Es ist offensichtlich, dass das sehr politisch ist; dass sie zeigen wollen, dass sie Schweizer Start-ups anziehen können." Nach der Zeremonie waren der Inspektor der Stadt Chongqing und die anderen Honoratioren rasch aus dem Saal geführt worden. Mit ihnen gingen fast alle Fotografen.

Keines der Start-ups plante ursprünglich, nach Chongqing zu ziehen. Aber wer weiß, vielleicht ändert sich das schon am Nachmittag, beim Kennenlernen mit den potenziellen chinesischen Partnern und Investoren.

In der Führungsposition starten die Gewinner des Start-up-Wettbewerbs. Tatsächlich ist insbesondere der Medikamententransport von Swiss Airtainer sehr gefragt. Während einige Firmengründer neben den Plakataufstellern zu ihren Firmen auf Gesprächspartner warten, haben am Tisch des CEO Eduard Seligman schon vier Chinesen Platz genommen.

Seligmans Plan klingt bestechend: Seine tiefkühlenden Spezialcontainer zum Lufttransport seien 260 Kilogramm leichter als die der Konkurrenz. Das ergebe auf einem Flug von Zürich nach Japan eine CO2-Einsparung von vier Tonnen – pro Container. Der Markt für solche Container werde bisher durch ein Duopol dominiert, es gebe wenig Innovationsdruck. Swiss Airtainer wolle das als dritter Anbieter ändern.

Eine Übersetzerin fragt nach: „Oh, die Container sind nur zum Mieten?“ – „Yes!“, antwortet Seligman. Das ist sein Geschäftsmodell: vermieten, nicht verkaufen. „Hm“, murmeln die Interessenten. Seligman stellt klar, dass er nach Geldgebern suche, um den Bau der Container zu finanzieren. Und auch nach Partnern, um die nächste Generation der Tiefkühlcontainer zu entwickeln.

Wie einige Start-ups in Chongqing hadert Seligman in der Schweiz mit der Geldbeschaffung. Swiss Airtainer hat nach seinen Angaben 12,5 Millionen Euro an Fördergeldern verloren, als die Schweiz im Streit mit der EU aus dem europäischen Forschungsprogramm Horizon 2020 ausschied. Die Innovationsförderung der Schweizer Regierung sei zwar eingesprungen, aber nur mit umgerechnet rund 2,5 Millionen Euro.

„Ah, er will Investoren", sagt einer der Interessenten. Die vier Chinesen scheinen zunehmend desinteressiert. Sie betreiben eine Fabrik und erhofften sich offenbar, Seligmans Container zu produzieren. „Es tut mir leid, wenn die Botschaft nicht korrekt wiedergegeben wurde", sagt Seligman auf Englisch. Auf seinem Handy überprüft er mit einer App, ob die Dolmetscherin vollständig übersetzt.
Bei anderen Start-ups scheint es besser zu laufen. David Guan von der ebenfalls erstplatzierten Biopharma-Firma SunRegen trifft eine vielversprechende Investorin. Frank Otto Gombert vom Antiobiotika-Start-up Selmod unterhält sich länger mit einem Investmentmanager. Ein anderer Gründer geht spontan mit seinem Gesprächspartner in dessen Fabrik.
Zwei Vertreter eines Start-ups, das von der Schweizer Regierung gefördert wird, verbringen als Einzige den Nachmittag mit einer größeren Delegation in einem separaten Raum. Danach werden sie zu Feuertopf und Schnaps eingeladen. Die chinesische Delegation wird angeführt von einem leitenden Manager eines staatlichen Raumfahrt- und Rüstungsbetriebs. Der Konzern unterliegt amerikanischen Sanktionen, weil er Nordkoreas Raketenprogramm unterstützen soll. Manchen Interessenten müssen die Schweizer sich wohl noch genauer anschauen.

„Warum nicht von den Chinesen lernen?", sagt der deutsche Solar-Manager | November 2023

Henning Rath ist der Lieferketten-Chef des deutschen Solarmodul-Vertreibers Enpal. Er leitet in Shenzhen das 2020 eröffnete China-Büro von Enpal, um nah bei den Zulieferern zu sein. Im

Interview äußert Rath sich zu Chinas Dominanz in der weltweiten Solarindustrie, zu Europas Nachholbedarf und zu Zwangsarbeit in Xinjiang.

Herr Rath, im Onlineshop von Enpal findet man ausschließlich chinesische Anbieter: Longi und JA Solar für Solarmodule, Huawei und Sungrow für Batteriespeicher und Wechselrichter. Warum?
China hat in den letzten zehn, eigentlich dreißig Jahren eine sehr starke Industriepolitik gefahren, die auf zukunftsträchtige Technologien fokussiert ist. Dazu gehören erneuerbare Energien. Deutschland war 2010 Technologieführer für Solarenergie und errichtete dann mit Firmen wie der Schweizer Meyer-Burger sehr viele Anlagen in China. China hat diese Technologie adaptiert, teilweise verbessert und in einer extrem hohen Geschwindigkeit hochskaliert. China hat einen Preisverfall erwirkt, so dass es jetzt der Platzhirsch ist, absolute Weltspitze.

Führt Enpal noch irgendeinen nicht chinesischen Anbieter?
Ja, die Stromzähler sind deutsch.

Traurig, oder?
Das ist total schade. Aber in Deutschland gibt es nicht mehr viele Firmen, die Solarmodule in Massen produzieren können. Und wenn man in der Wertschöpfung tiefergeht, landet man schnell in China. Das Glas kommt oft aus China, die Zellen kommen aus China, der Rahmen kommt aus China und so weiter.

China hat laut der Internationalen Energieagentur bei jedem Produktionsschritt für Solarmodule einen weltweiten Marktan-

teil von mindestens 75 Prozent. Hat China diese Dominanz mit fairen Mitteln erreicht?

Natürlich hat die chinesische Regierung mit extremen Subventionen die Industrie aufgebaut. Ich sehe es so: Es braucht immer eine Anschubfinanzierung, um ein neues Geschäftsmodell an den Markt zu bringen. In Europa hat niemand den Regierungen verboten, auch so in die Solarenergie zu investieren.

In Europa gibt es strengere Regeln für staatliche Beihilfen. China hat derart große Kapazitäten aufgebaut, dass die Preise für Solarmodule abgestürzt sind.

Auch chinesischen Konzernen fällt es gerade schwer, ohne Subventionen weiter zu produzieren. Wir sind an der Kostengrenze. Der Preis für ein Solarmodul mit der neuen Top-Con-Technologie liegt bei 13 oder 14 Eurocent pro Watt. Das sind quasi Produktionskosten.

Für Sie als Einkäufer ist das prima.

Wir sehen das mit Sorge. Wir wollen einen stabilen Markt. Dass die Kosten sinken, ist normal, aber es sollte stabil geschehen. Die chinesische Regierung hat eine Mitschuld, dass die Kapazitäten so groß ausgebaut wurden.

Aus Europa und den USA gibt es Dumping-Vorwürfe gegen China. Halten Sie das für berechtigt?

Die momentanen Preise entstehen nicht durch Dumping, sondern durch normale Marktmechanismen. Europa hat Warenbestände aufgebaut, die jetzt mit der neuen Top-Con-Technologie abgewertet werden. Die chinesischen Konzerne geben extreme Preisnachlässe, um Abschreibungsverluste zu minimieren.

Die ersten Opfer des Preisverfalls dürften europäische Anbieter werden, die teurer produzieren als die chinesische Konkurrenz.
Ich war kürzlich auf einer Messe in Schanghai. Da gab es Hunderte von Start-ups für Wechselrichter und Batterien, weil die gemerkt haben, dass das ein super Markt ist. Auch in China wird sich der Markt konsolidieren. Ich glaube, das ist gesund.

Enpal wurde 2017 gegründet, aber das China-Büro hier in Shenzhen haben Sie erst 2020 eröffnet. Wo hat Enpal vorher eingekauft?
Bei Großhändlern in Europa. Wir haben zum Beispiel Q-Cells verbaut, von einer ursprünglich deutschen Firma, die nach Südkorea verkauft wurde. Aber produziert wurde damals schon alles in China. Seit der Eröffnung des China-Büros kaufen wir direkt bei den Produzenten.

Zwangsarbeit ist in der Solarindustrie ein großes Thema. Rund ein Drittel des weltweiten Polysiliziums, aus dem Solarzellen gefertigt werden, kommt aus Xinjiang. Alle Hersteller dort haben an „Arbeitstransfer"-Programmen der chinesischen Regierung teilgenommen, bei denen Uiguren und Angehörige anderer Turkvölker in Fabriken eingesetzt und offenbar festgehalten werden. Wie geht Enpal damit um?
Sehr aktiv. 50 Prozent unserer Mitarbeiter in China – wir sind hier rund 25 Leute – arbeiten in der Qualitätssicherung. Wir sind täglich bei unseren Produzenten. Wir kontrollieren die Stücklisten mit den Rohmaterialien, aus denen unsere Produkte gefertigt werden. Enpal hat einen Verhaltenskodex, wie unsere Lieferanten im Bereich der ökologischen und sozialen Nachhaltigkeit zu agieren haben.

Was steht da drin?
Dazu gehört, dass Zwangsarbeit und moderne Sklaverei verboten sind. Der Kodex wurde von all unseren Lieferanten unterschrieben und wird eingehalten. Wir beziehen kein Polysilizium aus Xinjiang.

Wie können Sie das ausschließen? Enpals strategischer Partner Longi bezieht Polysilizium von allen großen chinesischen Produzenten, und diese wiederum produzieren alle in Xinjiang.
Wir definieren, aus welchen Gegenden wir beliefert werden wollen. Zum Beispiel aus Yunnan im Südwesten Chinas. Das Polysilizium bekommt eine Chargennummer. Dank der Dokumentation und unseren Besuchen bei Lieferanten können wir sicherstellen, dass unsere Produkte in der gewünschten Region gefertigt wurden. Doch wenn jemand betrügen will, ist das für uns schwer verfolgbar. Wenn Sie zwei Lastwagen nehmen und zwei Ladungen Sand ineinanderkippen, wissen Sie nicht mehr, welches Sandkorn woher kommt.

Deutschland hat seit 2021 ein Lieferkettengesetz, das Kritiker für bürokratisch und unpraktikabel halten. Was denken Sie?
Ich finde die Idee des Gesetzes super. Es strebt eine gerechtere Welt an. Die Umsetzung hakt. Das Gesetz besagt, man muss alles in seiner Macht Stehende tun, um sicherzustellen, dass keine Regeln verletzt wurden. Da ist viel Interpretationsspielraum.

Kommen wir zu Europa. Der Branchenverband Solar Power Europe will mehr Subventionen, um die heimische Industrie zu stärken. Was halten Sie davon?
Wir brauchen Subventionen, aber nur als Anschub und um über einen gewissen Zeitraum die Betriebskosten zu decken. Ich bin kein

Fan der amerikanischen Inflation Reduction Act, weil dieses Gesetz einfach Produktionskapazitäten subventioniert. Wenn diese Subventionen wegfallen, werden die Produzenten wieder nicht wettbewerbsfähig sein.

Ist der Zug für Europa nicht abgefahren?

Wir haben mit dem Fraunhofer und anderen Instituten immer noch Weltmarktführer-Technologie. Wir schaffen es nur nicht, sie in Europa zu produzieren. Jeder muss seinen Teil beitragen: Die Politik muss Subventionen für einen gewissen Zeitraum garantieren. Die Industrie muss investieren. Die Abnehmer müssen einen gewissen Mehrpreis hinnehmen. Dann kann es funktionieren.

Weltweit gibt es Produktionskapazitäten von rund 700 Gigawatt, das allermeiste davon in China. Was kann Europa da ausrichten?

Ein Gigawatt in Europa gegen 700 Gigawatt in China macht keinen Sinn. Wir brauchen 20, 30 oder 40 Gigawatt. Und zwar vertikal integriert, von der Mine über die Produktion von Polysilizium bis zum Modulbau.

Enpal hat dazu einen Plan entwickelt. Sie wollen chinesische Hersteller nach Europa holen. Ausgerechnet.

Die Chinesen sind führend. Warum nicht von ihnen lernen? In der Vergangenheit sind Amerika und der Westen insgesamt nach China gekommen, haben Technologie mitgebracht – und sich dann beschwert, dass die Chinesen das irgendwann adaptiert und selber gemacht haben. Warum sollten wir jetzt nicht umgekehrt mit den Chinesen Leuchtturmprojekte machen?

Warum sollte Europa chinesische Firmen subventionieren?
Es gäbe Joint Ventures, die auch für Europa Sinn ergeben. Es geht nicht darum, dass chinesische Konzerne Subventionen abgreifen, sondern dass Produkte für lokale Abnehmer lokal produziert werden, mit marktführenden Technologien, die nun halt aus China kommen.

Welches Interesse hätte China an Ihrem Plan?
Ich rede viel mit CEOs von chinesischen Solarkonzernen. Europa ist für sie extrem interessant. Geopolitisch ist das Verhältnis noch ein besseres als zu den USA. Und der Markt ist sehr interessant. Aber es ist noch unklar, ob die Subventionen, die im Raum stehen, auch wirklich ausgeschüttet werden.

Das deutsche Wirtschaftsministerium sondiert, welche Produzenten bei entsprechenden Subventionen in die deutsche Solarbranche investieren würden. Was halten Sie von dem Verfahren?
Enpal nimmt daran sehr aktiv teil. Wir sehen uns als Brückenbauer zwischen China und Europa. Ich lade europäische CEOs und Executives nach China ein und bringe sie mit chinesischen CEOs an einen Tisch, um über Ideen und Konzepte zu diskutieren. Wir sehen uns außerdem als Abnehmer von europäischen Produkten und eventuell auch als Investor.

Sie sind dazu mit Herbert Diess in Kontakt, der 2022 als Volkswagen-Chef zurücktrat. Warum mit ihm?
Herbert Diess ist ein guter Unternehmer, und er hat jetzt gerade Zeit. Ich glaube, durch die Umstellung auf E-Autos bei VW hat er auch noch mal einen sehr klaren Blick darauf bekommen, dass die Elektrifizierung durch erneuerbare Energien eine Win-win-Sache

ist. Das ist ein neuer Markt für acht Milliarden Menschen auf der Welt.

Erst einmal aber kauft Enpal neuerdings Solarmodule in Indien. Warum?
Indien hat eine spannende Industriepolitik. Das Programm „Production Linked Incentives“ („Produktionsbezogene Anreize“) hat als Ziel, dort vertikal integrierte Lieferketten anzusiedeln wie in China. In Indien gibt es jetzt Konzerne wie Adani, Reliance und Renew, die viel Geld in Produktionskapazitäten investieren. Wir möchten Teil davon sein.

China hat im Sommer 2023 Exportrestriktionen für Germanium eingeführt, das auch in Solarzellen verwendet wird. Spürt Enpal die Auswirkungen?
Nein. Da geht es um Rohstoffe, nicht um prozessierte Materialien.

Fürchtet Enpal, dass China eines Tages im Konflikt mit dem Westen seine Dominanz in der Solarindustrie für Strafmaßnahmen nutzen könnte?
Natürlich ist das immer ein Gedanke, den wir im Hinterkopf haben. Wir adressieren ihn jetzt auch proaktiv mit unserer „China plus X“-Strategie. Will China seine Lieferketten zerstören in einem geopolitischen Konflikt? Ich glaube nicht. Aber könnte es dazu kommen, dass der Westen China mit Sanktionen belegt und China antwortet? Ja. Für diesen Konjunktiv bereiten wir uns vor.

Falls also China Taiwan angreift?
Da gibt es verschiedene Szenarien in Asien. Taiwan ist eines davon.

FAZIT

„China ist technologisch weit voraus." Diesen Satz hört man immer wieder, von Chinesen wie Ausländern. Stimmt er auch?

Ja, wenn man unter technologischem Fortschritt zum Beispiel die Digitalisierung des Alltags versteht. In Deutschland mag mancher Zeitgenosse etwas übertreibend kritisieren, ohne Handy gehe nichts mehr, und die Leute hingen die ganze Zeit an ihren Smartphones. In vielen chinesischen Metropolen ist das tatsächlich weitgehend der Fall. Einkaufen und bezahlen, Taxis bestellen und Metrofahrten abrechnen, die Nebenkosten für die Wohnung begleichen und Behördliches erledigen – all das und noch viel mehr regeln die meisten Städter auf ihrem Handy.

Grundlage dafür ist eine beeindruckende technologische Infrastruktur, von der viele Länder sich etwas abgucken könnten. Die Telekommunikationsnetze etwa sind in China sehr gut ausgebaut. Während man in Deutschland in ländlichen Gegenden immer noch in Funklöcher tappt, kommt das in China erfahrungsgemäß nur sehr selten vor, in den Bergen oder der innermongolischen Wüste. Nach offiziellen Zahlen decken in China Netze mit dem jüngsten Mobilfunkstandard 5G mehr als 90 Prozent der Bevölkerung ab. Europa braucht für den 5G-Ausbau länger und hat Anfang 2024 laut der EU-Kommission erst 72 Prozent der Bevölkerung erreicht.

Doch das Beispiel der 5G-Netze illustriert auch, wie viele Artikel in diesem Buch, dass man nicht jedem technologischen Superlativ aus China blind glauben sollte. Selbst in der High-Tech-Metropole Shenzhen zeigt mein Handy oft nur das 4G-Symbol an. In internationalen Vergleichstests des Analyseunternehmens Open Signal schneiden südkoreanische Mobilfunkanbieter am besten ab; auch europäische Betreiber aus Dänemark oder Tschechien sind vorne dabei. China mag sein 5G-Netz mit am schnellsten aufgebaut haben, doch Deutschland hat Anfang 2024 ebenfalls eine 5G-Abdeckung von 91 Prozent gemeldet. Und in Nordamerika beträgt die Abdeckung laut einem Vergleich des schwedischen Telekomkonzerns Ericsson bereits über 95 Prozent.

Die Politik in China hingegen ist vielen, womöglich allen Ländern, technologisch weit voraus. Das fängt damit an, dass Xi Jinping das immense Potenzial von Technologie so gut wie kein anderer Staatenlenker erkannt hat, wie ich in diesem Buch argumentiere. Xi und seine Berater dürften Recht haben mit ihrer Analyse, dass in einer zunehmend digitalisierten Welt sogenannte Zukunftstechnologien wie Chips, künstliche Intelligenz und Quantencomputing entscheidend für den Erfolg von Staaten werden. Diese Technologien sind die Basis für wettbewerbsfähige Volkswirtschaften, für ein modernes Militär und somit für geopolitische Macht. Das sehen mittlerweile auch die USA so. Aber keine andere Regierung als die chinesische hat so klare Vorstellungen davon, wie sie diese Technologien fördern und entwickeln will, und keine Regierung gibt dafür so viel Geld aus.

Auch hier gibt es ein großes Aber: Nur weil China zu jeder Zukunftstechnologie Fünfjahrespläne veröffentlicht, die von Lokalregierungen herunterdekliniert werden für ihre Stadt, heißt das nicht, dass diese Pläne auch erfüllt werden. Es wird sich zeigen, ob planwirtschaftliche Instrumente dem westlichen Modell von offenen Märkten und freier Forschung überlegen sind. Immer wieder gibt es Studien von Denkfabriken aus westlichen Ländern, die das teilweise zu bejahen scheinen. Laut dem australischen Institut Aspi führt China bereits bei Forschungspublikationen und Patentanmeldungen zu 37 von 44 sogenannten kritischen Technologien, insbesondere bei High-Tech-Materialien, künstlicher Intelligenz und erneuerbaren Energien.

Doch womöglich steckt in solchen Studien zuweilen ein gewisser Alarmismus, um westliche Regierungen wachzurütteln. Denn eine chinesische Studie der renommierten Peking-Universität gelangte Anfang 2022 zu einem sehr ernüchternden Fazit für China: Das Land sei zwar zu einer „einflussreichen Technologiemacht" geworden, aber die USA seien technologisch nach wie vor weltweit führend, sowohl in der Breite als auch in der Tiefe. Die Studie war gespickt mit solchen für China schmerzhaften Aussagen. „China ist eine wichtige Quelle für Talente im Bereich der künstlichen Intelligenz, aber kein beliebter Arbeitsort", hieß es. Viele Talente würden in die USA auswandern. Bei der Anzahl führender Hochschulen, wissenschaftlicher Studien, Patente und internationaler Technologiestandards habe China zwar aufgeholt, aber bei der Qualität hapere es oft. Die Studie wurde kurz nach ihrer Veröffentlichung gelöscht. Offenbar war sie den Machthabern in Peking zu unangenehm.

China sei technologisch weit voraus – dieser Satz suggeriert, dass es nur einen Pfad der technologischen Entwicklung gibt, dem alle Länder folgen, die einen schneller, die anderen langsamer. Das stimmt in dieser Absolutheit nicht. Es mag für die grundlegende Forschung und Entwicklung neuer Technologien gelten, aber nicht für deren Anwendung. China praktiziert zum Beispiel ein Modell des Internets, das sich deutlich von dem westlicher Staaten unterscheidet. Seit gut 20 Jahren zieht der Parteistaat die sprichwörtliche „Große Firewall" an den Landesgrenzen immer höher, indem er den Zugang zu ausländischen Websites, Apps und praktisch allen sozialen

Netzwerken sperrt. Das Internet in China ist mittlerweile so sehr abgeschottet vom weltweiten Netz, dass man von einem separaten chinesischen Internet sprechen muss. Dort ist die Zensur so schnell und effektiv, die Propaganda so allgegenwärtig und ausgefeilt, dass es vielen Chinesen ergeht wie dem Protagonisten im amerikanischen Film „Truman Show“: Sie erkennen nicht, dass sie in einer Scheinwelt leben, umgeben von einer riesigen Mauer, hinter der eine ganz andere Welt wartet.

Sich mit Chinas technologischem Fortschritt zu befassen, heißt also immer und noch mehr als anderswo, auch zu hinterfragen, um welche Art von vermeintlichem Fortschritt es sich handelt: wem dieser nützt – oft vor allem dem Parteistaat und seinem Machterhalt. Und ob solche Anwendungen von Technologie aus westlicher Sicht wünschenswert sind – ob sie also kompatibel mit der Demokratie, den Menschenrechten und der Freiheit und Selbstbestimmung des Individuums sind. Das sind sie oft nicht. Die besten Beispiele dafür sind die umfassende Überwachung durch automatisierte Gesichtserkennung im öffentlichen Raum, oder noch krasser: die Unterdrückung muslimischer Volksgruppen in der Region Xinjiang, wo Hunderttausende Menschen in technologisch hochgerüsteten Umerziehungslagern festgehalten wurden.

Umso wichtiger ist es, dass wir in Deutschland und im Westen solchen Technologiedystopien selbstbewusst ein eigenes, positives Modell entgegensetzen. Ein Modell, das nicht auf blinder Technologiegläubigkeit fußt, wie man sie in China oft antrifft: Auf einigen öffentlichen Toiletten muss man Klopapier mit der „Super-App“ WeChat kaufen, damit man nicht zu viel Papier nimmt, und unter manchem Urinal werden auf den Boden Schuhumrisse projiziert, damit man nah genug am Becken steht und nicht danebenpinkelt. Ein positiveres Technologiemodell könnte im großen Unterschied zu China noch viel stärker auf Datenschutz setzen, und zwar auf einen effektiven, praktischen Schutz, der einen nicht nötigt, sich bei jedem Besuch einer Website durch endlose Cookie-Fenster zu klicken. In China sind Internetnutzer vor allem Konsumenten und – gegenüber dem Parteistaat – gläserne Untertanen; eine missliebige Aussage kann genügen, um jahrelang im Gefängnis zu verschwinden. Ein positiveres Modell könnte die Rolle der Nutzer als selbstbestimmte Bürger und Teilnehmer am öffentlichen Leben und der Demokratie stärken.

Es muss in Europa noch viel mehr in den Köpfen ankommen, dass China uns zu einem Systemwettbewerb herausgefordert hat, in dem es auch um Technologie geht – und damit um die Zukunft unseres Wohlstandes und unseres Zusammenlebens. In diesem Wettbewerb ist jegliche Überheblichkeit gegenüber China fehl am Platz. Im Gegenteil, Europa kann sich bei China einiges abschauen, wie die grundsätzliche Offenheit für Veränderungen und neue Technologien. Das Land hat in den 40 Jahren seit seiner Öffnung gegenüber der Welt schon so viel erreicht, dass Europa in wichtigen Bereichen wie E-Autos, Batterien für die Energiewende und Solarpanels alt aussieht. China will auch in vielen anderen Technologien die Wertschöpfungs- und Lieferketten dominieren, um zur Supermacht aufzusteigen. Europa muss diesen Wettbewerb endlich erkennen und annehmen. Es muss geschlossen auftreten, Abhängigkeiten von China etwa bei Lieferketten reduzieren und vor allem selbst eine positive Vision der Zukunft entwickeln und umsetzen. Damit wir unser Schicksal selbst in der Hand haben.

ABKÜRZUNGEN UND GLOSSAR

AIDS | Acquired Immune Deficiency Syndrome (erworbenes Immunschwächesyndrom), durch → HIV ausgelöste Immunschwächekrankheit, die die Zerstörung des Immunsystems bewirkt

Avatar | grafischer Stellvertreter einer echten Person im Internet, etwa bei Spielen

Benchmark | vergleichende Analyse von Ergebnissen oder Prozessen mit einem festgelegten Bezugswert, somit ein Vergleichsmaßstab

Big Data | bezieht sich im Kern auf die Verarbeitung von großen, komplexen und sich schnell ändernden Datenmengen, ebenso wie die dazu nötigen Technologien

Bitcoin | die erste → **Kryptowährung** (seit 2009)

Blockchain | kontinuierlich erweiterbare Liste von Datensätzen in einzelnen Blöcken, die nach einem Konsensverfahren erstellt und an eine bestehende Kette angehängt werden. Die Blockchain (dt. Blockkette) bildet die technische Basis für → **Kryptowährungen**

Blog | ein im Internet einsehbares Tagebuch oder Journal, in dem der → **Blogger** seine Gedanken zu Ereignissen etc. festhält und damit Einfluss auf gesellschaftliche Debatten nimmt

Blogger | Herausgeber oder Verfasser von Beiträgen in → **Blogs**

Bot → Chatbot

BRI | Belt-and-Road-Initiative (Ein Gürtel, eine Straße), Bezeichnung für die seit 2013 begonnenen Projekte zum Auf- und Ausbau interkontinentaler Handels- und Infrastrukturnetze zwischen der Volksrepublik China und ausländischen Staaten

CEO | Chief Executive Officer, bezeichnet ein geschäftsführendes Vorstandsmitglied, einen Vorstandsvorsitzenden oder einen Generaldirektor mit entsprechenden Vollmachten

Chatbot | textbasiertes Dialogsystem, das Chatten mit einem technischen System erlaubt

Coin | ein Vermögenswert oder Wirtschaftsgut mit Bezug zu → Kryptowährungen

Content Creator | Personen mit Produktionswissen, die die Schaffung von (Internet-)Inhalten kreativ leiten

Corona →COVID-19

COVID-19 | Akronym aus coronavirus disease 2019 (Coronavirus-Krankheit 2019), umgangssprachlich Corona oder Covid; eine Infektionskrankheit, die durch das Betacoronavirus SARS-CoV-2 verursacht wird und im Dezember 2019 erstmals in China bekannt wurde

Crispr/Cas9 | eine molekularbiologische Methode, mit der Erbgut (DNA) von Pflanzen, Tieren und Menschen gezielt verändert werden kann

Denkfabrik | Bezeichnung für Institute und Einrichtungen, die politische, soziale und wirtschaftliche Konzepte und Strategien erforschen und bewerten und dadurch auch Einfluss auf die öffentliche Meinung sowie die Politik nehmen

DMD | Duchenne-Muskeldystrophie, eine Erbkrankheit, die zu Muskelschwund führt

Expat | jemand, der für seine Firma längere Zeit im Ausland arbeitet

Fake News | Falschmeldungen, die in manipulativer Absicht in den Medien und insbesondere im Internet (→ **Social Media**) verbreitet werden

Fintech | Finanztechnologie, das Gebiet digitaler bzw. technologischer Finanzinnovationen

Franken | Schweizer Franken, Währung der Schweiz (1 SFr = 1.0378 Euro, November 2023)

Gated Community | ein bewachter und/oder geschlossener Wohnkomplex

GPS | Global Positioning System, ein globales Navigationssatellitensystem zur Positionsbestimmung

Hashtag | mit Raute (#) versehenes Schlagwort, um Nachrichten mit bestimmten Inhalten oder zu bestimmten Themen in sozialen Netzwerken auffindbar zu machen

HIV | Humanes Immundefizienz-Virus, pandemisches Virus, das Immunschwächekrankheiten wie → **AIDS** bewirkt

Internet Exchange Point | Internet-Knoten, die als Austauschpunkte für den Datenverkehr des Internets genutzt werden

KI | künstliche Intelligenz, Teilgebiet der Informatik mit dem Ziel, Maschinen intelligent zu machen, woraus sich vielfältigste Anwendungsmöglichkeiten ergeben

Kryptowährung | eine digitale Währung (z. B. → **Bitcoin**), die in der Regel nicht staatlich abgesichert ist, der Wert ermisst sich nach dem Börsenprinzip zwischen den mit den jeweiligen Kryptowährungen Handelnden

Kuai | umgangssprachlich für Yuan, die Basiseinheit der chinesischen Währung (→ **Renminbi**)

Memes | Bilder, Videos etc., die in sozialen Netzwerken geteilt und verbreitet werden

Metaversum | ein digitaler Raum, der durch das Zusammenspiel virtueller, erweiterter und physischer Realität entsteht

Nichtregierungsorganisation | (Non-Governmental Organization), eine zivilgesellschaftliche Organisationsform in bewusster Distanz zu staatlichen Beihilfen, um Unabhängigkeit zu wahren

NZZ | Neue Zürcher Zeitung, Schweizer Tageszeitung (1780 gegründet)

Open-Source-Software | ein Computerprogramm, dessen Quelltext öffentlich ist und von Dritten eingesehen, geändert und genutzt werden kann; es ist unter Einhaltung der Lizenzbedingungen meist kostenfrei nutzbar

OTC-Handel | der Handel over the counter (über den Ladentisch) ist der Handel zwischen Marktteilnehmern, der nicht über die Börse oder sonstige Handelsplätze abgewickelt wird (z. B. Direkthandel, Telefonhandel)

PCR-Test | Testverfahren für das Vorliegen von spezifischem Gen-Material (DNA, RNA), insbesondere zum Nachweis von SARS-CoV-2 (→ **Covid-19**) und von HI-Viren (→ **AIDS**)

PR | Public Relations, Öffentlichkeitsarbeit

Renminbi | die Währung der VR China, die sich in Yuan, Jiao und Fen unterteilt (1 Yuan = 10 Jiao = 100 Fen)

SKS | Sozialkreditsystem, Chinas umfassendes Projekt zur Erfassung und Bewertung des Verhaltens von Unternehmen und Individuen, mit dem erklärten Ziel, Kreditwürdigkeit zu bemessen und eine „Kultur der Ehrlichkeit" zu schaffen

Smart City | eigentlich Entwicklungskonzepte, die Städte lebenswerter, effizienter, technologisch fortschrittlicher und sozial vernetzter gestalten sollen; durch Komponenten wie Überwachungskameras etc. hat das Ganze inzwischen einen kritischen Beigeschmack bekommen

SMBU | Shenzhen MSU-BIT University, chinesisch-russische Universität in Shenzhen, entstanden aus einer Kooperation zwischen der Moscow State University (MSU) und dem Beijing Institute of Technology (BIT)

Social Media | digitale Medien oder Plattformen, die es Nutzern ermöglichen, sich im Internet zu vernetzen, um sich miteinander auszutauschen und Inhalte einzeln, in einer geschlossenen Gemeinschaft oder offen einzustellen und sich darüber auszutauschen

Sonderwirtschaftszone | begrenztes Gebiet in einem Land, in dem rechtliche und administrative Erleichterungen für Investoren bestehen, um für Unternehmen attraktiver zu werden und die Wirtschaft anzukurbeln

Start-up | ein neu gegründetes Wirtschaftsunternehmen

SUV | Sport Utility Vehicle (sportliches Nutzfahrzeug), (geländegängiger) Personenkraftwagen mit erhöhter Bodenfreiheit

Token | ein Vermögenswert oder Wirtschaftsgut mit Bezug zu **→ Kryptowährungen**

Twitter | ein Mikroblogging-Dienst (seit Juli 2023 „X"), mit dem angemeldete Nutzer in Beiträgen (Tweets) Texte, Bilder und Videos verbreiten können

U-Turn | ein Fahrtrichtungswechsel um 180 Grad

Volksbefreiungsarmee | Bezeichnung der regulären Streitkräfte der VR China

VPN | Virtual Private Network (virtuelles privates Kommunikationsnetz); eine VPN-Software stellt über das öffentliche Internet eine relativ sichere, verdeckte Verbindung zwischen einem Computer und einem anderen Computer oder Netzwerk her. Chinesische Internetnutzer benötigen VPN-Software, um viele gesperrte ausländische Websites wie Google oder Wikipedia zu besuchen

VR | Volksrepublik

WTO | World Trade Organisation (Welthandelsorganisation), 1994 gegründete internationale Organisation für die Regelung von Handels- und Wirtschaftsbeziehungen